高等职业教育药学类与食品药品类专业第四轮教材

U0746333

大学生心理健康 第②版

（供药学类、药品与医疗器械类、食品类专业用）

主　编　徐贤淑

副主编　周晨曦

编　者　（以姓氏笔画为序）

孙　莹（辽宁医药职业学院）　　　　李静静（山东医学高等专科学校）

杨　珺（福建生物工程职业技术学院）　周晨曦（湖南食品药品职业学院）

孟　燕（山东药品食品职业学院）　　　钟兴泉（重庆三峡医药高等专科学校）

钱　景（安庆医药高等专科学校）　　　徐贤淑（辽宁医药职业学院）

中国健康传媒集团

中国医药科技出版社

内容提要

本教材是"高等职业教育药学类与食品药品类专业第四轮教材"之一，根据教育部规定的普通高等学校心理健康教育课程的基本要求和课程特点编写而成，内容上主要涵盖珍爱生命、心理咨询、自我意识、人格塑造、学习心理、情绪管理、人际交往、恋爱与性、挫折应对、网络利用等部分。本教材具有科学性、可读性、实用性等特点。全书以大学生心理健康成长为主线，针对高职学生身心发展的特点和实际，就一些常见的心理问题进行了阐述，提出了相应的调适方法，并充分反映了心理健康课程特有的体验式教学理念。本教材为书网融合教材，即纸质教材有机融合电子教材、教学配套资源（PPT、微课、视频、图片等）、题库系统、数字化教学服务（在线教学、在线作业、在线考试）。

本书主要供高等职业院校药学类、药品与医疗器械类、食品类专业使用，同时也适用于其他专业。

图书在版编目（CIP）数据

大学生心理健康/徐贤淑主编 . —2 版 . —北京：中国医药科技出版社，2021.8
高等职业教育药学类与食品药品类专业第四轮教材
ISBN 978 - 7 - 5214 - 2560 - 4

Ⅰ.①大⋯　Ⅱ.①徐⋯　Ⅲ.①大学生 - 心理健康 - 健康教育 - 高等职业教育 - 教材　Ⅳ.①G444

中国版本图书馆 CIP 数据核字（2021）第 145227 号

美术编辑　陈君杞
版式设计　友全图文

出版　**中国健康传媒集团** | 中国医药科技出版社
地址　北京市海淀区文慧园北路甲 22 号
邮编　100082
电话　发行：010 - 62227427　邮购：010 - 62236938
网址　www.cmstp.com
规格　889 × 1194mm $\frac{1}{16}$
印张　13 $\frac{1}{4}$
字数　365 千字
初版　2017 年 1 月第 1 版
版次　2021 年 8 月第 2 版
印次　2021 年 8 月第 1 次印刷
印刷　北京市密东印刷有限公司
经销　全国各地新华书店
书号　ISBN 978 - 7 - 5214 - 2560 - 4
定价　**39.00 元**

获取新书信息、投稿、为图书纠错，请扫码联系我们。

出版说明

"全国高职高专院校药学类与食品药品类专业'十三五'规划教材"于2017年初由中国医药科技出版社出版，是针对全国高等职业教育药学类、食品药品类专业教学需求和人才培养目标要求而编写的第三轮教材，自出版以来得到了广大教师和学生的好评。为了贯彻党的十九大精神，落实国务院《国家职业教育改革实施方案》，将"落实立德树人根本任务，发展素质教育"的战略部署要求贯穿教材编写全过程，中国医药科技出版社在院校调研的基础上，广泛征求各有关院校及专家的意见，于2020年9月正式启动第四轮教材的修订编写工作。在教育部、国家药品监督管理局的领导和指导下，在本套教材建设指导委员会专家的指导和顶层设计下，依据教育部《职业教育专业目录（2021年）》要求，中国医药科技出版社组织全国高职高专院校及相关单位和企业具有丰富教学与实践经验的专家、教师进行了精心编撰。

本套教材共计66种，全部配套"医药大学堂"在线学习平台，主要供高职高专院校药学类、药品与医疗器械类、食品类及相关专业（即药学、中药学、中药制药、中药材生产与加工、制药设备应用技术、药品生产技术、化学制药、药品质量与安全、药品经营与管理、生物制药专业等）师生教学使用，也可供医药卫生行业从业人员继续教育和培训使用。

本套教材定位清晰，特点鲜明，主要体现在如下几个方面。

1. 落实立德树人，体现课程思政

教材内容将价值塑造、知识传授和能力培养三者融为一体，在教材专业内容中渗透我国药学事业人才必备的职业素养要求，潜移默化，让学生能够在学习知识同时养成优秀的职业素养。进一步优化"实例分析/岗位情景模拟"内容，同时保持"学习引导""知识链接""目标检测"或"思考题"模块的先进性，体现课程思政。

2. 坚持职教精神，明确教材定位

坚持现代职教改革方向，体现高职教育特点，根据《高等职业学校专业教学标准》要求，以岗位需求为目标，以就业为导向，以能力培养为核心，培养满足岗位需求、教学需求和社会需求的高素质技能型人才，做到科学规划、有序衔接、准确定位。

3. 体现行业发展，更新教材内容

紧密结合《中国药典》（2020年版）和我国《药品管理法》（2019年修订）、《疫苗管理法》（2019年）、《药品生产监督管理办法》（2020年版）、《药品注册管理办法》（2020年版）以及现行相关法规与标准，根据行业发展要求调整结构、更新内容。构建教材内容紧密结合当前国家药品监督管理法规、标准要求，体现全国卫生类（药学）专业技术资格考试、国家执业药师职业资格考试的有关新精神、新动向和新要求，保证教育教学适应医药卫生事业发展要求。

4.体现工学结合，强化技能培养

专业核心课程吸纳具有丰富经验的医疗机构、药品监管部门、药品生产企业、经营企业人员参与编写，保证教材内容能体现行业的新技术、新方法，体现岗位用人的素质要求，与岗位紧密衔接。

5. 建设立体教材，丰富教学资源

搭建与教材配套的"医药大学堂"（包括数字教材、教学课件、图片、视频、动画及习题库等），丰富多样化、立体化教学资源，并提升教学手段，促进师生互动，满足教学管理需要，为提高教育教学水平和质量提供支撑。

6.体现教材创新，鼓励活页教材

新型活页式、工作手册式教材全流程体现产教融合、校企合作，实现理论知识与企业岗位标准、技能要求的高度融合，为培养技术技能型人才提供支撑。本套教材部分建设为活页式、工作手册式教材。

编写出版本套高质量教材，得到了全国药品职业教育教学指导委员会和全国卫生职业教育教学指导委员会有关专家以及全国各相关院校领导与编者的大力支持，在此一并表示衷心感谢。出版发行本套教材，希望得到广大师生的欢迎，对促进我国高等职业教育药学类与食品药品类相关专业教学改革和人才培养作出积极贡献。希望广大师生在教学中积极使用本套教材并提出宝贵意见，以便修订完善，共同打造精品教材。

建设指导委员会

主 任 委 员　廖沈涵（中国健康传媒集团）

常务副主任委员　（以姓氏笔画为序）

龙敏南（福建生物工程职业技术学院）

冯　峰（江苏食品药品职业技术学院）

冯连贵（重庆医药高等专科学校）

任文霞（浙江医药高等专科学校）

刘运福（辽宁医药职业学院）

刘柏炎（益阳医学高等专科学校）

许东雷（中国健康传媒集团）

李榆梅（天津生物工程职业技术学院）

张立祥（山东中医药高等专科学校）

张彦文（天津医学高等专科学校）

张震云（山西药科职业学院）

陈地龙（重庆三峡医药高等专科学校）

陈国忠（江苏医药职业学院）

周建军（重庆三峡医药高等专科学校）

姚应水（安徽中医药高等专科学校）

袁兆新（长春医学高等专科学校）

虢剑波（湖南食品药品职业学院）

副 主 任 委 员　（以姓氏笔画为序）

王润霞（安徽医学高等专科学校）

朱庆丰（安庆医药高等专科学校）

朱照静（重庆医药高等专科学校）

孙　莹（长春医学高等专科学校）

沈　力（重庆三峡医药高等专科学校）

张雪昀（湖南食品药品职业学院）

罗文华（浙江医药高等专科学校）

周　博（杨凌职业技术学院）

昝雪峰（楚雄医药高等专科学校）

姚腊初（益阳医学高等专科学校）

贾　强（山东药品食品职业学院）

葛淑兰（山东医学高等专科学校）

韩忠培（浙江医药高等专科学校）

覃晓龙（遵义医药高等专科学校）

委　　员（以姓氏笔画为序）

王庭之（江苏医药职业学院）

牛红军（天津现代职业技术学院）

兰作平（重庆医药高等专科学校）

司　毅（山东医学高等专科学校）

刘林凤（山西药科职业学院）

李　明（济南护理职业学院）

李　媛（江苏食品药品职业技术学院）

李小山（重庆三峡医药高等专科学校）

吴海侠（广东食品药品职业学院）

何　雄（浙江医药高等专科学校）

何文胜（福建生物工程职业技术学院）

沈必成（楚雄医药高等专科学校）

张　虹（长春医学高等专科学校）

张春强（长沙卫生职业学院）

张奎升（山东药品食品职业学院）

张炳盛（山东中医药高等专科学校）

罗　翀（湖南食品药品职业学院）

赵宝林（安徽中医药高等专科学校）

郝晶晶（北京卫生职业学院）

徐贤淑（辽宁医药职业学院）

高立霞（山东医药技师学院）

郭家林（遵义医药高等专科学校）

康　伟（天津生物工程职业技术学院）

梁春贤（广西卫生职业技术学院）

景文莉（天津医学高等专科学校）

傅学红（益阳医学高等专科学校）

评审委员会

数字化教材编委会

主　编　徐贤淑

副主编　周晨曦

编　者　（以姓氏笔画为序）

孙　莹（辽宁医药职业学院）

李静静（山东医学高等专科学校）

杨　珺（福建生物工程职业技术学院）

周晨曦（湖南食品药品职业学院）

孟　燕（山东药品食品职业学院）

钟兴泉（重庆三峡医药高等专科学校）

钱　景（安庆医药高等专科学校）

徐贤淑（辽宁医药职业学院）

大学生正处于身心走向独立和成熟的关键时期，其心理健康问题越来越成为社会关注的焦点。他们一方面要适应自身身心发展的特殊规律，应对许多重要的人生发展课题；另一方面还要面对经济和社会迅猛发展造成的各种压力，扮演好未来职业人的社会角色。处于职业教育特殊背景之下的高职学生，更是容易伴发剧烈的心理冲突。教育作为培养人的一项活动，肩负着提升受教育者素质与能力的重要使命，加强大学生心理健康教育已成为广泛的共识。心理健康教育是提高大学生心理素质、促进其身心健康和谐发展的教育，是高校人才培养体系的重要组成部分，也是高校思想政治工作的重要内容。我国的大学生心理健康教育正步入规范化、制度化的轨道，从而为大学生的健康成长提供更坚实的保障。

本教材在贯彻教育部《普通高等学校学生心理健康教育工作基本建设标准（试行）》（教思政厅〔2011〕1号）和《普通高等学校学生心理健康教育课程教学基本要求》（教思政厅〔2011〕5号）等文件精神的基础上，又结合中共教育部党组关于印发《高等学校学生心理健康教育指导纲要》的通知（教党〔2018〕41号）精神，力求做到"培育学生自尊自信、理性平和、积极向上的健康心态，促进学生心理健康素质与思想道德素质、科学文化素质协调发展"。

相对于上一版教材，第二版在结构上更好地贯彻了心理健康教育课程教学基本要求，采用了适应教学的任务体例架构，充分兼顾了重视心理体验的课程特点，体现较强的课程适应性；更好地体现时代精神，注意贯彻党和国家关于心理健康教育教学方面的最新指导性意见，吸收学科前沿成果，使新标准、新规范内容在教材中得到充分的体现，保证内容的科学性和先进性；兼顾了高职教育的实际特点，尊重高职学生的认知逻辑以及职业心理素质培养，使学生顺利开展学习，并更好地适应未来职业发展需求，具有较强的实用性。本教材是书网融合教材，配有数字资源等辅助要素，使教材内容更生动化、形象化，教学资源更多样化、立体化，以满足教学需要。

本书共计十章，由徐贤淑担任主编，周晨曦担任副主编。参编人员均为在高校从事心理健康教育教学的心理学专业工作者，具有丰富的教学和咨询实战操作经验。本书具体编写情况如下：徐贤淑编写第一章、第十章；杨珺编写第二章；孟燕编写第三章；周晨曦编写第四章、第五章；李静静编写第六章；钱景编写第七章；孙莹编写第八章；钟兴泉编写第九章。全书最后由主编统稿和定稿。

希望本书能够为高等职业院校心理健康教育教学工作提供一些参考。由于编者能力所限，内容难免有错漏之处，敬请批评指正。

编者
2021 年 5 月

目录

CONTENTS

第一章 绚丽多姿——走进心理健康

学习引导

随着科技进步和社会发展，人们的生活状态发生了巨大变化。享受丰富的物质生活的同时，压力、抑郁、焦虑，成了现代社会的高频词，使人们经常陷入各种尴尬。例如，分明拥有了很多，却同时觉得失去的更多；在别人那里原是一个快乐的理由，在自己这里却变成悲伤的借口。又如，被别人看作很幸福，但内心却偏偏觉得很压抑；自以为很健康，却未能赢得他人的认可。那么健康与心理健康是怎样一种关系？大学生心理健康有没有统一的标准？

本单元主要介绍心理的结构和实质、心理健康的含义和标准、大学生心理健康的标准、大学生心理发展的一般特点、大学生常见心理健康问题和主要影响因素、珍爱生命、大学生心理健康的自我维护。

学习目标

1. **掌握** 心理健康的含义和标准；大学生心理健康的标准；大学生心理健康的自我维护方法。
2. **熟悉** 大学生心理发展的一般特点；大学生常见心理健康问题和主要影响因素。
3. **了解** 心理活动及结构；心理活动的特点和实质；珍爱生命。

有人说，"做好心理准备，一切准备便已完成。"心理素质是人的全面素质中的重要组成，也是现代人最重要的素质之一，甚至被视为核心要素。强调心理素质的重要性，意在展现健康心理的勃勃生机，避免由心理疾病导致的人生悲剧。

大学阶段是学生成长的关键期，既处于人生最活跃、最丰富多彩的阶段，也是人生的多事之秋。大学生的心理健康，不仅影响着当前个体和群体的社会适应，而且影响着未来人才的品质乃至国家的建设与发展。近年来大学生的抑郁、自杀等问题日益引发社会关注，重视大学生的心理建设、引导大学生健康成长，是高等教育的一项重要任务。

第一节 心理健康概述

一、心理的结构和实质

心理活动被誉为世界上最神秘的花朵。这不只是因为心理现象本身存在很多神奇的、有待解释的部分，还因为人的心理千姿百态、千变万化，能够成为影响人生理想和行为的巨大力量。不了解心智过程，就无法理解人的行为。心理学是研究人的心理发生、发展及其规律的科学。作为一种健康科学，心理学努力去理解那些看起来很神秘的、会引发思维、情感和行动的过程，通过描述、解释、预测以及帮助控制行为等系列目标，致力于提升每个个体和集体的幸福感。人类对于心理的探究从未停止，也永无止境，现代心理学已拥有了非比寻常的广度和深度。

心理活动是大脑对客观世界反映的过程，它通常表现为人们对客观事物的看法、态度、体验和相关的行为。从兴奋与抑制相互作用而构成的生理过程来看，心理活动是高级神经活动；用信息加工的观点来看，心理活动则是通过大脑的神经生理过程而进行信息的摄取、储存、编码和提取的活动。人的心理活动包括认识活动、情绪情感活动与意志活动三个方面，它们不是彼此独立和并列的三种心理活动，而是统一的心理活动过程中三个既有联系又有区别的方面。

根据主观控制的不同程度，心理活动可分为有意识的心理活动和无意识的心理活动两类。有意识的心理活动是指人们能够意识到并进行有效控制的心理活动，它具有明确的目的性，能预设达到目的的方法和手段，并能在活动过程中进行自我评价、自我调节和主动控制。例如，认真学习、努力工作、愉快地交往等。无意识的心理活动是指人们在正常情况下觉察不到，也不能进行自觉调节和控制的心理活动。例如，有些本能、梦的现象。有意识的心理活动是人区别于其他动物的实质性特征。

（一）心理的结构

同所有生命现象一样，人的心理是有内在结构的。它使人能够维持自身的秩序，也可以为外部世界所认知和接纳。研究人的心理结构，需要考察共同的心理过程和个性两大方面（图1-1）。

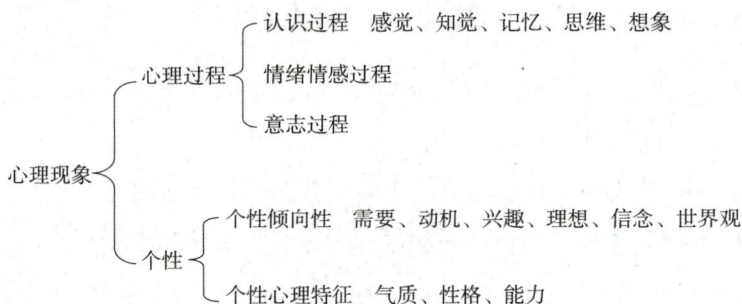

图1-1 心理结构示意图

1. 心理过程 人的心理活动包括认识活动、情绪情感活动和意志活动，这种心理现象在心理学中被称为心理过程，体现了人的心理活动共性的一面。认识过程是一个人在认识、反映客观事物时的心理活动过程，也叫智力型活动的过程，它包括感觉、知觉、记忆、思维和想象过程。其中感觉和知觉是较低阶段，思维和想象是高级阶段。在认知过程中有一种伴随着的心理状态叫注意，注意不是独立的心理过程。情绪和情感过程是一个人在对客观事物的认识过程中表现出来的态度体验，例如快乐、悲哀、恐惧、愤怒等，它总是和一定的行为表现相联系。对于客观事物，人不仅需要认识它、感受它，同时还要改造它。通过有意识地提出目标、制定计划、选择方式方法、克服困难等环节，以达到改造客观事物的预期目的的心理活动过程即为意志过程。这三大心理过程是统一的心理活动的三个不同方面，既相互区别又相互联系、相互影响和相互作用。认识过程和意志过程往往伴随着一定的情绪、情感活动；情绪情感过程和意志过程总是以一定的认识活动为前提；而人的情绪、情感和意志活动又促进了人的认识的发展。

2. 个性　由于每个人的先天素质和后天环境不同，心理过程反映在不同个体上时又总是带有个人的特征，从而形成了不同的个性，展现出丰富多彩的个人面貌。个性心理结构主要包括个性倾向性和个性心理特征两个方面。个性倾向性是指一个人所具有的意识倾向，也就是人对客观事物的稳定态度。它是个体从事活动的基本动力结构，是人积极性的源泉，决定着一个人的行为方向，主要包括需要、动机、兴趣、理想、信念和世界观。世界观在个性倾向诸多成分中居于最高层次，决定着人的总的意识倾向。个性心理特征是一个人身上经常表现出来的本质的、稳定的心理特点，是个性心理差异的集中体现，包括气质、性格和能力。气质为个性中最稳定的要素，性格则是个性的核心内容。例如，有些人活泼好动而有的人沉默寡言，有的人热情友善而有的人冷漠无情，这些都是气质和性格方面的差异。除此之外，人在能力上也是有明显差异的。例如：有的人有数学才能，有的人有写作才能；有的人职业适应能力强，有的人却力不从心。具有完整和谐的个性，既是个体生命丰富性的象征，同时也是人有效生存和从事创造的必要条件。

人的心理过程和个性是相互密切联系的。一方面，个性是通过心理过程形成的，如果没有对客观事物的认识，没有对客观事物产生的情绪和情感，没有对客观事物的积极的意志过程，个性是无法形成的。另一方面，已经形成的个性又会制约心理过程的进行，并在心理活动过程中得到表现，从而对心理过程产生重要影响，使之带有个人的色彩。

（二）心理活动的实质

在心理的实质问题上，一直存在唯物主义和唯心主义之争。客观唯心主义认为，心理是上帝赋予人类的；主观唯心主义则认为心理是主观自生的；机械唯物主义认为，心理是大脑分泌的特殊物质。辩证唯物主义认为，人的心理是人脑的机能，是客观现实的反映，心理对物质有双重的依赖性，从而第一次在心理问题上给出了科学的解释。

1. 心理是脑的机能，脑是心理的器官　生物心理学和神经生物学的研究表明，心理现象是动物在适应环境的过程中，随着神经系统的产生而产生，并随着神经系统的发展而不断发展完善的。心理是物质世界由低到高、由简单到复杂的长期发展的产物。无神经系统的动物不会有心理现象，而神经系统特别简单的动物，例如蚯蚓这样的无脊椎动物，只有刺激感应，因而只有感觉没有知觉。也就是说，当低等动物神经系统的发展处于低级阶段时，它们的心理自然也处于极低的水平。到了高级的哺乳类动物阶段，如大象、鲸、以及灵长类的猩猩、猴子等，大脑结构日趋复杂，与人的大脑比较接近时，已经有了简单的思维的萌芽。而当神经系统发展到人脑这个高度组织起来的物质时，出现了大脑皮层，从而也才出现了人类复杂的心理现象。人类个体发生史也证明了这个道理，即人的心理也是随着人的大脑的逐渐发育完善而逐渐发展起来的。例如，儿童的大脑不及成人大脑发育完善，他们的心理水平也就较成人的心理水平低。临床经验证明，当人类的大脑发生任何病变，哪怕是极轻微的病变，都将危及或影响人的心理活动。

2. 人的心理是客观现实在人脑中的反映，客观现实是心理的源泉和内容　人脑只是心理活动的器官，但人脑本身并不产生心理。就像加工厂必须有原材料，只有当客观事物作用于人的感觉器官，经过大脑加工时才有可能产生心理。哪怕是虚构的神话，也是客观现实的某种反映。离开了客观现实来考察心理，就成了无源之水、无本之木。即没有被反映者，就没有反映，并且这个被反映者是不依赖于反映者而独立存在的。

客观现实包括自然环境和社会生活，也包括人类自己。它们都是人的心理的源泉和内容，而社会生活是人的心理更为重要的源泉，它是人们的心理的决定因素。"狼孩"的实例证明，作为社会的实体，假如没有正常参与人类的社会生活，缺乏必要的人类社会经验，即便具备了产生人的心理的物质前提——人脑，也是不可能自动就产生人的心理的。

📖 **知识链接**

感觉剥夺试验

1954年，加拿大麦克吉尔大学的心理学家首先进行了"感觉剥夺"试验：试验中给被试者戴上半透明的护目镜，使其难以产生视觉；用空气调节器连续发出的单调声音，限制其听觉；给手臂戴上纸筒套袖和手套，腿脚用夹板固定，限制其触觉。结果是，被试者单独待在实验室里，几小时后开始感到恐慌，进而产生幻觉。在实验室连续待了三四天后，被试者会产生许多病理心理现象，如出现错觉、幻觉；注意力涣散，思维迟钝；产生紧张、焦虑、恐惧等负面情绪。这些现象经过试验后的数日方能恢复正常。这个试验表明：大脑的发育、人的成长成熟是建立在与外界环境广泛接触的基础之上的。

3. 人的心理是对客观现实的主观能动的反映 人的心理作为对现实的反映，是通过感官直至大脑等环节而产生的。然而，这个反映过程绝不是消极被动的照镜子式的反映，它是与人的知识经验和主观能动性有密切关系的能动反映。人的知识和经验不同，主观能动性不一样，对同一事物的反映及对行为的调节和控制都是不同的。

二、心理健康的含义和标准 📱微课

（一）心理健康的含义

心理健康是与健康概念密切关联的，是健康的目标之一。过去，人们对健康的理解是片面的、单纯的，以为没有明显的躯体疾病就属于健康。世界卫生组织（WHO）于1948年提出关于健康的概念："健康乃是一种在生理上、心理上与社会适应方面的完满状态，而不仅是没有疾病和虚弱的状态。"1989年世界卫生组织通过四维健康定义进一步深化了健康概念，认为"健康不仅仅是没有疾病，而且还包括躯体健康、心理健康、社会适应良好和道德健康"。其实，由社会、精神因素引起疾病的例子比比皆是，如情绪激动时血压升高，巨大的精神打击使人突然失明等。可见，健康是个综合性的概念，心理健康是健康的重要组成部分，它与躯体健康相互依赖，相互影响，相互制约。

与健康概念相呼应，世界卫生组织提出了关于健康的十条标准：有充沛的精力，能从容不迫地担负日常工作和生活，而不感到疲劳和紧张；处世乐观，态度积极，勇于承担责任，不论事情大小都不挑剔；精神饱满，情绪稳定，善于休息，睡眠良好；能适应外界环境的各种变化，应变能力强；能够抵抗一般性感冒和传染病；体重得当，身体匀称，站立时，头、肩、臂的位置协调；眼睛炯炯有神，善于观察，反应敏锐，眼睑不发炎；牙齿清洁，无空洞，无痛感，无出血现象，齿龈颜色正常；头发有光泽，无头屑；肌肉和皮肤富有弹性，走路轻松匀称。世界卫生组织还提出了身心健康的"五快"和"三良"作为自测标准，"五快"指食得快、眠得快、便得快、说得快、走得快；"三良"是良好的个性、良好的处事能力和良好的人际关系。

1. 心理健康的概念 关于心理健康的概念，存在各种表述。1946年，第三届国际心理卫生大会将心理健康定义为："所谓心理健康，是指在身体、智能以及情感上与他人的心理健康不相矛盾的范围内，将个人心境发展成最佳状态。"

尽管就心理健康的概念人们还有各种不同解释，但一般包含了以下几层含义：一是与绝大多数人相比，其心理功能是正常的，无心理疾病；二是能积极调节自己的心理状态，较好地适应内外部环境；三是能够充分发挥个人的最大潜能，有效地发展和完善个人生活。

因此，广义的心理健康是指一种持续、高效而满意的心理状态，在这种状态下，人能够较好地适应内、外部各种环境，并充分发挥自己的潜能。狭义的心理健康是指个体具有正常的认知、稳定的情绪、适度的行为、完善的个性，具有协调关系和适应环境的能力。

2. 心理健康的主要特征　为了正确理解心理健康的含义，要把握以下几个主要特征。

（1）心理过程的完整协调性　即心理活动中的认知过程、情绪过程、意志过程内容完整、统一协调。

（2）心理活动与外部环境的同一性　即个体能够根据客观环境的需要和变化，不断调整自己的心理行为，能正确反映外部世界，无明显差异，达到与客观环境保持协调的状态。

（3）个性心理特征具有相对的稳定性　即在外部环境没有重大改变的前提下，气质、性格和能力等个性心理特征相对稳定，行为表现出一贯性。

（二）心理健康的标准

1. 心理健康标准　有关心理健康的标准，国内外心理学家分别做了不同的表述。

（1）马斯洛和米特尔曼的表述　美国心理学家马斯洛和米特尔曼定义的十条标准一直得到卫生界的普遍关注和广泛引用：具有充分的自我安全感；能充分地了解自己，并对自己的能力做出适当的评价；生活的目标切合实际；不脱离现实环境；能保持人格的完整与和谐；善于从经验中学习；能保持良好的人际关系；能适度地发泄自己的情绪和控制自己的情绪；在不违背集体利益的前提下，能够有限度地发挥个性；在不违背社会规范的前提下，能够恰当地满足个人的基本需求。

（2）我国心理学家的表述　我国知名心理学家郭念锋先生提出了心理健康的十条标准：周期节律性；意识水平；暗示性；心理活动强度；心理活动耐受力；心理康复能力；心理自控力；自信心；社会交往；环境适应能力。

2. 心理健康标准的观测维度　一般来说，观测个体心理健康状况如何，主要看四个维度。

（1）经验标准　个体依据自己是否有好的心情等主观感受来判断自己的健康状态，他人凭借自己的经验对当事人的心理状态进行判断。经验性标准虽说与个体的经历、知识、能力等因素有关，具有较大的主观局限性，但这种因察觉自身不愉快又无力解决，从而寻求心理帮助的行为常常被证明是有效的，而且专业的观察者对多数心理异常现象也是能够取得一致的看法，因而具有一定的实用性。

（2）社会适应标准　以大多数个体的常态行为为参照标准，观察个体行为的社会意义及个体的适应程度，从而进行心理是否健康的判断。因为大多数个体的常态行为基本上是与环境协调一致的，能够正确处理各种关系，符合社会准则。但由于个体的社会适应行为和能力受时间、地区、习俗、文化等条件的影响，因此，这一标准也并非一成不变。

（3）统计学标准　依据对大量正常心理特征的测量取得一个常模，把当事人的心理与常模进行比较，依据心理特征偏离统计常模的程度作为判断心理正常或异常的标准。一般偏离超过一个半或两个标准差以上可以判断为异常。统计学标准提供了心理特征的量化资料，具有客观、简便易行、结果明了、便于分析比较等优点。但该标准关于心理正常与异常的界限并不能全面反映个体心理的实际状态，因而存在某些局限性，仅有参考意义。

（4）自身行为标准　每个人在以往生活中都会形成相对稳定的心理状态和行为模式，是为常态，将自己的心理行为与这种常态经过比较加以判断。一旦发现行为发生了显著的改变，则意味着稳态遭到破坏，心理发生了变化。如一贯精明能干、积极向上的人，突然变得懒散、孤独，则可以考虑此人有无精神疾病的问题。

我国另一位知名心理学家许又新先生则认为，衡量心理健康可以用三个标准：体验标准、操作标准和发展标准。

3. 正确理解心理健康的标准 为了澄清模糊认知，全面理解心理健康标准，需要重视以下几个方面。

（1）标准的相对性 在日常生活中，人们习惯于简单断定一个人是健康的或者是不健康的，然而这种非黑即白式的思维是不科学的。其实，心理健康与心理不健康的界限是相对的，它们只是一个连续化的过程，企图找到绝对标准十分困难。如将正常比作白色，将不正常比作黑色，那么在白色与黑色之间存在着一个巨大的缓冲区域——灰色区，大多数人都处于在这一区域内。灰色区可以分为浅灰色和深灰色两个区域。浅灰色区域的人只有心理冲突，没有人格变态；深灰色区域的人有人格异常或患有神经症。这种相对性表明，没有百分百心理健康的人，也没有永恒的健康或不健康（图1-2）。

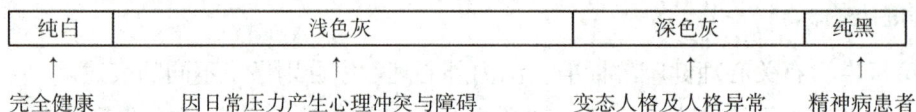

纯白	浅色灰	深色灰	纯黑
↑	↑	↑	↑
完全健康	因日常压力产生心理冲突与障碍	变态人格及人格异常	精神病患者

图1-2 心理健康中的"灰色区"概念

（2）整体协调性 这种整体性包含内外多种关系。从心理过程看，健康的人的心理活动是认识、情感和意志行为统一协调的整体，这种整体协调保证了个体在反映客观世界的过程中的高度准确性和有效性，一旦协调受损时，可能产生一系列的心理困扰或问题。从个性角度看，每个人都有长期形成并相对固定下来的稳定的个性心理，没有明显而剧烈的外部因素影响不会轻易发生变化，否则说明其心理健康状况发生了变化。另外，在人与群体的关系上，每个人都被划分成很多群体，每个群体对于心理健康的特定要求有所不同，但人可以在各种要求间协调自己的思想和行为。

（3）发展性 同所有事物的成长规则一样，人在发展过程中总会不可避免地伴随一些状况，出现心理不健康的时候。然而这些作为发展的代价，其症状也会随着人的不断发展而逐渐消失，并不意味着出现了某种心理问题就会持续加重。也就是说，许多属于发展性的问题是可以自行解决的，不必大惊小怪，只要积极做好心理调适，就可以有效应对许多复杂的人生课题。

4. 心理健康的状态 人的心理健康水平大致可以分为以下三个等级，有常态心理、轻度失调心理以及严重病态心理。

（1）常态心理 表现为经常有愉快的心理体验，适应能力强，善于与他人相处，能较好地完成于同龄人发展水平相适应的活动。生活中的大部分人属于常态心理，心理健康教育的目的就是帮助人们维持这种状态。

（2）轻度失调心理 表现为缺少同龄人具有的愉快情绪，与他人相处略显困难，生活自理能力较差，经主动调节或专业人士的帮助后可恢复常态。少部分人会由于各种原因在不同阶段出现这种失调状况，应客观对待，积极调适。

（3）严重病态心理 表现为严重的适应失调，不能维持正常的学习、工作和生活，如神经症、人格障碍、性心理障碍等，若不及时治疗，可能发展成为精神病患者。处于这种状态的人只占极少数，要通过积极的筛查和心理健康宣传教育，做到早发现、早治疗。

第二节　大学生常见心理健康问题

一、大学生心理健康的标准

人生各个时期都有相应的身心发展特点，同时有着特定意识发展需求，包括建立科学的价值观。根据国内外的研究资料，青年期人生价值观的形成和发展受个体成熟度的制约。这表现在它的形成以必要的心理条件做基础，以确保人生问题顺利进入意识领域。这些心理条件是：思维发展达到抽象逻辑水平，辩证思维开始发展并逐步提高；自我意识迅速发展，逐步走向成熟，并与自我同一性确立的过程相互制约；社会性需要和社会化达到趋于成熟的水平。

根据大学生特定的社会角色的要求以及心理健康学的基本理论，大学生心理健康的标准可以概括为以下八条。

（一）良好的学习能力

学习是大学生活的主要内容，也是学生的本职。心理健康的大学生首先应该智力正常，有接受知识、进行思维的必要条件。他们有强烈的求知欲望、主动学习的意识，能够为了明确的学习目标而努力克服学习中的困难。他们有适宜的学习方法，保持较高的学习效率，有稳定的学习成绩，并能够从学习中体验到满足与快乐。

（二）良好的情绪调控能力

情绪是判断一个人心理健康状态的最显著标志，也是人从事一切活动的重要影响因素。心理健康的大学生始终具有一种平稳而愉快的心境，不骄不躁，不忧不狂。虽然由于各种内外环境因素的干扰，有时难免会产生自卑、焦虑、愤怒、抑郁等消极体验，但正向情绪总是多于消极情绪。他们能够注重发展自己的道德感、理智感、美感等高级的社会性情感，顺境和逆境中都能对外界有适度的表达，善于调控自己的情绪，持续稳定地保持乐观向上的状态，充满热情和希望。

（三）健全的意志品质

意志是为达到某种目的必需的心理品质，是成功的决定性要素。人的意志行动水平主要看目标、坚持性和果敢性几个方面。心理健康的大学生，首先表现在学习生活各个方面有明确的目标，这种目标产生不容易摧毁更不容易。他们还有为了追寻实现目标持之以恒、一往无前的勇气和自觉的坚持精神，不会轻易为外界的干扰和诱惑所动，勇于克服困难朝目标迈进。另外，在关键的时候，他们能够果断勇敢，义无反顾，坚定地捍卫自己的目标。

（四）和谐的人际关系

人际交往是人类精神活动得以产生和延续的重要支柱，人际关系状况最能体现和反映人的心理健康状况。心理健康的大学生热爱生活，有开放明朗的心态，秉持尊重、信任、友爱等原则，乐于交往，有较强的交往主动性。他们善于融入，有较好的包容心，能正确处理互助和竞争的关系，与他人合作愉快。他们乐于助人，有较强的同情心和责任感，甘于在人群中牺牲奉献，因而较容易为他人和集体悦纳和认同。

（五）正确的自我意识

正确的自我意识是发挥潜能的基础，也是与外界协调必须具备的先决条件。心理健康的大学生能够客观地去认识自我、评价自我、悦纳自我，既不自大，也不自轻。他们对自己与周围的世界的关系有着清醒的自觉，能够正确看待理想自我与现实自我之间的矛盾。他们善于利用外部资源充实和完善自己，在与客观外界的不断平衡中调整自己的理想和目标，并有效地控制自己的行为。

（六）完整统一的人格品质

人格作为人的整体精神面貌，是心理健康状态的综合体现。心理健康的大学生人格构成要素无明显的偏差，气质、能力、性格和理想、信念、人生观构成的人格倾向性与人格心理特征各方面平衡发展，有一定的连贯性和稳定性。他们的所思、所言、所行协调一致，他们具有积极进取的人生观，能够把美好的愿望与自觉的行为统一起来。

（七）良好的环境适应力

环境适应是个体生存和种族延续的基础，也是自我发展和完善的条件。心理健康的大学生，能够正确认识人与环境的关系，作为环境中的一员对环境有正确的认识和评价，随着环境的改变进行新的适应。他们能与社会保持良好的接触，对现实社会有较清晰的认识，与社会要求相符合，为社会所接纳。当自己的愿望、需要与社会的希望和需要发生矛盾和冲突时，他们能迅速调整自己对现实的期望和态度，保持自己与社会的协调一致。

（八）符合年龄特征的心理行为

具备了与年龄段相称的心理行为模式，人才可以承担起不同发展时期的任务。在人的生命发展的不同时期，都有与年龄相称的气质特征，即心理年龄特征。心理健康的大学生相对中学时期，在智力、情绪、人格各方面都有了不同程度的递进，不过分幼稚也不过分老成。他们充满青春活力，富有创新精神；同时又追求理性，喜欢秩序。

即学即练

多项选择题：心理健康的大学生能够做到以下哪些方面？（　　　）

A. 学习成绩良好　　　B. 悦纳自我　　　C. 知难而退　　　D. 我行我素

答案解析

二、大学生心理发展的一般特点

人的成熟，包含了身体的成长、心理发展完善以及社会化程度的提高等几个主要方面。其中，心理的成熟需要以生理成熟为物质基础和依据，以社会成熟为必要条件。分析大学生的身心发展特点，既要考虑作为大学生群体的一般性特点，还要研究时代背景给大学生的心理成长带来的深刻影响。

（一）大学生身心发展的一般特点

大学阶段属于青年中期，以性成熟为重要指标的生理成熟逐步实现，具备了心理成熟的物质基础，然而社会成熟方面仍有局限。这是由于大学生对自己在社会中应尽角色和责任有正确的认识，但由于身在校园的他们与真正的社会生活有着某种程度的隔离，缺乏直接、深刻的了解，社会实践活动也比较表面和肤浅，社会成熟期较长。因此，虽然大学生有相对清晰的自我概念以及稳定的个性，但心理发展总体上处于迅速走向成熟但未真正完全成熟的状态，因而具有显著的矛盾的心理特点。这种特点主要表现在如下几个方面。

1. 抽象思维迅速发展，但有主观片面性　大学生在智能发展上基本上达到了高峰阶段，如观察力显著提高、记忆力处于最佳时期等。特别是由于学习的内容越来越丰富，接受的各种思维训练越来越复杂，因而他们的抽象思维获得了迅速发展并逐渐占据主导地位。他们思维的独立性、批判性和创造性有所增强，思维的辩证性和发展性都有所提高。但是，他们的抽象思维并没有达到完全成熟的程度，主要表现在思维各品质间发展不平衡，思维的敏感性、广阔性及深刻性等方面发展尚显缓慢。尤其是他们还不大善于运用辩证思维指导自己的认识和实践活动，常常"想当然"却又常常显得无能为力。例如在人际关系问题上有时以自我为中心，主观性比较强，因而会出现交往困难的现象。

2. 自我意识增强，但发展不成熟　自我意识是指人对于自己和自己与他人及社会的关系的认识，它包括自我观察、自我评价、自我监督、自我教育和自我完善等。大学校园的社会化程度远高于中学阶段，环境的变化使他们不再满足于过去由家长、老师和同学塑造出来的自我，强烈要求重新塑造和确立真正的自我，客观上促进了大学生自我意识的增强，但他们还不能准确地给自己定位，在急于深入了解和发展自己的同时，他们又常常在现实的自我和理想的自我发生冲突时找不到方向。他们的自我评价能力有了一定提高，表现出较明显的独立性和自信心，希望得到别人的肯定和尊重，然而一旦自尊心、虚荣心得不到满足时，自我评价能力又会明显下降。他们的自我教育意识有所增强，大多数都能够根据未来职业要求来认真规划自己，并不断进行自我修养和锻炼，但由于能力和经验不足，还不善于妥善处理与社会发展需要的关系，并且缺乏长期艰苦奋斗的心理准备。他们往往对自己估计过高，有的想简单移植中学时期的优越形象，也有的想展示自认为压抑很久得不到施展的才华，但有时却又不能正确认识和悦纳自己，遭遇挫折时，容易产生强烈的自卑感和过激行为。

3. 情感丰富，但波动较大　大学生风华正茂、充满朝气，不再像过去天真直白，随着校园生活的深入展开和社会需要增多，情感也日益丰富和强烈，日益发展完善。这不仅体现在他们的日常学习、生活以及对周围人的态度等方面敏感、自尊、喜欢表现，还体现在他们的集体主义、爱国主义情感以及义务感和荣誉感等高级的社会性情感迅速向广度和深度发展，对社会、国家的前途和命运有充分的关注，并有极强的参与热情。在大学校园，爱情这个主题渐渐成为一个影响学生情绪的重要因素，他们在爱的需要和体验之中不断丰富着自己的精神世界。客观而言，大学生在情绪控制方面已经有了明显进步，然而一旦有风吹草动，却又容易陷入心理困境，产生较大波动，从而表现出时而冰山时、而火山的两极性。大学生远离父母、亲朋好友，情感上难免有一些对他人的依赖，如果学校管理方面不够到位，极易进入不适应期，影响学习和生活。

4. 意志水平明显提高，但不稳定　虽然大学生个体之间在志趣和理想上有客观差异，但总体上由于自我意识以及人格上的独立性和自觉性明显增强，对自己行动的目的性和社会意义有了相对清晰的认识，他们深谙家庭和社会赋予自己的较高期待值，多数已经能够有意识地确定未来的奋斗目标，科学地制定实施计划，并排除各种障碍去努力实现预定目标。这种自觉性和坚韧性在大学生意志品质中已达到一定水平，但是意志的果断性和自制品质的发展却相对缓慢，表现出不稳定性。这主要表现在他们能适应一般性问题的解决，但是在重大的、关键性问题上往往会表现得优柔寡断或一意孤行。另外，大学生意志水平受情绪波动的影响比较突出。

综上所述，大学生心理发展的整体水平正处于迅速走向成熟而又未真正完全成熟的阶段。大学生心理迅速成熟的一面为其人格的发展提供了可能性；他们未成熟的一面又在一定程度上制约着人格的发展，也给学校教育带来了许多困难。科学的做法是，对于这样一个既优秀又脆弱的大学生群体，既不能一味赞扬，也不能一味指责，而是要从大学生身心发展的特点和规律出发制定科学的教育方法，以有效引导和推动大学生在各方面的进一步发展和成熟。作为大学生，也要正确认识自身心理发展的水平和特点，不断提高自我评价能力和维护心理健康的自觉性。

（二）当代大学生的心理特征新变化

社会经济的飞速发展深刻地改变了人们的社会生活，给人的心理也带来了巨大的影响。在这种历史背景之下，当代大学生的心理行为具有了以下新的特征：

1. 思维的主体性和批判性增强　当代大学生处在信息技术高度发达的现代社会，由于信息能够得到最大程度的共享，加上他们自身思维活跃、敏捷，容易接受新事物，在各种社会现象的讨论中较少盲从，对外界的教育不会全然接受，不再轻信，对灌输越来越缺乏热情，对问题有自己的独立见解，基本上能够做出较理性的判断和辩证的分析。他们特别喜欢挑战自我，在意自我的主动性、积极性、实践性和建设性，不断获得发挥潜能的内在基础。他们关注社会公共事件，对周围环境的变化非常敏感，经常会质疑和否定，有时甚至会言行偏激，但也喜欢提出积极的建构意见。他们关注社会的发展和进步，注重在社会发展中实现自我，对志愿者活动等社会实践和社团活动项目有着极大的兴趣。

2. 具有强烈的实用主义色彩　当代大学生的价值观已经发生了深刻变化，思想越来越趋向于复杂，行为越来越趋向于实际。例如，他们有对爱情的美好向往，但崇尚"活着就是要享受"的观念，在性的问题上比较注重双方意愿，并不介意发生性关系，也不介意同居。在个人社会理想方面，虽然关心时事和政治，但不再盲目地过度卷入，而更热衷于审时度势，倾向于寻找问题解决的思路。在职业理想方面，不再喜欢空谈，而是投入各种培训和备考，获得各种资格，希望脚踏实地地在更广阔的空间里谋求个人发展。在人际交往方面，他们把广结人脉当成大学时期一个重要的目标来追求，除了满足骤然意识到的独立感、摆脱独生子女的孤独感之外，提升个人能力、储备未来择业发展的资源以应对就业压力等心理需要上升为主导需求，主动出击，从线上到线下不断拓展社交圈，择友而交与泛泛之交交替进行。最新研究表明，大专生利用人际支持调控情绪的水平高于本科生。

三、大学生常见心理健康问题和主要影响因素

📱 **知识链接**

2020 版"心理健康蓝皮书"

《中国国民心理健康发展报告（2019～2020）》被称为"心理健康蓝皮书"，书中对大学生心理健康情况总结如下。

1. 大学生心理健康状况总体良好，但一定比例的抑郁、焦虑等问题不容忽视。大学生中 18.5% 有抑郁倾向，4.2% 有抑郁高风险倾向；8.4% 有焦虑倾向；睡眠不足的问题比较普遍，43.8% 的最近一周中有几天睡眠不足，7.9% 的超过半数时间，而 4.4% 的几乎每天都睡眠不足。

2. 大学生的心理健康意识较强，具备一定的心理健康技能，但仍有待提高。大学生中心理健康意识处于中等、有待进一步提升的为 39%，较强的为 57%。60.8% 的大学生至少拥有人际支持、认知重评、转移注意等三种情绪调节方式中的一种，其中转移注意是大学生最主要的情绪调控方式。利用人际支持是大学生最有效的情绪调控方式。

3. 大学生的心理健康知识需求丰富，心理咨询需求的满足程度显著高于全国普通水平，但咨询的便利性仍需提高。大学生对心理健康知识的需求丰富，排前三的依次是：人际交往、自我调节及职业指导。

（一）大学生常见心理健康问题

尽管大学生存在的心理问题呈现出复杂多样的状态，但综合起来大体可以分为两大类：一类是一般性的成长心理问题，有心理障碍倾向但并不严重，这是大学生心理存在的主要问题；另一类则是出现了程度不等的心理障碍。成长心理问题主要包括：环境改变与心理适应的问题，学习心理调适不当而出现的心理问题，各方面能力相对较弱而造成的人际交往、恋爱和性心理等方面出现心理与行为的偏差。人际关系问题、情绪问题、学业问题、恋爱与性的问题是目前大学生心理健康尤其值得重视的几个问题。

1. 人际适应不良　人际和谐是心理健康的重要标志，是学生成长与社会化过程中的重要组成部分，会对学生产生深远的影响。从大学阶段开始，学生独立地步入准社会的交际圈，有参与交往、提升交往能力的强烈愿望，以为将来进入社会做准备。然而，由于对人际交往规律的认识不足以及学生固有的单纯性，使得他们常常在交往中受挫，表现为沟通不良、关系失调。如有的因有自卑和恐惧等情绪回避交往或交往困难，有的则因人格因素常常难以交往或交往平淡，有的因认识和能力局限难以深交。交往受挫后，有的表现为自我否定，有的表现为迁怒环境，陷入苦闷、焦虑、猜疑、嫉妒等困境，进而在不良的情绪与紧张的人际关系中恶性循环，影响学生的健康成长。一项调查发现，近半数的学生对自己的交往状态表示不满意，有不到半数的学生希望交往中有人相对主动。大学生的人际关系问题，突出表现为寝室关系方面。

2. 情绪控制不足　大学阶段学生的生理发育已趋于成熟，在日常学习生活中一般会呈现饱满的精神状态。然而由于这个时期特有的学习、交往、就业等多方面的需求和压力，也由于社会认知方面的局限以及经验不足等原因，很容易出现诸多心理矛盾和负面情绪。他们有时会因小胜而骄，有时会为小败而馁，自我控制和自我调适能力较低，并由此导致心理和一些行为上的偏差。如有的大学生会出现焦虑和恐惧，缺乏安全感；有的大学生则感情用事，出现自伤和伤人等极端行为。在大学校园，群体性的这种负性情绪一旦激发，容易成为校园事端的直接制造者，应注意及早防范。

3. 学习困难和考试焦虑　大学生的主要任务是学习，学习成绩自然会成为他们关注的焦点，而环境的变化给他们带来了相应的心理负担。有的因学习方法与学习能力不足，在强大的学习任务面前茫然失措，产生自卑、恐惧和焦虑情绪；有的学习和成就动机过强，力争上游，疲于考证，自动隔离所有的交往和其他校园活动，过度学习，常常处于超负荷运转以及紧张的临战状态；有的面对强大的竞争对手，拼命想保住自己在中学时的优势，产生嫉妒心理；有的因参与校园学生社团活动过多，处理不好学习与工作的关系，陷入选择困难，产生矛盾心理；有的学习兴趣和能力与专业对接不良，产生厌学情绪或焦虑；还有的认为考入大学了就等于进入了保险箱，缺乏进一步学习的动力；也有的因为烦躁等情绪问题，学习效率降低，成绩下降。校园里最常见的就是考试焦虑，除了学习能力不足等因素之外，这与过高的期待值有密切的关系。学生长期处于上述适应不良状态，势必导致多种焦虑并发症，有的甚至因为过度紧张走向自暴自弃。

4. 恋爱与性的困惑　处于青年中期的大学生，随着性生理的基本成熟，性意识得到不断增强，渴望得到异性的友谊乃至爱情，恋爱也成为校园的热门话题。爱情的萌生本是件美好的心理体验，是人逐步走向成熟的重要标志，但由于性心理的不完全成熟，加上生活经验匮乏，常会走进误区，引发一些不良的情绪体验和困扰，例如紧张、恐惧，甚至发生不当行为。有资料表明，高校每年性心理障碍比例正在逐年上升，因陷入恋爱冲突出现轻生行为的屡见不鲜，不仅影响大学生的个体生活，也影响大学生的生命安全和校园稳定，大学生的性心理障碍问题越来越值得关注。据调查，大学生自杀已成为仅次于事故的第二位的死亡原因。

5. 经济困难引发的自卑 高校里的贫困生问题一直是重要话题，作为特殊人群，当他们连正常的学费和生活费都支付困难的时候，心理会承受巨大压力，对父母和社会产生一些质疑，并深感抑郁。另外一方面的压力还来自同学的高消费，奢侈的生活用品、任性的休闲方式，一切都令他们感到心理不平衡，产生强烈的自卑感和孤独感，行为上有自动的回避和隔离。伴随着经济困难，他们对各种发展机会不再深信不疑，如若拥有过度内向的人格特质，他们很难有愉快的人生体验。随着各种援助机制的建立和完善，贫困学生得到的帮助越来越多，但对这部分人群的持久关注，仍是心理健康教育工作的重要课题。

6. 求职择业的恐惧 随着社会的进步，大学生面临的就业压力和风险日益加大，他们的求职心理受到了剧烈的冲击，常常会出现种种苦恼和困扰。一些大学生的择业观陈旧、保守，对求职择业模式不适应，只是坐等送上门的机会，缺乏积极主动地找市场推介自己的择业主动性，甚至产生逃避社会的心理。一些大学生缺乏对就业市场的客观判断和对个人能力的准确定位，希望无条件一步到位，对求职岗位挑挑拣拣，一旦不能顺利进入就业岗位就心灰意冷，对外界产生敌意。有些大学生认同新的择业模式，但缺乏沟通技巧以及各种对自己主观条件和社会资源的充分自信，对面试没有正常的期待，陷入自卑和焦虑。这些心理问题，不仅影响学生的学习动机，也严重影响着他们的职业信念。

此外，评先争优引发的压力等原因造成的心理问题也很多。有些是因一些突发性的因素造成的，有些则是长期困扰造成的；有些是单一因素的影响的结果，有些是多种因素综合影响的结果。

（二）高职院校学生存在的主要心理问题

高职教育是我国社会发展和高等教育改革发展的必然产物，随着高职教育的快速发展，高职生的心理健康问题越来越引起社会的广泛关注。因为学源结构复杂多样，且有特定的培养目标和培养方式，他们除了具有一般大学生的共性，又有自己独特的心理特点。处于社会转型期的高职学生，价值观念和行为模式都遭遇到了前所未有的冲击，调查表明，高职学生群体中有近三成的人有不同程度的心理问题。作为培养高层次、高技能的操作型和应用型人才的高等职业教育，既要重视专业技能的培养，也应注重非智力因素的培养，尤其是心理健康教育。高职生中普遍存在的心理问题突出表现在以下两个方面。

1. 自卑心理 相对本科生而言，高职院校的学生自卑心理相对比较严重。有调查显示，不自信的学生达七成以上。从个人角度来说，受传统观念和学科本位教育的影响，一些高职学生不愿意接受职业院校学生这一身份，他们常常自我消极暗示，认为自己低人一等，认为自己名不正言不顺。甚至一些高职学生的家长也对子女进入高职院校学习这一事实拒绝接受，从而更加重了学生的自卑心理。从社会上用人单位的角度来说，由于片面追求高学历，使高职院校学生在竞争上处于劣势地位，有一种无力感。高职学生应清醒地认识高职教育的性质和特点，明白高职教育只是普通高等教育的一个类型，并不是一个层次的概念，它更多地指向应用能力的培养。从某种意义上而言，高职学生业因具备了技能方面的优势，只要持续努力，势必也会有广阔的发展空间。

2. 厌学心理 一些调查结果显示，高职院校学生的厌学情绪相对比较突出。作为高职学生，他们中的很多人存在应试教育的创伤感，对自己的文化基础和学习能力持否定的态度，没有明确的长远的学习目标，学习动机较弱。遇到学习困难就更容易陷入迷惘，最后自暴自弃。他们的兴趣更多地聚焦到各种有趣的活动，或者依赖网络打发时间。当然也有一批高职学生有所不同，他们坚信自己的学习能力没有问题，只是对高考失利表示遗憾。这些学生是有明确的学习目标的，但容易被周围闲散的环境所干扰，学习热情受到严重影响。

（三）影响大学生心理健康的主要因素

人的心理健康是一个极为复杂的系统，也是一个多变的动态过程，影响心理健康的因素是多种多样的，既有个体自身的心理素质，也有来自社会、学校和家庭的各种外界环境因素的影响。大学生有较高的文化层次，背负较高的社会的期待值，因此他们自我关注和人生目标的定位也相对较高，所面临的心理压力也自然要比一般的社会成员要大得多。影响大学生心理健康的主要因素，归纳起来主要有以下几个方面。

1. 社会环境因素

（1）社会竞争　大学生曾被誉为天之骄子，有一定的自豪感和优越感。然而随着我国改革进程的不断加快，竞争机制在就业制度上被迅速引入，大学毕业生由原来国家统一分配转向了人才市场双向选择，这种毕业分配制度的重大变化，使大学生的优越感受到强烈冲击。另一方面，经济转轨、社会转型期的人事制度改革，使社会的下岗失业人数逐年增多，给应届毕业生客观上造成了很多竞争对象，外加社会在用人问题上存在一些不正之风等，这一切均使大学生明显感受到面临着各种竞争的压力。他们不知道何去何从，感到十分焦虑和迷惘，这种失落感极易导致大学生心理问题的产生。

（2）信息矛盾　随着信息时代的到来，人们对网络的依赖显得越来越明显，大学生享受到前所未有的便捷的同时，正常的学习生活受到了严重干扰。主要表现为信息超载，占据了学生大量的时间和精力，碎片式的阅读，难以建构完整的认知体系。各方面信息真假难辨、良莠并存，而思想单纯、经验缺乏的大学生对信息的加工处理能力不强，常常陷入矛盾冲突。大学生正处于世界观、人生观和价值观形成的关键时期，这些矛盾得不到及时解决，就会产生心理问题或障碍。

2. 学校环境因素

（1）生活环境变迁　生活环境的变迁通常会引发心理环境的改变。进入人生新阶段之后，大学生立刻置身于一个陌生的环境，需要重新适应。首先要适应远离家乡和亲人之后的寂寞和孤独，做到全方位的独立；又要适应与天南海北的同学朝夕相处的集体生活模式，具有较好的协调能力。但由于当代大学生绝大多数都是独生子女，不少人缺乏心理和能力上的准备。他们既不会妥善打理自己的生活，又不会在集体生活中摆正自己的位置，与大家共同合作，因此常常会感到压抑和焦虑。

（2）学习环境　上了大学之后，学习内容的广度和深度加大，难度加深，加之考试方法比较灵活，不仅对智力是考验，对意志品质也是考验，稍有不慎，很容易挂科。大学的学习模式发生了新的变化，需要有自主学习、创新学习的能力，然而由于一些大学生长期以来具有依赖性，对新的学习模式不适应，于是会出现学习困难，陷入紧张焦虑。也有些大学生中学时期学习处于上游，进入大学后，自己原有的学习优势不再，很容易产生巨大的心理落差，不甘心自己过去鹤立鸡群，转眼变成了骆驼中的羔羊，因而郁郁寡欢。此外，对学生的综合评价体系的建立，要求学生在多姿多彩的大学校园文化活动中表现出色，同时又在各种评比中以学习成绩作为必要项目，使得一些大学生常常因此产生双趋式心理冲突，并因遭遇挫折而感到自卑。

（3）个人情感　大学时代正处于人生最美好的年华，生理上成熟，心理上充满浪漫的幻想和期待。大学生对性的问题比较敏感，十分渴望得到异性的关注，渴望得到异性的友谊甚至爱情。但由于生理发育与心理发展状态之间并不完全同步，难免导致各种心理偏差或失衡。一方面，强烈的性心理需要在道德、纪律和法律要求中受到限制，不得不延迟满足，于是在矛盾和冲突中失去心理平衡。另一方面，大学生的正确的恋爱观还没树立起来，因而会出现诸如三角恋、单相思、失恋、胁迫恋爱以及性心理异常等现象，这些一旦不能得到及时而有效的缓解和调适，就可能引起心理失衡，严重的会导致精神类疾病。

（4）人际关系　由于大学生分别来自不同的地域，文化背景、价值观念不尽相同，其个性的差异非常突出，这既是极好的学习机会，也是个相对复杂的交往环境，需要大学生有效适应。由于大学生普遍缺乏人生经验和交往技巧，很容易发生人际关系方面的摩擦和冲突，呈现不同程度的人际关系焦虑。大学生交往中一个鲜明的特点是过于理想化，他们对良好的人际关系常常抱有较高的期待，而这些注定得不到完全的满足，于是导致了他们对人际关系状况的各种不满。因这种不满进而又心理闭锁，压抑了交往的渴望，严重影响心身健康。大学生人际关系的重要内容之一是异性交往，这既包括两性之间友谊的发展，也包含爱情的成长。但有些大学生缺乏爱的能力，既不清楚应该选择何种类型，也不清楚如何去爱。也有的大学生错置恋爱和学业的位置，甚至认为有爱就有一切，经不起失恋的打击。

3. 家庭环境因素　家庭的影响主要包括家庭的经济状况、家庭的期望值、家庭的情绪氛围等几个方面。

（1）家庭的经济状况　家庭经济状况不良对一个人的压力是巨大的，对于经济尚未独立、只能依赖家庭供养的大学生来说更是如此。尽管他们不甘于进入"贫困生"的角色，带上特殊的标签，但为了支付高额的学费和生活开支，不少贫困学生在学习之余，不得不靠勤工俭学来维持学习和生活，付出很多辛苦的同时，还要承受其他人异样的目光，他们的心理负担明显超过同龄人几倍。不仅如此，作为收入悬殊问题在高校中的必然反映，贫困学生与大城市来的学生确实存在着事实上的很大反差，自然会导致心理上的各种不平衡。这种心理困境不仅影响他们现实的学习、生活和交往的各个方面，并且对未来的影响也十分明显。

（2）家庭的期望值　期望值有一种激发效应，它与学生的心理状态、活动模式密不可分。望子成龙是一种普遍心态，在竞争异常激烈的当今社会，为了子女能在人才市场上占有一席之地，家长更是煞费苦心，甘愿付出一切代价。这种来自家庭的较高期待，虽然可以成为大学生们勤奋学习、努力拼搏的动力，但也可能适得其反，成为大学生难以承受的心理重负。而那些不大看好子女的资质和品格，过低要求子女的家长，则容易导致学生的自暴自弃。另外，同样的期望值，在教养方式不同的家庭，表现得也不相同。民主、平等的正确教养方式能够使大学生情绪稳定、自信开朗，即便有高期望值也构不成太大的压力；相反，专制、居高临下的教养方式会令学生备感压力沉重。

（3）家庭的情绪氛围　"家庭是孩子的第一所学校，父母是孩子的第一任老师"。在每个人的生命历程中，家庭的烙印是坚固而持久的，对人的意义和影响是深远的。家庭的情绪氛围是影响健康的重要元素，直接影响着家庭中每个成员的心理健康水平，对个性走向成熟的大学生更是具有特别的意义。家庭的和谐美满是子女健康成长的重要保障之一。正常的家庭氛围应该是平等和谐、轻松温暖，家庭成员之间相互尊重、彼此关爱，每个成员都有独立的心理空间，同时又能良性互动，关键的时候齐心协力。和谐氛围的家庭会帮助子女养成良好的性格、乐观的态度，反之会使其心情压抑、自我封闭、悲观消极。许多咨询案例表明，心理问题比较严重的学生，与其家庭的情绪氛围有直接的关系，上大学之前，家庭给他们打下了阴郁的烙印，上大学之后，这种困扰仍旧时刻伴随其整个读书过程。一部曾经的热播剧《都挺好》，通过苏明玉的委屈和挣扎揭示了原生态家庭的责任，家长应该看到子女最美好的那一面、最有价值的那一面以及值得被爱的那一面。这样子女就不会为了证明自己有价值、值得被爱，活得那么辛苦，满身是伤。

4. 自身因素　没有一个人的人生是绝对圆满的状态，人总是有各种各样的不足或缺陷，包括生理上的，也包括心智上的。在生理方面，人的外貌对人生有一定影响是个不争的事实，所以有些在相貌、身材等方面存在一些生理缺陷的大学生比较容易自卑。有些学生因为身体素质不好、体能方面比较弱在活动中处于劣势而苦恼。也有些学生因某些学科力不从心，怀疑自身努力的价值。除此之外，更多的大学生是因为个性方面的缺陷，如内向、孤僻、急躁、固执等，导致他们在人际交往等方面容易受阻、缺乏魅力。这些认识和情绪若不及时调整，就会造成严重的心理负荷，给大学生的心理发展带来更多不良的影响。

第三节　心理健康的维护

一、珍爱生命

作家毕淑敏说："好好爱自己，让一切变得不同。"人的生命是地球上最宝贵的资源，是一切价值的根本。珍爱是热爱和敬畏，热爱生命是幸福之本，敬畏生命是信仰之本，珍爱生命是生命进程的应有之义。

▶▶ 实例分析

实例 2016 年 7 月的一天下午，一个女孩从某高校 9 层楼顶跳下，当场死亡。后被确认为该校中文系本科生。一个标题为"据说是那个女孩生前写的"帖子写道——"我列出一张单子，左边写着活下去的理由，右边写着离开世界的理由。我在右边写了很多很多，却发现左边基本上没有什么可以写的……对于亲人，我只能够无奈，或许死后的寂静，就是为了屏蔽他们的哭声，就是能让人不会在那一刻后悔。"论坛上，不少学子对女孩的选择表示痛惜："有死的勇气，为什么没有活的勇气？"

问题 1. 为什么有人能写出上千条死去的理由，却写不出一条活着的理由？
2. 生命的特征和意义是什么？

答案解析

（一）生命及存在形态

1. 生命　给生命下一个科学的定义是件比较困难的事情，它随着社会发展和科技的进步，不断被注入新的解释。

中国古代哲学家把生命看成一个物质运动过程，常把生与死连起来讨论，这也是中国哲学一体化的思维特点，例如"有血脉之类，无有不生，无生不死，以其生，故知其死也"，把生命看作是与死亡对立的事物。

分子生物学的生命观从生命物质微观构成的共性，来概括生命定义。认为生命体的形状、大小和结构可以千差万别，但他们都是由脱氧核糖核酸（DNA）、核糖核酸（RNA）和蛋白质等大分子为骨架构成的。

恩格斯则认为，生命是蛋白体的存在形式。这个存在形式的基本因素在于和它周围外部自然界不断地新陈代谢，而且这种新陈代谢一旦停止，生命就随之停止，结果便是蛋白质的分解。恩格斯说的"蛋白体"就是指核酸和蛋白质。也就是说没有蛋白质就没有生命。由此从根本上否定了上帝造人的神创说。恩格斯的生命定义，在一定程度上揭示了生命的物质基础，即具有新陈代谢功能的蛋白体。100 多年来，这个定义一直指导着人们认识生命的本质。

生命的内涵是指在宇宙发展变化过程中自然出现的存在一定的自我生长、繁衍、感觉、意识、意志、进化、互动等丰富可能的一类现象，其外延可以包括生化反应产生的能够自我复制的氨基酸结构，以及真菌、细菌、植物、动物（人类），就未来的发展可能而言，人工制造或者促成的机器复杂到一定程度，具备了某种符合生命内涵的基本属性的现象也将可能纳入生命的范畴，包括人机混合体、纯自由意志人工智能机器人等。从古至今，无论从何种角度给出定义，生命的定义都离不开"自我更新与发展"这一本质含义。

2. 生命的存在形态　作为一种高级的生命形态，人的生命与植物、动物不同，包含更丰富的内容，具有生物性、精神性和社会性三种存在形态。

（1）生物性的存在　无论生命过程有多么华丽，人的生物性的存在永远是生命最基础性的存在，也是首要的存在。生物性是人生命的最基本特性，是其他存在的前提。并且作为一个自然性的肉体，必然要服从生物界的法则和规律，经历生老病死的全部过程。

（2）精神性的存在　人之所以成为人，是因为有相对高一级别的存在，它以生物性存在为基础但又明显超越生物性，是作为人的专属需求。在这个层面上活动着的人，不断通过能动性的创造和适应性活动，使人的生命获得人文意义和价值，散发着独特的魅力。

（3）社会性的存在　这是前两个存在的环境。在社会性存在中，人通过与其他个体和群体开展丰富的交流和沟通，不断加深对自身的了解，也不断根据外界的需求调整自身的心理行为，从而获得新的适应。同时，在与人的合作中不断开辟新的环境条件，以活化和拓展自己和他人的生命。

（二）生命的特征和意义

1. 生命的特征　在生命定义的形成过程中，内在地包含了对生命特征的描述。其中具有普遍意义的说法是，生命具有新陈代谢、应激能力、遗传和繁殖能力等。然而人的生命特征的探讨，需要在人的意义上界定。

（1）生命的唯一性　首先，每个生命都具有独立的价值和意义，异常珍贵。正如世界上没有完全相同的两片树叶，任何生命都是独特的、仅有的、不可置换的存在，即每一个生命都有完整独立的结构和独特的个性，不能被任何其他生命所交换替代。

（2）生命的不可逆性　正如"开弓没有回头箭"，生命是个从开始到死亡这样一个单向的进程，没有回程。生老病死是人生的必然规律，那些长生不老的愿望，只能是人类不切实际的一个空想。每个生命都只能是只此一次的存在，不能被重塑，不可再生，所以，把此生的愿望放置在所谓来生的想法，不是对生命现象的无知，就是对生命缺乏敬畏和责任的表现。

（3）生命的精神性与超越性　人的生命既包含自然赋予的肉体生命，也包括后天获得的精神生命，这两者对一个完整的生命来说缺一不可。人既存在于世界之中，又存在于自我意识之中，依托肉体的生命承载精神以及一切活动，同时用精神关照着肉体生命的状态和进程。人要从生命的自然存在出发，珍惜自己的生命，并在此基础上，超越自然的存在和本身的局限，追求人生价值的实现和意义。

（4）生命的有限性　即每个生命除了存在时间长短的必然限制，还包括生命过程中各种因素的不可控性，以及每个生命对外界环境的依赖性等。生命本身具有巨大的潜能，人的很多愿望也都是极其美好的，但生命不是绝对独立的存在，也不是绝对的万能者，在一些客观的限制面前，无论是生命的长度还是生命的宽度都不可能随心所欲。

2. 生命的意义　生命的意义是指关于生命的积极思考，是努力去实现自己理想的目标。奥斯特洛夫斯基说过："人最宝贵的是生命,生命对每个人只有一次。"个体生命是自然生命和精神生命的和谐统一,是一种高贵的、优雅的、不可多得的存在。对生命的意义进行积极的思考,在有限的生命里获得价值感以及各种发展的动能,是敬畏生命的体现,是健康生活并有效摆脱心理危机的重要前提。

(1)保护生命,珍惜自身存在的价值　首先,要深刻认识个体本身作为一个生命体存在的意义,高度尊重个体生命的生存权,有坚定的保护生命的意识,既不轻易放弃生命,也不轻视亵渎生命。其次,要充分认识自己的独特性,在现实中能够善待自己,善于经营和调适自己,不虚度光阴。人在困境之下容易悲悯自己,而不去体会正在拥有的幸福,以及尚未到来的无限的可能。其实我们的周围也许还有比我们更悲惨的人,正如有一句话所说:"我曾经因为没有鞋子而沮丧,直到我在街上遇见一个无腿的人。"每一刻都很珍贵,每一步都很关键,要尽量尝试感受这个世界的美好,学会生动地活。

(2)发展生命,确定有价值的目标　人的生命具有巨大的创造能力,不仅可以创造物质财富,还可以创造精神财富,并且能够不断创造出一个崭新的自我。人要有较高的精神追求,有长远的发展目标,极尽一切可能获得进步,追求自我成长与发展,超越生命的有限性,追求生命的无限性。最完善的生命还要能够发挥出生命的全部能量,活出生命的精彩,最终成为想要的自己、最好的自己,达到自我实现。最高荣誉"共和国勋章"获得者袁隆平,躬耕田畴,淡泊名利,以一介农夫的姿态,潇洒行走在心灵的田野,用质朴而富于创造的一生赢得了无数人真诚的热爱和崇敬。在抗击新冠肺炎疫情防控这场没有硝烟的"战疫"中,为守护人的生命,许多曾经的医学生纷纷请缨参"战",不顾个人安危,奋不顾身投入防控一线,演绎出了一个个可歌可泣的抗疫英雄故事,以行动拓展了生命的高度和厚度。

> **课堂活动**
>
> 活动:生存选择。
>
> 目的:了解自己及他人的价值观,调整认识,认清生活中最重要最有意义的东西。
>
> 操作:
>
> 1. 以5~8人的规模分成小组,每组有1份材料及统计表。
>
> 2. 说明情境:地球上发生了核战争,人类将要灭亡。科学家发明了特别的核保护装置,进入其中的就能生存。现有10人,但是装置里的水和食品、空间有限,只能容纳7人。请你决定谁应该活下去,谁只能面对死亡,为什么?请排出次序并说明理由。
>
> 10人分别是:①小学老师;②怀孕妇女;③足球运动员;④十二岁少女;⑤优秀警察;⑥著名作家;⑦外科医生;⑧年长和尚;⑨知名演员;⑩生病老人。
>
> 3. 每位成员做出选择。
>
> 4. 每名成员将结果及理由在组内交流。
>
> 5. 小组代表介绍小组的决定及讨论情况,成员可保留自己的意见,到团体中再阐明。

二、大学生心理健康的自我维护

(一)学习心理学知识

任何人的心理素质建设都不是一蹴而就的事情,这是由心理构成的复杂性所决定的。想拥有一个健康的心理,首先离不开对心理健康知识的学习和把握。

对于大学生来说，最直接的方式就是通过心理健康教育课堂来系统学习心理学理论。根据教育部下达的相关通知精神，各高校已普遍在第一学期开设了"大学生心理健康教育"公共必修课程，有条件的学校还在不同学期开设了系列延伸的选修课程。这些心理健康教育课程，是促使大学生健康发展的主渠道。它使学生可以通过规范的课堂教学系统掌握心理健康知识，了解自身心理发展、变化的规律与特点，明确心理健康的标准及意义；通过课堂教学还可以帮助学生了解大学阶段人的心理发展特征及异常表现，掌握心理调控的基本知识和方法，使带有普遍性的问题得到及早的预防和解决，从而帮助他们缩短心理适应期、加快人格的成熟。

学生还可以通过其他各种途径来学习心理健康知识。各高校心理健康知识讲座开展得如火如荼，各种专题一般都有较强的针对性和趣味性，有助于帮助学生加深对心理学基本知识的理解和把握。为引导大中学生关注自身心理健康，2004 年月 2 日，教育部、团中央、全国学联办公室向全国大学生发出倡议，把每年的 5 月 25 日确定为"全国大学生心理健康日"。健康日取"5·25"的谐音——"我爱我"，意为关爱自我的心理成长和健康。每年的大学生心理健康日都会有一个统一的主题，各高校根据这个主题开展形式多样的心理健康教育活动，深受大学生们的喜爱。学生可以参加心理测试，也可以参加其他各种丰富多彩的活动和训练。另外，各高校的学生心理社团也越来越走向专业化，朋辈咨询和辅导可以丰富学生对心理健康知识的认知，不断加深情感体验。

（二）掌握自我调适的技巧

心理健康教育课程是集知识传授、心理体验与行为训练为一体的公共课程。学生不仅要明确心理健康的标准及意义，增强自我心理保健意识和心理危机预防意识，更要灵活掌握和应用心理健康知识，培养自我认知能力、人际沟通能力、自我调节能力，切实提高心理素质，促进自身的全面发展。学生要通过课程学习，使自己在知识、技能和自我认知三个层面达到相应的学科目标。

首先，在增强自我认知的基础上学会接纳自己。我们经常会在学习和交往等各种生活中遭遇问题，觉得事事不如意、处处不称心，陷入各种不良情绪。有时因为一次挫折经历就觉得世界都暗淡无光，其实这个世界充满生机，不会因为一个人的挫折而有改变，所以还有机会，值得努力。有时怨天尤人，觉得世界只对自己一个人不公；有时自艾自怜，认为没有挣脱困境的能力。其实，"解铃还须系铃人"，很多问题都与我们自己的自我评价有关。所以要不断通过学习、观察和训练增强自我认知，树立心理健康发展的自主意识，全面了解自身的心理特点和性格特征，对自己的身体条件、心理状况、行为能力等进行客观评价，从而做到正确认识自己、接纳自己，在遇到心理问题时能够进行自我调适或寻求帮助，积极探索适合自己并适应社会的生活状态。

其次，要了解和掌握各种技能。要努力掌握自我探索技能、心理调适技能及心理发展技能，如学习发展技能、环境适应技能、压力管理技能、沟通技能、问题解决技能、自我管理技能、人际交往技能和职业生涯规划技能等。在学习能力方面，制定适宜的学习目标，增强学习的计划性，掌握有效学习的方法；在环境适应方面，减少对外部世界的过度依赖，包容与自己期待相左的事物，学会利用有利资源；在压力管理方面，学会识别压力的来源，找到释放的渠道和方法；在人际沟通方面，学会主动交往，能够适应不同类型的人群。

（三）接受心理咨询与辅导

智者当借力而行。大学生在校期间，可能会遇到这样那样的问题，导致消极情绪的产生。对这些问题，如果能及时有效地进行自我调适，个体就能顺利健康地发展，否则会产生持续的不良影响，甚至导致心理障碍。所以，当大学生自己调适遇阻时，要积极寻求外力的帮助，通过课堂之外的心理咨询与辅导这一有效的途径去补充解决。各个高校的心理咨询机构日益完善，配备有专业的心理咨询师，校园外也有众多的心理咨询机构和工作人员，获得帮助的可能越来越大。为此，首先要纠正人们对心理咨询的一些错误认知。

1. 寻求咨询者都是疯子　这种想法是不大了解心理问题是分层次的，而主动寻求心理咨询的人大都是正常人。因为心理问题是日常生活中经常会遇到的，能正常求助恰恰表明了个体具有较高的生活目标，希望通过心理咨询更好地自我完善，而不是回避和否认问题，自欺欺人。有很多人认为精神病就是疯子，其实他们所说的精神病严格地来讲是重度精神病，如精神分裂症、躁郁症等，它与一般的心理问题和轻度心理障碍有很大区别。绝大部分精神病患者对自己的疾病没有自知力，更不会主动求医。所以，当问题刚刚出现的时候就打消顾虑，敞开心扉，积极主动地求助，是及早帮助自己解除痛苦，积极健康生活的正确做法。

2. 将心理咨询神化　这种观点过分夸大心理咨询师的作用，认为咨询师无所不能，什么样的心结都能一下子解决掉，所以常常来咨询一两次，自认为效果不明显就大失所望。事实上，心理咨询是一个连续的、艰难的过程，不可能如人们想象的那样神乎其神。心理问题常常与来访者的个性及生活经历有关，有很多问题沉积已久，若没有强烈的求助和改变的动机，没有恒久的决心和毅力打持久战，是难以化解的。一些人对咨询师有过度依赖，将自己的所有心理包袱丢给咨询师，而自己不愿思考不愿努力，也不愿承担任何责任，这是错误的观念和行为。其实，咨询师只能是作为外力促进来访者的改变和人格成长，他无权把自己的价值观和愿望强加给来访者，更不能替来访者去改变或做决定，当然也不能百分百保证来访者永远处于健康状态。所以来访者需要认识到，能解救自己的人只有一个，那就是自己。只有积极地寻求自我改变，最终才能超越自我，达到理想目标。

3. 心理咨询无用论　这种观点认为心理咨询不过是讲些道理，跟一般的思想政治工作没什么区别。其实不然，心理咨询作为一项专业性非常强的工作，有着严谨的理论基础和操作程序，它与思想工作是有本质区别的。相对于以教育为目的的思想政治工作，心理咨询讲究在良好的氛围中运用专门的理论和技巧寻找心理问题的症结，并找到解决的途径。在整个咨询过程中，咨询师都会持客观、中立的态度，而不是对来访者进行批评教育。某些心理障碍同时具有神经生化改变的基础，需要结合药物治疗，这更是思想政治工作所不能取代的。另外，想获得有效的咨询效果，还需要双方的高度配合，仅靠一方的努力不可能实现。

（四）参加校园文化活动与社会实践

校园文化生活和社会实践是培养和锻炼学生的重要途径，其中大学生社团是有助于促进大学生尽快成熟的不可忽视的重要的载体。大学阶段是人生发展的重要阶段，认知能力基本成熟，主体性、独立性、参与性等心理品质不断增强，学生社团适应了大学生的心理发展特点和需求，有助于个性发展。大学里的社团很多，有德、智、体、美各种类型的，内容丰富，形式多样，容易使大学生找到全面展示自我的机会和平台，在适合自己发展的领域更好地发现和发展自己，不断完善自己的个性品质，增强自信心。社会化是心理发展的重要组成部分，大学生社团是一个微型的社会，是不同专业不同年级的混合结构，学生可以加入进来并把它作为步入社会的最好练习场。社团是自愿的组织形式，有宽松、活泼、平等的良好氛围，学生容易获得安全感。社团需要每个成员具备自觉意识、责任意识、团队意识，来彼此协调、共同提高，具备良好的沟通和协作意识，因而社团也可以培养合作能力和领导才能。社会实践活动还有助于大学生了解社会，在服务活动中体验奉献的快乐，培养爱心和责任心，为走向社会打下良好的基础。

　　根据 2020 版"心理健康蓝皮书"的有关提示，大学生心理健康素质的提升，除了学生自身的努力之外，还需要学校和社会在以下方面提供相应的环境支持。首先，在课程建设方面，大学生对心理健康知识的需求强烈，可以针对大学生关注的人际交往、自我调节和职业指导等有针对性地设置课程。其次，在预防方面，学校要密切关注大学生的心理健康状况，主动识别和支持抑郁高风险群体，在新生心理健康筛查和访谈的基础上，针对存在抑郁隐患的学生提供良好的心理咨询尝试体验，增加学生在未来求助心理咨询的可能性，以防不可挽回的悲剧发生。第三，在心理技能培养方面，应通过更多的宣传和科普活动提高大学生对心理健康重要性的理解，通过日常的心理健康自我检测及建议推送、高校师生抑郁问题识别能力的提升、加强师生心理健康支持能力等多角度为问题严重的学生提供主动支持。要通过课程教育、团体活动、个体与小组咨询等多种渠道和形式，提高大学生的心理调控技能。第四，在心理咨询服务方面，学校要自觉完善队伍建设、流程制度等，提高校内心理咨询服务的便利性，对于学生的顾虑、病耻感等内因，应加强科学宣传。

目标检测

答案解析

一、选择题

（一）A 型题

1. 以下不属于独立的认识过程的是（　　）。

    A. 感觉　　　　　　B. 注意　　　　　　C. 记忆　　　　　　D. 思维

2. 心理的源泉和内容是（　　）。

    A. 人脑　　　　　　B. 主观经验　　　　C. 客观现实　　　　D. 神经系统

3. 以下不属于郭念锋提出的心理健康标准的是（　　）。

    A. 意识水平　　　　B. 自信心　　　　　C. 环境适应能力　　D. 语言表达能力

4. 只有心理冲突，没有人格变态的处于（　　）。

    A. 白色区域　　　　B. 浅灰色区域　　　C. 深灰色区域　　　D. 黑色区域

5. 第三届国际心理卫生大会认为，所谓心理健康，是指在身体、智能以及情感上与他人的心理健康不相矛盾的范围内，将个人心境发展成（　　）。

    A. 平和状态　　　　B. 激情状态　　　　C. 最美状态　　　　D. 最佳状态

（二）B 型题

[1 ~ 2]

    A. 想象　　　　　　B. 情绪　　　　　　C. 信念　　　　　　D. 性格

1. 属于个性心理特征的是（　　）。

2. 属于个性倾向性的是（　　）。

[3 ~ 4]

    A. 标准的相对性　　B. 标准的绝对性　　C. 整体协调性　　　D. 发展性

3. 健康或者不健康只是一个连续化的过程，这属于（　　）。

4. 健康的人的心理活动是认识、情感和意志行为统一协调的整体，这属于（　　）。

[5～6]

　　A. 经验标准　　　　　B. 社会适应标准　　　　C. 统计学标准　　　　D. 自身行为标准

　　5. 依据心理特征偏离统计常模的程度加以判断，这属于（　　　）。

　　6. 以大多数个体的常态行为为参照标准，对个体行为进行判断。这属于（　　　）。

（三）X 型题

1. 人的心理现象分为两大方面，它们是（　　　）。

　　A. 情绪情感　　　　　B. 心理过程　　　　　C. 个性　　　　　D. 气质

2. 心理过程包括三个既相互影响、相互联系又相互渗透的三个过程，它们是（　　　）。

　　A. 注意过程　　　　　B. 认识过程　　　　　C. 情绪情感过程　　　　D. 意志过程

3. 1989 年世界卫生组织进一步深化了健康概念，认为健康不仅仅是指没有疾病，而且还包括（　　　）。

　　A. 躯体健康　　　　　B. 心理健康　　　　　C. 社会适应良好　　　　D. 道德健康

4. 人的心理健康水平大致可以分为以下三个等级（　　　）。

　　A. 健康状态　　　　　B. 轻度失调　　　　　C. 重度失调　　　　　D. 中间状态

5. 生命的存在形态包括（　　　）。

　　A. 合理性存在　　　　B. 生物性存在　　　　C. 精神性存在　　　　D. 社会性存在

二、综合问答题

1. 心理的实质是什么？

2. 大学生心理健康的标准有哪些？

3. 大学生心理健康的主要影响因素是什么？

4. 如何正确理解生命的意义？

5. 大学生应如何进行心理健康的自我维护？

书网融合……

知识回顾　　　　微课　　　　习题

（徐贤淑）

第二章　借力而行——善用咨询资源

学习引导

大学生活是青春活泼却又充满挑战的，给予大学生压力的同时，又促进他们不断成长。但成长的过程势必会带来一些痛苦，有的学生能够凭借自身的能力，面对挫折与困难勇往直前，但也有一部分学生因为自身能力有限或是遭受了超过心理负荷的创伤，产生了心理危机。那么大学生要如何应对？校园心理支持体系又能发挥什么作用？

本章主要介绍心理咨询的概念和功能、心理咨询与心理治疗、大学生心理咨询的意义和特点、大学生心理咨询的内容与主要方法以及大学生心理危机的预防与干预。

学习目标

1. **掌握**　心理咨询的主要技术；大学生心理危机干预步骤。
2. **熟悉**　心理咨询的概念和功能；大学生心理危机干预原则。
3. **了解**　心理咨询与心理治疗的异同点；大学生心理危机干预的对象。

心理危机存在于人的一生中，可能短暂出现，也可能影响深远。有学者将危机事件对个体的心理刺激强度进行划分，提示不同的事件对人产生的心理影响是不同的。有些事件对人的心理冲击小，能够通过自我能力解决并且不遗留症状。但有些事件的冲击力过于强大，超过了心理承受力，或者是事件发生时的解决方式不恰当，就会导致心理危机，影响正常的生活工作。

同样的一件事，为何在不同人身上会出现不同的处理结果？这与每个人的人格特质、能力技巧、处理策略以及可用资源都有密切的关系。心理咨询的作用正是在这些危机时刻，帮助人们去了解人格特质，挖掘潜在能力，寻找解决问题的方法以及利用周围一切资源，让他们有足够的力量去应对危机。

大学生要正确认识并了解心理咨询的功能与内涵，建立自我的危机求助意识，学会识别心理危机信号，初步掌握应对危机的各种手段方法，在危机来临时帮助自己和他人平稳度过，完成自我的成长与进步，享受健康美好人生。

第一节　心理咨询概述

一、心理咨询的概念和功能

有些来访者刚接触心理咨询时，会将咨询与聊天谈心混为一谈，认为心理咨询就是两个人聊聊天说说话，一谈可以谈好几个小时，不具有什么难度。这种想法很大程度上影响了咨询的效果，也影响了心理咨询的权威性与专业性。有一部分咨询师在开展心理咨询工作初期，也不能正确把握心理咨询的确切内涵，不知道如何开展一次有效的咨询，面对来访者的提问与质疑无所适从。咨询（counseling）本身是一个非常广泛的概念，涉及社会的各个层面，但无论面对的是哪种问题，核心都是体现着对来访者开展帮助的一种人际关系。好的咨询是建立在良好咨询关系的前提之上，所以即使在心理咨询中运用了大量的心理技巧，咨询师都要将建立良好咨询关系作为首要的、重要的条件。这不是简单的聊天就能做到的，而是咨询师与来访者一同努力才能获得的结果，

（一）心理咨询的概念

心理咨询是咨询概念的延伸，初期的咨询更多的是寻求教育、就业、社会关系等方面的帮助。随着对自我认识的加深以及内心需求的增加，更加侧重对人心理层面的帮助。多方学者根据自身心理工作的开展情况提出了是心理咨询的定义。卡尔·罗杰斯（Carl Rogers）认为心理咨询是"通过与个体直接的、连续的接触，向其提供心理援助，并力图促使其行为、态度发生变化的过程"。里斯曼（D. R. Riesman）认为"咨询是通过人际关系而达到的一种帮助过程、教育过程和增长过程"。《咨询心理学》的定义中，"心理咨询"有着广义和狭义之分，广义概念的心理咨询涵盖临床干预的各种方法或手段；而狭义的心理咨询主要指的是非标准化的心理干预措施，是各类非标准化干预手段或方法的统称。我国《心理咨询师国家职业标准》中给出的心理咨询师的职业定义是："心理咨询师是运用心理学以及相关知识，遵循心理学原则，通过心理咨询的技术与方法，帮助求助者解除心理问题的专业人员。"

大学生心理咨询则是在以上心理咨询定义的基础上，对有心理问题的大学生进行心理指导和教育，帮助其克服心理困难、解决成长中的心理危机、认识自我、发展自我，形成健康的心理过程。心理咨询与大学教育活动相结合，成为高校教育当中不可忽略的一部分，无论是用于解决大学生具体心理问题的咨询工作，还是普及心理健康教育的团体性心理咨询辅导，都对大学生的心理健康有着重要的作用。

（二）大学生心理咨询的功能

1. 教育功能　咨询本身就带有一定的教育功能，在咨询过程中通过疏导宣教，改变来访者原有的一些不良想法与行为，这种作用是不带有强制性的，但具有引导启发的作用。在大学教育中，学生们的思想变化是多样且富有自主性的，他们不再遵循一成不变的规则，更多的是希望去探索和创造。心理咨询工作的开展，更容易与大学生们建立良好关系，传达成功的经验，达到育人的目的。

2. 适应功能　大学生在校园中的生活多彩多样，却又矛盾重重。他们要面对的是生活习惯的改变、人际关系的重新建立、自信自尊的需求以及对未来生活的迷茫。在校园中，最大的困难就是如何适应一种新的环境、新的生活模式，而心理咨询在校园中起的重要作用之一就是帮助大学生们适应校园生活的种种变化，让他们能有效地面对变化带来的冲突感以及自身能力不足所带来的挫折感，更快更好地融入校园生活中。

3. 指导功能 心理咨询的技术是具有一定的指导作用的，比如放松训练、角色扮演、真实性检验等。这些心理咨询的技术运用在大学生心理健康教育工作中，能直接有效的改变某些影响着大学生心理健康的不良认知或行为，是带有某种指导性、目的性的。但在指导过程中，要注意良好咨询关系的建立，要以来访者的需求为前提，切勿为了指导而强加咨询师的意愿给来访者，脱离了咨询的本意。

4. 发展功能 人不仅要适应当前环境，更需要探索自身的成长与发展；不仅要度过现阶段的困难，更要有迎接未知挑战的能力。这就使得心理咨询的功能不局限于对眼前问题的解决，更要解决来访者自我发展的需求，咨询师要以发展的眼光看待来访者的心理问题，为其指明方向、解决困惑。而大学生群体正是探索自我发展最强烈的阶段，这时候所出现的心理冲突很大一部分是对自身认识不充分或潜能未挖掘的因素，通过心理咨询的帮助，可以真正地了解自己、认识自己、发展自己，完成最终的自我实现。

二、心理咨询与心理治疗

心理咨询与心理治疗有许多相似之处，我国许多的心理门诊实际上也在开展心理治疗的工作，不仅表现在一般心理问题的药物使用，还体现在对某些心理疾病的治疗方法和手段相交叉。要明确区分心理咨询与心理治疗二者的差别是有一定困难的，它们存在许多重叠之处，可能在某个维度可以处理同一心理问题，有些心理问题又只能通过治疗解决。但无论二者有何区别，其本质仍然没有改变，都是为了帮助那些寻求心理支持的人们寻找解决问题的办法，最终获得自我成长。在职业定义中提到心理咨询的含义时，就明确了心理咨询和心理治疗是咨询心理学临床干预工作的左右手，面对严重心理问题，可以使用标准化手段去应对，面对一般的心理问题，可以用非标准化手段去应对，这也说明了二者仅仅是解决问题的方式不一致，不存在本质上的差异。

（一）心理咨询与心理治疗的相同之处

1. 遵循的心理学理论一致 心理咨询与心理治疗都遵循心理学的理论研究与实践操作，其本质都是研究人的心理现象，都是对人的心理过程中出现的问题予以解决。

2. 操作模式相似 在整个咨询或治疗过程中，都是先完成良好咨询关系的建立，再与来访者或求助者完成目标的确立，依据目标开展一系列帮助活动，无论活动中所运用的技术是咨询类还是治疗类，其模式相似。

3. 遵循原则一致 无论是心理咨询还是心理治疗，所遵循的原则是大体相同的，如保密原则、中立原则，还有咨访双方的权利与义务等。

（二）心理咨询与心理治疗的不同之处

1. 称谓不同 心理咨询的双方称之为咨询师与来访者，心理治疗的双方称之为治疗师与患者。在称呼上略有不同，也与所处场所有关。心理咨询可在一般咨询场所开设，而心理治疗多在医疗机构设立门诊。

2. 问题严重程度不同 相对而言，心理咨询所面对的来访者问题多为一般心理问题，或就业、情感、人际等能力改善，这些问题不一定会对其生活造成严重影响，来访者更多的是困惑或力求改善；而心理治疗所面对的更多是严重心理问题或神经症的患者，他们的情况有出现泛化的迹象，有的已经严重影响正常的生活工作，甚至有明显的躯体症状。但要注意的是，咨询与治疗所处理的问题不是有明确分界线的，不能简单地根据问题严重与否来划分二者，还需要结合实际情况选择有助于心理康复的治疗方案。

3. 技术运用不同　虽然二者使用的是心理学的理论，但同一理论也有侧重点。心理咨询的工作开展更善用会谈技术去营造良好的咨询气氛，帮助来访者更好地表达自我，梳理思路发现问题；而心理治疗的技术比较强调能够确实改变某种问题，比如解决焦虑症、强迫症等。但这不是说心理治疗就不需要咨询的技术，只有在良好咨询关系的前提下，治疗才能顺利进行。

4. 目标方向不同　心理咨询的目标在于促进来访者心理的健康发展，通过咨询使来访者摆脱心理困扰，增强对外界的适应能力，调动自身的潜能，进而促进成长；而心理治疗的目标更侧重于对异常心理的纠正，即通过心理治疗去干预更深层次的问题，改善或消除症状，进而恢复正常的生活或重塑人格。

📖 知识链接

心理咨询与治疗环境布置

环境的布置分为基础配置与补充配置，根据已有环境大小及所需功能增减。

1. 基础配置（图 2-1）　温馨的白色或暖色调房间，房间灯光不宜太强；房间内配置舒适靠背沙发 2~3 个，圆形茶几一个，桌面放置纸巾小盆栽等；置物柜一个，用于放置咨询用的相关记录表、文档等。

2. 补充配置　根据咨询师擅长技术，可增加沙盘、生物反馈仪、心理测评系统、放松椅等技术设备，以实用、会用为主。有条件的场所还可增设心理宣泄室、感统训练室等功能室。

技术只是手段，无论心理咨询还是治疗，都是为了提供心理帮助。所以不要一味地追求技术的冗杂，为了让来访者信服而把所有器具使用一遍，善用适合的方法帮助来访者才能获得良好效果。

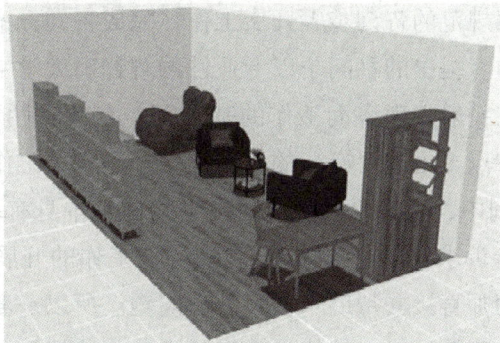

图 2-1　心理咨询室基础配置样例

第二节　大学生心理咨询的意义和特点

一、大学生心理咨询的意义

1. 帮助学生适应新环境　人都有适应环境的能力，这需要时间也需要策略，有些人能够在短时间内适应一个新环境，快速投入当前工作学习中，但有部分人在遇到新环境时出现了适应困难而导致心理问题的产生。大学时期所面临的问题是多重的、交织的，大学生们首先出现了生活习惯的改变，原先的单人床变成了四人间、八人间，原先的父母耳提面命变成了遇事自己想办法解决，原先的学习有人督促有人把握方向变成了自主学习自主探索，这些都会对大学生的心理造成大大小小的刺激。咨询师通过行为指导、人际训练、职业生涯规划等手段，帮助大学生们去适应新的环境新的生活。

2. 切实解决学生心理问题　心理问题的产生可能是突发的，也可能是积累的，及时的干预显得十分重要。由于心理意识还未健全，当出现情绪波动或认知歪曲时，一些大学生首先想到的不是求助心理咨询师，而是认为自己有解决一切问题的能力，所以等到真正寻求帮助的时候，问题已经出现了一定程度的加重。心理咨询的意义就是帮助大学生们解决这些难以解决的心理问题，度过心理危机。

3. 实现学生自我认识与发展　大学生们所面临的问题有很大一部分是自我认识的偏差造成的，比如对自我性格的否定、对自我能力的怀疑、对未来发展的迷茫等，这些都是围绕个人自我实现的重要问题，如果不予以解决，则会对大学生的心理甚至人格产生严重的影响。通过心理咨询，能够让大学生对自身有一个正确的认识，在了解自己的前提下，结合实际去规划自我的发展，最终完成自我的实现与成长。

4. 符合新时代人才培养需求　校园不仅是知识的海洋，更是进入社会的磨炼场，大学生们在这里学习各种技能，用以面对充满竞争和变化的社会环境。新时代的人才是德智体美劳全面发展的，不仅要求知识技能过硬，更需要心理素质过硬，在面对压力时可以不惧挑战、迎难而上，用自己的真才实学创造美好未来。所以，心理健康的教育在人才培养中就显得尤为重要，通过心理咨询可以提升大学生的自我认知程度、人际交往水平、应对挫折能力等，为社会输送德智体美劳全面发展的新时代人才。

二、大学生心理咨询的特点

1. 专业性　大学生心理咨询的整个过程，都要遵循心理咨询的原则、流程、技术应用等，要用专业的理论知识去分析判断，并用规范的咨询步骤开展工作，完成咨询方案的商定、咨询目标的确立，做好个案的资料整理归档，对来访者提出的疑问予以专业性的解释。大学生心理咨询不是独立于一般心理咨询的范畴开展工作的，而是在一般心理咨询工作的基础上，有针对性地解决大学生群体的心理问题。所以不能忽略咨询中的专业性特点，也需要专业的咨询师来开展相关工作。

2. 有求助欲望　在心理咨询中，很重要的一个前提是来访者本身有求助欲望，有改善问题的需求。短程心理治疗的学者认为"没有诉求就没有问题"，心理咨询工作的开展本身就是帮助来访者利用自身能力去解决问题，而不是由咨询师直接去帮助来访者处理问题。所以一般情况下，校园心理咨询工作以热线电话、在线预约、咨询室值班等形式，等待学生们的求助。这提示了我们在开展大学生心理健康教育的时候，不要急于去创造问题，但也不是无所作为，而是在日常的教育中融入心理的引导，让学生重视自身心理健康，或在筛查时发现问题，告知其有心理咨询中心这一服务渠道，由学生自主寻求心理帮助。

3. 助人自助　在开展心理咨询工作时，咨询师和来访者都要明白的一点是，心理咨询是灯塔，是照亮前进道路的灯，而不是使用一辈子的拐杖，咨询师提供的是解决问题的方向、技术、能力，是帮助来访者发现自己的潜能，促使来访者有力量自己去解决所遇到的问题，而不是直接告诉来访者应该怎么做。来访者前来求助的想法通常都是希望咨询师能够直接给出解决问题的答案，比如学生会问"我应不应该和我女朋友分手""我要不要选择这个实习单位""我要不要坚持自己的理想"等，咨询师如果陷入了回答这些问题的怪圈中，咨询就丧失了意义。教会大学生们理性的思考方式和问题解决策略，引导并相信他们有能力做出正确的决定，在以后遇到困难时，能够调动自我能动性自行解决，这就是助人自助的内涵。

4. 保密性　保密性原则是所有心理咨询工作能顺利开展的前提之一，也是心理咨询师要遵守的重要原则。比如学生在咨询时透露了自己的某些缺陷，咨询师转头就告诉了其他老师或与其他学生谈论此事，这就容易让前来求助的学生再次受到伤害并且不再信任心理咨询。所以在咨询前，咨询师需告知并承诺，除非危及个体生命安全，对所涉及的问题绝对保密，如果必须透露相关案例，也要隐去个人有效信息。同时，如果在咨询中有录音、录像等行为，也要提前告知来访者，得到同意并承诺保密后方可开展咨询工作。只有遵循了保密原则，才能得到来访者的信任，才能真正走进其内心了解问题的症结，有效地帮助来访者解决心理问题。

5. 服务性　校园心理咨询工作的性质较一般心理咨询略有不同，由于其教育的特殊性以及工作环境的差异，心理咨询师对待学生的标准更具有服务性。没有校外昂贵的收费，由学校统一完成咨询师工作量的核定，对于学生来讲经济负担较轻，当遇到心理问题时，能够第一时间获得帮助。

即学即练

答案解析

单项选择题：学生小王因觉得父母偏心弟弟，心生怨恨且无心学习，在班主任的带领下来到心理咨询室。会谈中小王表示，自己非常不喜欢弟弟的存在，甚至有时候会有想要伤害弟弟的行为。这时候心理咨询师应该如何表达（　　　）。

A. 批评小王的想法是错误的，告诉他父母没有做错。

B. 要求联系小王的父母沟通，当面与父母对质。

C. 对小王表达的内容表示理解。

D. 与班主任讨论解决方法。

第三节　大学生心理咨询的内容与方法

一、大学生心理咨询的内容与主要方法

（一）大学生心理咨询的内容

大学生心理咨询具有一定的针对性，不仅涉及与该年龄阶段相关的心理问题，而且有大学生这个群体特有的心理特点。大学生心理咨询的内容大致归为以下几类。

1. 以自我认识为主的咨询　随着生理年龄的增加，大学生的心理成熟度也在不断提升，但生理与心理发展不平衡的问题仍然突出。加上周围环境发生变化的同时，交织着学习技能需求提升、人际关系复杂化、人格差异明显等各方面问题，大学生容易产生自我怀疑甚至自我否定。心理咨询则可以帮助大学生们拨开层层迷雾，清晰地认识自我，发现内在的潜能。

2. 以人际关系改善为中心的咨询　在大学生的心理问题中，人际关系所引发的问题占有极大的比例，人际交往的压力往往使他们无所适从。有些学生本身并没有很强的人际交往意愿，但在大学校园这个集体环境中，他们不得不学习如何与他人相处。一部分学生到了大学突然面对较为复杂的人际关系时，表现出焦虑、怀疑、否定自我等心理问题。所以大学生心理咨询中，要将人际关系的建立与改善放在重要的位置，有效地运用心理学技术帮助学生们建立良好的人际关系，提升人际适应能力。

3. 以职业生涯规划为中心的咨询　除了人际关系，就业择业也是引发大学生群体心理问题的重要因素。学生在面对自己所选择的专业方向以及今后所要从事的工作时，会存在各种各样的困惑，比如"我是否适合这个专业""这个专业将来能做些什么""我的能力足够找一份好工作吗"。这些问题的出现与自我认识不清晰有关，通过心理咨询，可以帮助大学生更好地认识自己，挖掘自身的潜能，选择适合自己的就业岗位，完成理想目标的实现。

4. 以具体心理问题为中心的咨询　大学生需求心理帮助的一部分原因，是为了解决那些具体的、依靠自己力量暂时无法处理的心理问题。一些困惑思考类的心理问题，通过咨询师的引导教育很快就能解决，但是也有一部分大学生出现了焦虑、抑郁、强迫、睡眠障碍及自伤等具体行为。这些问题出现了不同程度的泛化，导致学生无法正常学习生活，比如考前焦虑出现了手抖晕厥、在与他人相处时总有自卑抑郁感、与异性相处有强烈的排斥性等。甚至在这些问题无法得到排解时，会通过伤害自己或他人来发泄。这些心理问题如若不进行干预，则会产生校园危机事件，所以此时的心理援助更多是起到了一定的治疗作用。这类问题的处理应引入针对性的心理治疗方法，比如认知训练、放松训练、自由联想等，通过心理技术手段解决具体心理问题，建立危机预警方案，维护校园安全稳定。

5. 以心理科普宣传为中心的咨询　心理咨询的形式除了个体咨询外，还包括团体心理咨询，对象为某个特定团体或一类人群。在大学中，心理咨询工作可以通过心理讲座、团体活动、趣味运动等方式开展，比如团结协作的心理团体游戏、面对考试压力团体分享会、自律打卡互助会等，将心理健康主题融入活动设计中，起到广泛性的心理健康科普作用，完成团体心理咨询。

🔖 知识链接

大学生心理咨询的形式

1. 面谈　面对面的咨询方式是最常见的心理咨询模式，咨询师能够通过外部行为、动作、表情等去深入了解来访者的心理活动。

2. 热线咨询　校园心理咨询常见的第二种方式是设立热线电话，解决面谈的场地限制。新冠肺炎疫情期间，各高校均第一时间开通心理热线，为学生提供心理援助。

3. 线上咨询　对于那些不是特别紧急的、需要时间思考与消化的心理问题，学生们更愿意选择网络的形式与咨询师沟通。学生有充分探索自我的时间，但可能使咨询师对问题的判断有一定偏差。

4. 团体心理咨询　是针对一组或一群人所开展的心理咨询活动。这种形式的心理咨询可以在短时间内完成多人的心理辅导，具有广泛性、高效性的特点，但对个体的关注较少。

（二）心理咨询的主要方法　📱微课

心理咨询的开展是建立在心理学理论与技能基础上，如同临床医生看病需要"望、闻、问、切"，并借助一定的检查工具诊断病情后再予以治疗，心理咨询也需要学习一定的理论与方法，借助评估测量手段判断心理问题所在，利用心理治疗技术帮助来访者解决问题。咨询师要不断学习和掌握新的理论和技术，在实践和思考的基础上寻找适合自己的方式方法。需要注意的是，能够用简单的方法去处理的心理问题不必用复杂的方法去解决，如果能用单一的方法处理也不需要多种方法同时上阵。

1. 会谈技术　会谈是心理咨询中非常重要的一门技术。马塔若佐（Matarazzo）指出："会谈是为达到预定目标的两个人或者更多的人之间的交流方式，这种交流方式是通过言语的和非言语的形式进行的。"会谈不仅仅要交流信息，还是一种具有特殊距离的人际关系，要求治疗师有观察力、理解力、洞察力等各种能力和技巧。会谈技术具体归纳如下。

（1）倾听　倾听是会谈技巧中非常重要的一种方式。倾听不仅仅是听，更需要在听的过程中真正地听出对方所讲的内容、所体验的情感和所持有的观念等。在倾听的过程中，不要随意地打断来访者的叙述，不要在来访者还未完全表达之前先下结论。有一些刚接触心理咨询的人员，在聆听来访者表述的时候，常会感到焦虑、紧张，不断地思考自己下一步该说什么，或者叙述间自己该不该说话，来访者还没说完就着急给出意见，这反而背离了倾听的本质。倾听贯穿于整个咨询的过程中，良好的倾听是建立信任咨询关系的基础，也是来访者能很好表达自己的前提。倾听时，还要注意面部表情、身体姿态以及对相应事件的情感流露，比如认真倾听时的目光注视、身体稍前倾、点头示意等。

（2）提问　提问包括开放式提问和封闭式提问。开放式提问（open question）常用"什么""怎么""为什么"等语句，让来访者对有关的问题事件详细地阐述。这是引起对方思考并叙述的一种方式，能够更多地表达有关的情况、想法、情绪等。例如，"能不能告诉我？这件事对你产生了什么样的影响？""那么这件事之后，又发生了什么事情吗？""对于这件事你是怎么看的呢？"开放式提问的前提是良好的咨询关系，询问时应注意语音语调，避免生硬死板。封闭式提问（closed question）主要通过"是""不是""有""没有""对""不对"予以回答。比如，"你现在最想解决的就是这件事，对吗？""你当时没有这样做，是吗？"封闭式提问可以帮助咨询师把握咨询的方向，将偏离的话题引回主题上，但不宜过多采用，否则容易局限来访者自主探索的能力。

（3）共情　也称为"同理心"，是指体验来访者内心世界的能力。在咨询过程中，通过共情来访者能感受到自己是被理解、被接纳、被关怀的，也更加愿意去表露自己的内心世界。常见的表达形式包括言语性的"我理解你的想法""如果我是你，我想我也会这样做"，以及非言语性的肢体动作、面部表情，积极的关注等。咨询师运用共情可以跟来访者建立起良好的咨询关系，站在来访者的角度去看待问题的产生，同时也能帮助来访者进行自我表露与自我探索。

（4）鼓励　在患者情绪低落、悲观失望、缺乏自信的时候，通过鼓励能够帮助来访者振奋精神、提高解决问题的信心。需要注意的是，鼓励要针对患者的具体情况，最好是能够与实际问题或情境相结合。例如："如果我是你，我可能没有办法像你做的一样那么好""听到你说的这些经历，我觉得你已经很棒了"。不要盲目地鼓励或不切实际地夸奖，比如在没有理解来访者真实表达内容的时候，就不要一味地夸赞其做法，以免导致来访者反感，影响咨询效果。

（5）解释　指用通俗易懂的心理学理论或咨询师个人的经验实践，向患者说明道理、讲清事实等，帮助其消除顾虑、缓解紧张、树立治疗信心。通过倾听患者的叙述后予以合理的解释，能够让来访者从另外一个角度了解和认识自己及周围的事物，了解困扰自己的未知事物，探索新的世界。需要注意的是，解释的语言要通俗易懂，不要为了显示自己的专业性而使用生涩难懂的语句。

（6）指导　简单来说，就是告诉来访者如何做、怎么做、做什么。同时在一些具体的治疗方案中，也伴随着技术的指导，包括言语的指导、自由联想的指导、行为操作的指导以及其他训练式的指导。整个咨询的过程中，指导的应用不应太多，避免整个过程都是由咨询师告知来访者怎么做，要以挖掘自身潜能为主，否则会阻碍来访者的自我探索与思考。

（7）自我暴露　自我暴露是指把个人的有关经历、情感表露给来访者。最初心理咨询过程只重视来访者的自我暴露，这是治疗中所必须的，也是成功的必备条件。重视治疗师自身的暴露，这是治疗过程中双方交互作用的一个过程。咨询师可以适当地表露自己对来访者经历的情感或相同的经历，达到共情的效果。但需要注意的是，咨询师的自我暴露是有一定限度的，不需要为了讨好来访者盲目地暴露自己，过度的暴露容易导致来访者对治疗成功产生疑虑和担心。

（8）非言语技术　临床上的非言语技术包括目光的接触、身体姿势、说话语气、面部表情、声音特征以及一些细微的不易察觉的动作，甚至是会谈过程当中的沉默等。这些看似简单的细节，都会影响着会谈的进展。咨询师可以通过非言语的技术了解来访者内心的真实情感状态，避免因阻抗、紧张、遗忘等原因，来访者没有确切地表达自己的问题而出现咨询判断错误。但此技术要求咨询师要有一定的临床经验，不能盲目地对来访者的某些非言语行为下定义，否则会导致对问题的误判。

2. 心理测验技术　心理测验的种类很多，可分为智力测验、人格测验、特殊技能测验及诊断测验等，在高校的应用也较为广泛。其中包括智力测验中的韦克斯勒成人智力测验量表，人格测验中的艾森克人格问卷 EPQ、卡特尔 16 种人格因素问卷、明尼苏达多相人格问卷 MMPI，以及具有广泛筛查作用的大学生心理健康调查表等。量表的使用可以帮助大学生更加清楚地了解自身的心理状况，有助于问题的探索，但心理测验并非咨询的必须环节，盲目使用会让咨询过程缺乏自然性。

3. 精神分析理论与方法　精神分析理论是奥地利著名的心理学家弗洛伊德（S. Freud）于 19 世纪末创立的，该理论的创立让心理治疗领域第一次有了完整的理论体系和工作方法，也是第一次对神经症等心理疾病的病因进行了心理学探讨，使人们的注意力由外部转向了对内心世界的研究。

（1）精神分析学派的理论要点　①潜意识理论：该理论的基本概念认为，作为一切意识行为基础的是一种无意识的心理活动。潜意识（unconsciousness）亦可译作无意识，其含义一是指人们对自己的一些行为的真正原因和动机不能意识到；二是人们在清醒的意识下面还有潜在的心理活动正在进行。弗洛伊德认为，人的无意识状态包含了各种为人类社会伦理道德、世俗规则所不能容许的原始的、动物性的本能冲动，以及与各种与本能有关的欲望，储存着大量过去经验。这些无法得到满足的情感、经验、欲望、冲突，被压抑着但又在无意识层面积极地活动着，始终寻找出路寻求满足。弗洛伊德认为心理活动的意识部分好比冰山暴露在海面上的小小山尖，而无意识则是海洋面下那看不见的巨大的部分。②人格结构理论：本我（id）是人格中最原始最不易把握的部分，是一切与生俱来本能冲动的组成。由于本我不能直接与外部世界接触，所以总在通过其唯一的出路就是自我进行表达。本我的特征可概括为无意识的、无理性的、无条件的得到满足，只遵循快乐原则。自我（ego）是从本我中分化出来的，一部分是无意识的，一部分是意识的。它合乎逻辑，受现实原则支配，检查本我对意识的影响，同时在超我的指导下，按照外部的条件去驾驭本我。超我（superego）是从自我发展起来的一部分，是道德化了的自我。它是一切道德准则的代表，也受到早年父母教育的影响，其主要作用是按照社会道德标准监督自我的行动（图 2-2）。弗洛伊德认为这三种结构之间不是静止的，而是不断相互作用而呈现一种动态平衡，如果三者的力量不能保持相互制约的平衡状态，则会导致心理的失常，产生心理疾病。为了缓解自我的焦虑，其发展出了一种机能，能够协调现实、超我、本我之间的冲突威胁，这就是心理防御机制（defense machanism）。常见的心理防御机制包括压抑、投射、否认、退行、升华、抵消、反向形成等。这些防御机制有的幼稚冲动，有的成熟合理，但其唯一的目标就是维护自我免于焦虑，所以最终呈现的形式往往让人意想不到，不合乎逻辑，也是某些异常行为的来源。

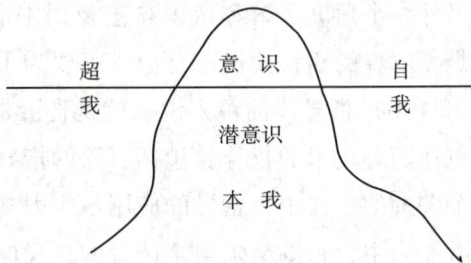

图 2-2　心理结构与意识结构冰山模型图

（2）精神分析治疗的方法与技术　①自由联想法：让来访者舒适地躺着或坐着，把自己想到的一切都讲出来，不论内容重要与否、事件大或小、怪诞或荒谬，都要如实地描述。咨询师对所描述的内容进行分析与解释，帮助来访者找到隐藏的矛盾冲突，去发现潜藏在大脑当中的无意识症结。②释梦：弗洛伊德所著的《梦的解析》记录了他在给神经症患者治疗时发现梦的内容与被压抑的无意识幻想有着某种的联系。人在睡眠时自我的控制力减弱，无意识的欲望趁机向外流露，但仍处于一定的自我防御状态，所以这些欲望幻想必须要通过另外一种外形呈现。所以，梦是有意义的心理现象，是人愿望的迂回满足。通过对梦的分析解释，可以了解来访者内心所压抑的欲望、逃避的问题、不敢表露的需求等。③阻抗：是指来访者有意识或无意识地回避某些敏感的话题，偏离咨询与治疗的重心。阻抗贯穿于整个心理咨询与治疗的过程，来访者可能表现为沉默、攻击、谎言、讨好等多种形式，如何发现阻抗、解决阻抗，是咨询师在整个咨询过程的重要任务之一。阻抗可能会让咨询停滞或中断，但也能够为咨询提供新的方向，能够帮助来访者认清阻抗的原因，咨询治疗过程就能够获得巨大的突破。④移情：心理咨询或治疗时，来访者会把自己对他人的感情转移到咨询师身上。这种感情的转移可能是正向的，也可能是负向的，有可能会给治疗带来帮助，亦有可能成为治疗的阻碍。当来访者所呈现的移情较明显时，就要将移情本身作为症状探索的一部分，帮助其寻找原因。但如果移情的情况已严重影响正常咨询的开展，比如患者将对前男友的依恋转移到了咨询师身上，则应考虑停止咨询或转诊。

4. 行为治疗理论与方法　行为治疗最早是由斯金纳等人提出，与精神分析不同，该学派的研究一开始就是在实验室中展开动物研究。该学派的基本理论包括经典条件反射、操作条件反射和模仿学习。代表人物有巴普洛夫（I. Pavlov）、华生（J. B. Watson）、斯金纳（B. F. Skinner）、班杜拉（A. Bandura）等。

（1）行为治疗的理论要点　①经典条件反射：基本内容包括，一是条件反射的形成与建立，由条件刺激取代无条件刺激，形成特定的刺激反应关系的过程；二是泛化，即人或动物把学习得到的经验扩展到其他类似情境中去的倾向；三是消退，即条件反射建立之后由条件刺激就可以引起条件反射，但继续给予条件刺激物时，条件反应的强度就会逐渐下降，直至不再出现条件反射。②操作性条件反射：与经典条件反射不同，在操作条件反射形成的过程中，人或动物必须寻找一个适宜的反应去获得某种结果。斯金纳根据实验所得的观点认为，包括心理疾病在内的大多数行为都是习得的。因此，心理咨询和治疗就是要改变对来访者起作用的刺激物的方式来改变其行为。③模仿学习理论：班杜拉认为，模仿学习可以在既没有模型也没有奖励的情况下发生，个体仅通过观察他人的行为反应，就可以达到模仿学习的目的，个体虽然学会某种行为，但是为了让个体去运用这种行为，就必须加用某些强化手段。也就是说，人可以没有目的就学会某种行为，但要想这种行为固化或多次被触发，就需要加入强化刺激。

（2）行为治疗的方法与技术　①放松训练：放松训练有助于缓解紧张、焦虑不安的情绪，方法简单易行，包括呼吸放松、想象放松、肌肉放松等。这些放松指令教给来访者后，来访者可在家中或焦虑的情境下选择性的自我操作。主要内容包括 a. 舒适的坐位或卧位，在适宜的环境中练习；b. 呼吸放松过程，完成指令深吸气 - 缓慢吐气 - 深吸气 - 缓慢吐气；c. 想象放松过程，选择来访者最容易放松的想象场景如海边、草地等，用指导语带领来访者进入到该场景的想象中，通过周围阳光的照射、微风的吹拂、鸟语花香等，渐进式放松；d. 肌肉放松过程，集中注意 - 肌肉紧张 - 保持紧张 - 解除紧张 - 肌肉松弛，其顺序为手臂 - 头部 - 躯干 - 四肢，咨询师在下指令时注意语气的温和与舒适，更有利于带入放松的情境。②系统脱敏：利用人的肌肉放松状态去拮抗由焦虑或恐惧引起的个体生理指标的变化。放松状态多次与刺激物的反应相结合，可消除原先由该刺激物引发的焦虑或恐惧，一旦该程度的刺激不再引起焦虑恐惧时，则可呈现略强一级的刺激，加大反应量。经过多次反复呈现，来访者不再对该刺激感到焦虑或恐惧。其主要内容包括学习放松训练 - 建立焦虑恐惧等级 - 完成放松体验 - 下一级焦虑恐惧等级－完成放松体验－脱敏（表2－1）。需要注意的是，焦虑等级的划分要与来访者共同商定，最终的目标达到来访者所需即可，不需要强迫达到最完美的状态。设计时尽量选用一些可以完成或可以想象的内容，且等级变化应循序渐进，各焦虑等级之间的差距应相对平均，等到该阶段刺激不能引起焦虑反应后方可进入下一阶段的放松体验。③角色扮演：角色扮演可用于改变来访者的不良行为和社会技能的训练，在大学生心理健康咨询与治疗中，人际关系的团体辅导、自信心建立或亲子关系体验尤为适合。角色扮演中，来访者可以学习改变自己的一些旧有行为，学习新的行为，进而改变自己对某些事物的看法及人际关系。又或者在家庭亲子关系的建立中，通过角色互换来体验同一事件不同角度看待问题，尝试去理解父母的立场与想法。其主要的方法是选择某一典型事例或具体场景作为背景，对角色进行分配，提出角色扮演的要求，角色扮演结束后完成信息反馈和小组之间点评讨论，讨论中遇到的问题可采取二次扮演的形式，让来访者接纳他人的意见后再次进行模仿学习或角色扮演。结束时咨询师要对新的适宜的行为进行强化，并鼓励来访者把这种行为运用到现实中去，或布置家庭作业进行巩固强化。④强化：强化可分为正强化和负强化、正惩罚和负惩罚，其最终目的都是完成行为的增加或消除。强化常用的方法有a. 塑造，即采用正强化的手段，一旦所需行为出现立即予以强化；b. 代币法，利用强化原理促进更多的适应性行为出现，比如参加公益志愿服务、晨起跑步打卡累计积分换取学分奖励等；c. 消退法，该方法的特点是对不希望出现的行为不予以注意与强化，使之逐渐消失。例如，学生为了引起同学的注意，会在上课期间回答与课堂无关的内容，大家对该行为不予以关注，这种行为则会逐渐消退。

表2－1　害怕蛇的一名学生焦虑等级的划分

序号	事件	焦虑分值
1	听到"蛇"的字眼	10
2	看到蛇有关的静态图片	20
3	看到蛇的静态模型玩具	30
4	看到蛇的动态模型玩具	40
5	看到蛇的视频	50
6	看到蛇的视频，听到"嘶嘶"声	60
7	隔着玻璃观看活动真实的蛇	70
8	想象触摸真实、无伤害的蛇	80

✍ **课堂活动**

活动：我想对你说。

目的：让学生扮演父母角色，站在父母的立场体会亲子关系中的冲突。

操作：

1. 活动背景为父母与孩子因为将来就业方向不一致而争吵。

2. A同学与B同学扮演父母，C同学扮演孩子。

3. 所有对话内容即兴发挥，但均需站在自身立场表达。

4. 结束后，由ABC三位同学轮流阐述自己的看法。

5. 其他同学发表评论，教师点评。

5. 人本主义理论与方法　人本主义疗法的提出者是卡尔·罗杰斯（Carl Rogers），他认为人基本上是诚实、善良、可信赖的，每个人都可以做出自己的决定，都有自我实现的倾向。如果有一个适宜的环境，个体将有能力指导自己、调整自己的行为、控制自己的行动，从而达到良好的自我选择与自我实现。所以在咨询中不将咨询目标定为缓解症状和实现目标的改变，而定义为如何让来访者更好地认识自己以及自我的成长，让来访者成为一个充分发挥自我机能的人，学会接纳自己，对自己负责。人本主义的重点集中在建立平等的咨询关系，不刻意使用某种咨询技术。

（1）人本主义治疗的理论要点　①以人为本：以人为中心的人性观相信人是有能力的，并且在尊重及信任的前提下，人都有一种积极的态度去建设自己和发展自己，他们始终相信人都潜藏着自我实现的巨大能量，即所谓的"完人"观。心理咨询的目的是帮助来访者构建一个适宜的环境，使之能够有能力去指导自己、调整自己，达到良好的主观选择与适应，而不是咨询师强加给来访者的某些行为或观念。所以他们相信，当咨询师为来访者创造一个充满关心和信任的环境时，来访者就能发挥自身机能的作用，使原本被扭曲的自我得到恢复，更好地适应现实生活及发挥全部潜能。②自我的概念：自我概念主要是指来访者如何看待自己，是对自己总体的知觉和认识，是自我知觉和自我评价的统一体，包括对自己身份的界定、对自我能力的认识、对自己人际关系及自己与环境关系的认识。自我概念与经验的不协调是产生心理失调的原因，所谓经验就是生活中他人的价值观或外界环境的标准，个体满足他人的积极评价需要将这些经验转变成自我概念的一部分，称之为价值的条件化。当外部标准与自我概念一致时，个体会获得满足，当二者不一致时，机体会启动防御机制，导致紧张焦虑等反应，进一步产生心理疾病。

（2）人本主义治疗的方法　①治疗步骤包括：a. 来访者前来求助；b. 咨询师向来访者说明咨询或治疗的情况；c. 鼓励来访者情感的自由表达；d. 咨询师接受、认识、澄清来访者的消极情感；e. 出现来访者成长的萌芽；f. 咨询师对来访者积极情感的接受与认识；g. 来访者开始接受真实的自我；h. 帮助来访者澄清相应的行动与决定；i. 疗效的产生；j. 进一步扩大疗效；k. 来访者全面成长；l. 治疗结束。在这整个过程中我们可以看到，咨询师本身并没有使用特定的技术手段，更多的是对咨询环境的营造，以及对来访者的陪伴与支持，注重其自身的能力。②来访者中心疗法：该治疗方法认为人自身内部有理解自我、改造自我的概念和指导自己行为的广阔能源，只要提供适宜的条件，它们就会被激发出来，要满足真诚、无条件的积极关注以及共情这三个充分必要条件。因此在治疗过程中，贯彻非指导性原则，其主要内容包括 a. 完全接受来访者所体验到的任何情感、想法等，不予以评判；b. 深刻理解来访者情感的体验所包含的个人意义；c. 陪同来访者对自身展开探索；d. 相信"有机体的才智"能够引导咨询师和来访者走向问题的本质；e. 帮助来访者充分体验其内心情感。

▶▶ 实例分析2-1

实例　林某，女，21岁，在校大三学生，自述紧张、害怕、注意力不集中，伴有睡眠障碍5个月。之前学习成绩还行，以为可以很顺利地选择心仪的实习单位，然后找一份好工作，但是随着社团活动的增加，学习压力的加重，还有各种考试的压力，慢慢开始觉得好像没那么有信心了。父母对其的期望很高，但是压力越大，越读不进去书，上个学期期末成绩不理想，身体也开始吃不消，白天上课的时候老打瞌睡，晚上想睡却睡不着。一想到这些，该生心里就特别难过和焦虑，于是前来校心理咨询室求助。

问题　1. 该学生出现的心理问题的原因可能是什么？

　　　　2. 在与该生会谈时，如何给予她心理支持？

答案解析

6. 认知学派理论与方法 认知学派的主要代表人物有艾利斯（Ellis）和贝克（Beck），该学派将人看作是一个信息加工的系统，认为认知就是进行信息加工的过程，包括感觉输入的变化、加工、储存及使用等。认知过程可以分为一系列的阶段，每一阶段都是对所输入的信息进行特定操作，而反应则是这一阶段操作的产物。认知学派认为人类行为是输入和输出之间发生的内部心理过程，如同藏在一个黑匣子当中，人们不能直接看到内心的部分，但是可以通过输入和输出来进行推测，所以我们要做的就是从可以观测到的现象来推断观测不到的心理过程。

（1）**认知心理治疗的理论要点** ①自动的负性思维：人在面对危机事件时，会自动地产生负性的思维，且这个过程不一定会被自身所感知，也就是说，人们可能会认为当下的想法是正确的、合理的、应该出现的，并不会去思考这时候的想法到底是不是符合逻辑和事实。当人们习惯在应对困难时出现负性思维时，这种自动化的状态就会显得更理所当然，人们也更不会去质疑负性思维的合理性与正确性。所以要想解决来访者的问题，首先就要帮助他们去识别、辨认、寻找那些自动出现的、看起来合理的想法与认知，再对其进行分析与纠正，建立新的认知模式。②非理性信念：研究者对人们的非理性信念进行归纳，常见的错误认知形式概括为：a. 绝对化，又称为非黑即白，有着这种想法的人认为事情不是黑就是白，没有中间地带，问题的处理也只有成功与失败，没有其他的选择，这容易导致来访者在遇到问题时陷入无路可走的境地；b. 过分概括化，表现在用部分事件去推断全部事情的本质，用部分的失败来否认大部分的成功，比如"要是我没有考第一，那我就是一个失败的人""我要是数学没有拿到90分，那我就是个没用的人"等，这些想法导致了来访者只看到不好的一面，而否认了自己的其他努力与成果；c. 灾难化，则是认为事情会产生毁灭性的后果，如果事情发生了，那么一切都不存在了。比如"如果我期末考试考砸了，那我的人生就完蛋了""如果我演讲失败了，那一切都结束了"等，这些事件本身并不会造成如此大的创伤性，但由于来访者对这些事情赋予了灾难化的认知，所以导致在经历这些事的过程中产生了极大的焦虑紧张感，也影响了最终的结果。③合理情绪疗法 ABCDE 模型：A（activating events）是诱发性事件，B（belief）是由 A 引起的错误的、不合理的信念与评价，C（emotional and behavioral consequence）是不良情绪与行为的结果，D（disputing irrational beliefs）是与不合理信念辩论，E（new emotive and behavioral effects）是辩论后的新情绪及行为结果。此模型是基于合理情绪 ABC 理论展开的，也是认知疗法当中重要的治疗理论之一。在模型中，事件 A 本身是没有对错好坏的，但导致了不良的情绪与行为结果 C，根本原因在于个体在信息加工过程中产生了错误的 B，所以要想改变不良的结果，我们要着眼解决的不是 A 本身，而是产生一个适宜的正确看法，就需要与原先的 B 进行识别、辩论 D，进而产生新的认知信念，最终形成正确的新结果 E（图2-3）。

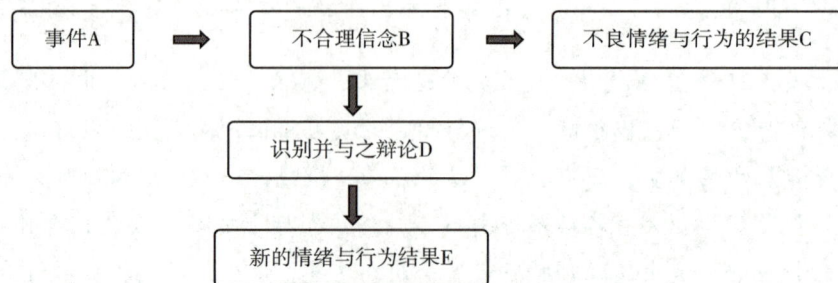

图 2-3 ABCDE 理论模型流程图

（2）**认知治疗的方法** ①识别自动化思维与认知错误：在认知治疗中最重要的一个部分，就是发现并挑战个体所产生的自动的思维，在实际案例中，可以通过使用功能障碍性思维记录完成一整个治疗过程（表2-2）。在操作初期，咨询师可以介绍并引导来访者先学习相关认知内容，帮助来访者逐步形成新的思维模式。同时，在提问过程中还可以补充相应的问题，比如"对这种思维的真实性如何检验""请根据你做的决定予以解释""如果他人在这种情况下做出了这种反应你会如何劝导"等，其最终目的都是帮助来访者识别自动的负性情绪，建立更为客观真实的自己，更加正确地看待这个世界。②真实性检验：为了加深来访者对错误信念的认识，咨询师可以根据其所担心害怕的事物进行模拟或场景设计，并让来访者亲自去验证场景的真实性，让来访者在实景或其所担心的场景中去证实与感受。通常情况下，来访者对某些事物的担心往往源于错误想法所致的歪曲事实，在与错误认知辩论的同时，采用真实性检验的方法，能更直观地验证其想法的错误。但值得一提的是，在验证了这些想法是错误的后，咨询师还应该进一步了解来访者产生该顾虑的原因，也就是错误想法的诱因，可以运用其他技术手段去发现潜意识层面的疾病症结等，帮助其达到自我的成长。

表2-2　功能障碍性思维记录表模板

日期/时间：		来访者：		咨询师：
情景	自动思维	情绪	适合的反应	结论
提问	1. 什么现实世界或思维倾向或白日梦或回忆导致了不愉快的情绪？ 2. 如果有的话，你会有什么样的痛苦躯体感觉？	1. 你的脑海里有什么思维或想法？ 2. 当时你对每一种思维相信多少？	1. 当时你感觉到什么样的情绪？ 2. 情绪的强烈程度如何，请予以打分？	1. 你做出了怎么样的认知歪曲？ 2. 利用补充问题组成一个对自动思维的反应。 3. 你对每一反应相信多少？	1. 现在你对每一种自动思维相信多少？ 2. 现在你感觉到了什么样的情绪，其程度如何？ 3. 你将会做什么？或者你已经做了什么？
回答					

实例分析2-2

实例　一名大二女学生，觉得他人会评论自己的相貌而感到焦虑，于是前来咨询室求助。在建立良好咨询关系后，咨询师带她来到热闹的街上，并获得以下对话。

咨询师：女士，你好，请问你刚才有在看我身边的这位女生吗？

路人：你在说什么呀？你们是谁我都不认识，为什么要看她？

咨询师：真是不好意思了，她觉得您会评论她的外貌，觉得她不好看，所以有点担心。

路人：我刚才没认真看，现在一看这不挺好看的吗？哪里丑了？小姑娘自信点嘛。

咨询师：（转向学生）你现在是什么感觉，还要再试试看吗？

女大学生：我……

问题　1. 该案例中，学生所出现的错误认知可能有哪些？

　　　　2. 咨询师使用的方式是什么，其目的是什么？

答案解析

7. 其他常用技术

（1）沙盘游戏治疗　沙盘游戏治疗（Sandyplay Therapy）又称为箱庭疗法，是源于威尔斯（H. G. Wells）的"地板游戏"。在沙盘游戏治疗中，通过让来访者在沙盘内用意象创造性的治疗形式和沙具运用在富有创意的想象意向中，以象征的方式与无意识进行沟通，把无形的心理意向以某种适当的象征性的方法呈现出来，从而获得治疗与治愈。沙盘治疗搭建了一座从无意识到意识、从心灵到物质、从非言语到言语的沟通桥梁，不仅让来访者能够自由地表达自己，也让咨询师找到了解来访者内心的渠道。

沙盘游戏不仅仅是一个游戏，其中包含诸多基本要素。①操作环境：应选择在安静不受外界干扰的地方，有条件的情况下咨询区与沙游区应分开。咨询师要给来访者提供一个信任、接纳、安全的心理环境，让来访者在感受到受保护的环境中自由地表达。②沙盘沙箱：是一个有边界的容器，所提供的是一种安全与保护的空间，承载着来访者的内心世界。沙盘可根据其用途与大小，分为个体沙盘与团体沙盘，沙盘底部与侧边通常为蓝色，来访者在挖沙时显露出来，可以有天、水、湖、海的感觉。③沙子：其作用可让来访者感觉到放松、宁静、柔软。接触沙子可以使得来访者回归到最本初的状态，有肌肤接触的抚慰感，有时候也表达着对母亲的情感。来访者可以用沙子去塑造任何想要塑造的形状，可选择干净的海砂，颜色为黄色或白色，依据来访者需求选择干沙或加入水后形成湿沙。④沙具：是沙盘操作当中的重要部分，各种各样的沙具可以用来表达来访者的内心世界，可以运用各种沙具将自己的心理有形化、直观化，更好地认识自己内心，也有利于咨询师的探索。其种类可分为人物、动物、植物、矿物、树木、运输工具等。值得注意的是，如果来访者有需要，可以自行制作沙具，一张纸巾，一块木条，都可以成为表达内心的沙具。⑤其他可利用物品：还需配备用于记录的相机及记录单，用于记录整个沙盘摆设的过程及讨论内容。

沙盘治疗其本质是一个天性自然流入的过程，也是个体童年的主要工作。在游戏当中，来访者可以比较自由地表达自己的想法，尝试问题解决的不同方法，在缓解焦虑、恐惧等情绪时，宣泄内心的压力，也可以对现实当中所不能实现的愿望展开探索。在沙盘游戏中，咨询师可以引导来访者对无意识采取接纳的态度，倾听自己内心深处的表达，让无意识自发地涌现。同时根据沙具所代表的象征性意义，理解来访者对象征内容的感受与体验，尽可能准确地与来访者产生共情，设身处地地去体验其内心世界，引导来访者做进一步的思考。校园沙盘游戏对于社会退缩、人际关系不良、攻击性行为等问题有较好的治疗作用，也可以用于打造班级凝聚力、学生自我成长美好记忆、个人特质提升等。

（2）森田疗法 该疗法是由日本精神科专家森田正马创立，其主要原则包括"顺应自然"与"为所当为"，其内涵不是对症状的放任排斥与消极逃避，而是按事物本身的规律形式，带着症状积极地生活，通过消除思想冲突，陶冶性格。意志不能改变人的情感，但可以改变人的行为，通过行为改变情感，进而陶冶性格。具体流程阶段为：①住院治疗中的绝对卧床期、轻工作期、重作业期、生活训练期，这时候的患者需住在相应的诊疗场所，由治疗师完成治疗工作。②门诊治疗的言语指导和日记批注阶段，主要通过一对一的交谈完成生活指导，虽然少了住院的规范性，还是需要指导其了解"顺应自然"的重要原理，不被症状所束缚。③生活发现会，能让有着相同困扰的成员定期在一起交流，起到互相帮助、互相提高的作用。

在校园咨询工作中，更多地采用门诊治疗模式，对大学生的校园生活展开关注与指导。同时，大学生本身正值多重心理冲突交汇的时期，这时候要求他们马上成为一个心理能力强大的人是无法做到的。通过森田疗法的运用，让同学们学会带着自己的不完美去学习、去生活，反而能通过规律的学习、积极的社团活动、良师益友的陪伴而达到康复的状态，进而完成自我的成长。值得注意的是，没有强烈求治动机的来访者不宜采用森田疗法，该疗法适用于对症状有某种程度的反省，有积极克服症状内在愿望的人群。

（3）短程心理治疗 短程心理疗法（Brief Therapy）是20世纪中期加州心智研究所MRI的多位治疗师共同开创的实用心理疗法，该疗法以来访者的主诉作为问题本身，而不是把主诉当作其问题的一部分，不是用病理学的观点看待来访者的问题，而是把来访者放在其所处环境中来看待他们。假设个人行为的重要决定因素是他人的行为，注重于言语的使用，强调来访者的资源，弱化来访者自身的责任和缺点，去创造尊重、耐心和创造性的气氛，以利于来访者从新的角度思考和行动。找到来访者对问题的解释以及找出和接触那些最有意愿做出努力改变问题的人，建立明确、坚实、可行的治疗目标，通过干预帮助来访者建立处理当前问题的能力，使来访者有信心独立完成应对。

短程心理治疗对心理咨询提出了具体的几个要点。①没有诉求就没有问题：该理论认为只有当一个人认为他需要解决这件事并提出了诉求，那么这才成为问题，而不是用固定的标准去规定正常与异常，这与传统的心理治疗有一定的区别，但给咨询师提供了一个新的方向。所以，咨询的开始，咨询师通常会先了解是什么样的问题让来访者前来寻求帮助。②尝试未果的方法是问题的一部分：来访者始终无法解决问题，是因为他们一直在尝试使用无效的解决方法，发现并停止这些方法本就是问题解决的一部分。人们往往很少去检验想法的有效与否，更多的是去考虑什么是他们觉得正确的，所以困在问题中的原因就是一直在采用一些虽然看起来方式不同，内在想法却一致的无效方法。而咨询的过程就是要去发现这些无效的行为，并予以改正。③互动是核心：在问题解决中互动是尤为重要的，如同亲子关系的问题解决，父母在抱怨孩子的不听话，孩子在抱怨父母的不理解，双方都认为自己已经为这段关系尽了力，但事情反而越变越糟。这样的问题解决是单线无效的，咨询师要让双方明白只有建立互动通道，问题才能得到解决，所以在该疗法的问题解决中，首先要做的就是建立双方的互动渠道及互动方案，找到有效的问题解决方向。④改变推动改变：一个小的进步能够促进更大的进步，如同滚雪球一般，当来访者迈出一小步后，随之而来的改变也更会推动其继续向前，咨询师也要帮助来访者发现其微小的进步并予以鼓励。⑤描述而非诊断：在来访者提出问题时，把重点放在分析这个问题的解决方式上，而不是急于给这个事件贴上标签。如一名学生不爱学习，有些老师急于给学生下"不懂得体谅父母老师的苦心""只想玩不想努力"等定义，但咨询师关注的是如何解决学习困难、如何改变消极态度等具体问题，而不是给这个学生下了一个态度消极没有进取心的诊断，需要做的是找到提高学习兴趣的办法，而不是一味地讲道理。

总之，这一治疗模式是让咨询师以问题解决为导向的方式来帮助来访者，要求咨询师要建立细致的观察能力、以不同的观点看待事物的能力以及觉察来访者身上有巨大资源的能力。无论困扰着人们的行为是什么，是严重的还是创伤的，都不过是行为而已，其治疗方法的核心在于着眼于问题解决本身。该疗法的治疗方式有些不同于传统的心理治疗技术，但对于某些困难问题的处理，还是有着独特的效果的。

二、大学生心理危机的预防与干预

大学生的心理危机，实际上指的是大学生在大学阶段所面临的各类心理问题，这类心理问题不是单纯地以严重程度进行划分，但一定是让他们的内心不能承受、无法应对的。这类问题会让他们过度地担忧、焦虑而导致精神状态受到影响，无法正常学习生活甚至伤害自己或他人。大学是个体成长的重要时期，也是他们从学校向社会过渡的关键阶段，这时候他们所面临的环境多变、压力剧增，所需要适应的、学习的内容也骤然增加，但其心理发展还没有完全跟上，就容易产生各种各样的问题，且不具备有效的应对策略。同时，大学生的校园生活具有群体性，所以同样的问题可能会带来散播性的危害，这就使得大学生心理危机的处理变得至关重要。如果不能运用正确的方法对大学生进行心理危机干预和指导，那么就有可能导致一个问题产生一堆问题，甚至对整个校园的安全、稳定产生严重的影响，造成极为不良的后果。

(一) 心理危机的含义

危机，可包括突发性的事件，比如海啸、地震、车祸、战争等，也可指当事人正在处于的紧急状态、原有心理平衡状态被打破、正常的生活受到干扰、内心的紧张不断的积蓄继而出现心理失衡的状态。确定心理危机要符合以下标准：①具有重大的心理影响事件。②引起急性情绪扰乱或认知行为等方面改变，但不符合任何精神疾病的诊断。③来访者用平常解决问题的手段不能应对或应对无效。危机的出现主要体现在影响人的精神领域，若没有有效的手段干预或心理自愈功能无法恢复，就会形成心理障碍。美国心理学家卡普兰最早提出了心理危机的概念："当一个人面对困难情境，而他先前处理问题的方式及其惯常的支持系统不足以应对眼前的处境，即他必须面对的困难情境超过了他的能力，这个人就会产生暂时的心理困扰，这种暂时的心理失衡状态就是心理危机。"

(二) 大学生心理危机的表现和种类

1. 大学生心理危机的表现

（1）情绪方面　存在焦虑、紧张、抑郁、烦躁、绝望、麻木不仁等现象，学生会因为某些事件而出现明显的情绪波动，甚至出现双向性的极端情绪变化。

（2）认知方面　出现明显的非理性思维，对事物的看法固执己见、异常偏激，听不进他人的劝说，始终坚持自己的想法与观念，可有感知觉、记忆、思维等功能损害。

（3）行为方面　各种无效行为增加，如哭泣，丢砸物品，不能专注于正常的学习生活，回避他人或某些场景，有警觉性行为，坐立不安，药物依赖等。

（4）躯体方面　出现头痛、胃痛、胸闷、腹泻等典型躯体症状，还可见失眠、多梦易醒、疲乏无力，食欲减退等。

2. 大学生心理危机的种类

（1）成长性危机　指正常成长和发展过程中，急剧变化带来的异常反应，如学习、社团活动以及就业各方面的困难和压力，容易造成大学生的心理危机。成长性危机被认为是正常的人生经历，如果能顺利度过将会促进大学生自我的巨大发展，甚至改变人生的命运。

（2）应激性危机　指无法预料且短时间内无法自行处理的外来的危机冲突。如亲人亡故、父母离婚、家庭变故，或遭受抢劫和暴力犯罪等。这种危机具有随机性、突发性和冲击性的特点，对学生群体造成的伤害是巨大的，且多数大学生无法自行处理这类危机，所以一旦发生，就需要学校密切关注学生的心理情况并及时开展心理干预。

（3）情感性危机　指大学生所经历的与个人情感有关的创伤性事件，包括恋爱、交友、亲子关系等。不是所有的情感都会产生危机，但有些大学生在处理这类感情事件时会出现灾难化、以偏概全等认知错误，进而扩大了事件的创伤结果，导致情绪行为障碍，甚至自伤自杀。

（4）自我认识性危机　指大学生对自己认识偏差而出现的心理危机，这类危机事件多由于大学生在经历了某些挫折后，开始自我怀疑与自我否定，对曾经优秀的自己视而不见，这种危机一旦出现，会对大学生的心理造成极大的打击，而心理咨询的介入则是解决这一危机的最好办法。所以在校园中，我们要引导学生去正确认识自我，出现心理困惑时及时求助心理咨询师的帮助。

(三) 大学生心理危机干预

心理危机干预是指在心理学理论指导下，运用心理学技术，对面临心理危机的大学生展开的及时、有效的心理援助，用以解决在危机下出现的应激性反应。

1. 心理危机的干预对象　主要是存在心理危机倾向，或处于心理危机状态的人。他们可能是正在经历危机的个体，也可能是目睹他人遭受危机的人群，还可能是参与了危机救援的工作者。其一般表现为情绪剧烈波动或认知、躯体、行为方面有较大改变，无力应对正常的生活模式。以下几种学生所表现的情况需纳入危机预警及干预中。

（1）心理健康测评中筛查出的有心理障碍、心理疾病或自杀倾向的学生。

（2）由于学习压力过大出现心理异常的学生，如原先学习优秀但突然有一科不及格、有多门课重修将被劝退的学生等。

（3）学习生活中突然遭受打击或心理行为出现异常的学生，如遭遇家庭重大变故，亲人的死亡、父母离异等其他意外性、创伤性的事件。

（4）个人情感受挫后出现心理行为异常的学生，如失恋后情绪失控等。

（5）人际关系失调出现的心理行为异常的学生，如受到他人的辱骂、惊吓或排挤、歧视。

（6）性格孤僻，经济贫困且不善交际而出现的心理行为异常的学生。

（7）患有严重的身体疾病，医疗费用较高，个人及家庭负担较重的学生。

（8）患有严重的心理疾病，如抑郁症、强迫症、精神分裂症等，且已经医院确诊的学生。

（9）受到他人危机状况的影响而产生恐慌、担心、焦虑的学生，或受到创伤者的同宿舍、同班同学。

2. 心理危机的干预原则

（1）安全原则　危机干预的首要原则就是保障被干预者的身心安全，无论采取何种干预手段，都要把安全放在第一位。有些干预手段快速有效，但冲击性太强，容易导致被干预者心理崩溃或做出偏激的行为，则需慎重采用。

（2）聚焦问题　在危机干预中要解决的是眼前迫在眉睫的问题，比如被干预者的情感冲突、内心需求、压力宣泄等，内在的深层次问题并不是首要关注的目标，可留待危机解除后，再进行后续系统性的心理咨询与治疗为宜。

（3）善用资源　一个人的力量是有限的，在危机干预中，咨询师要充分调动一切可利用的资源，包括被干预者内在的心理潜能以及外在的社会环境支持系统，找准有效资源与问题解决策略，帮助被干预者走出困境。

3. 心理危机的干预步骤

（1）保障安全　在危机干预过程中，尽量避免刺激性的语言和行为，对可能产生的现象和后果有明确的预判，并采取相应的防范措施，把自我和他人的生理、心理危险性降到最低。有自杀倾向的被干预者，在条件允许的情况下需送至医院治疗。

（2）确定问题　来访者处于极度困惑状态时，有时问题比较单纯，有时比较复杂，但无论如何问题的确定是干预的先决条件。要站在来访者的角度，采取同理、真诚、接纳以及尊重等支持性技术，准确判断问题的所在并建立良好咨询关系。

（3）评估危机　在危机干预初始，干预人员就要对被干预者予以危机评估，确定危机的严重性、危害性，对被干预者的精神状态进行判断，同时对干预过程中可以利用的资源也需要明确，根据评估结果确定下一阶段的方案及措施。

（4）提供支持　利用心理咨询提供心理层面的支持与帮助，让来访者明白遭遇危机时他们不是一个人在战斗，并且在他们的周围同样存在着许多的支持性资源，比如家庭支持、朋友支持、社会机构支持等，充分调动心理资源去面对危机。

（5）制定计划　在整个干预过程中，要清楚明白咨询的节奏与目标，所以要清晰地制定干预的计划，要把问题及问题解决方案写入计划中，并且明确所要达到的结果。比如面对一个想要自杀的学生，让他放弃自杀的念头就是干预计划的目标，而面对失恋情绪崩溃的学生，让他情绪平稳就是当下的干预目标，这都是需要在计划中明确的。

（6）得到承诺　为了保证心理干预的控制性和自主性，需要通过来访者本人对方案计划的复述，重新确认计划的详细内容，达成合作协议。干预结束前，还要从来访者那里得到直接的、诚实而恰当的承诺。这个过程也离不开各种倾听技术的有机运用，确保整个干预过程顺利展开，计划目标有效实现。

危机干预的六个步骤中，前三步是确定问题，保证来访者安全和评估危机的严重程度，主要是听、看、想，后三步是提出并验证可变通的应对方式、制定计划和得到承诺。如果在干预过程中发现危机的严重程度是自身无法处理的，就需要考虑是否转介转诊，切不可强留个案以致延误病情，也要避免急于给出建议或炫耀自我能力的情况出现。

目标检测

答案解析

一、选择题

（一）A 型题

1. 校园心理咨询中，初诊接待时的仪态应为（　　）。

   A. 坐姿随意，表情热情，密切注意学生　　B. 坐姿随意，表情平和，不停扫视学生

   C. 坐姿端正，表情平和，保持社交距离　　D. 坐姿端正，表情热情，视线避开学生

2. 校园心理咨询关系的建立受到（　　）的双重影响。

   A. 咨询师与学生　　　　　　　　　　　B. 咨询动机与期望

   C. 咨询师水平与技术　　　　　　　　　D. 合作态度与方法

3. 建立合理的焦虑等级，应该注意的是（　　）。

   A. 每一级焦虑，应小到能被全身松弛所拮抗的程度

   B. 焦虑等级之间的差别应尽量平均

   C. 焦虑等级的设定要与来访者探讨获得

   D. 以上皆是

4. 人本主义疗法的治疗目标为（　　）。

   A. 帮助来访者解决情绪困扰　　　　　　B. 改变来访者某些错误行为

   C. 帮助来访者适应新的环境　　　　　　D. 促进个体的自我成长与自我实现

5. （　　）是属于心理咨询的主要对象。

   A. 有反社会行为且具有一定破坏力的人群

   B. 心理健康水平出现问题且主动寻求帮助的人群

   C. 精神病未愈的住院治疗期患者

   D. 与家人争吵但不愿接受心理帮助的人群

（二）B 型题

[1~2]

 A. 信念或看法   B. 发生的事件   C. 与不合理信念辩论 D. 产生的新结果

1. 合理情绪疗法中的 ABC 理论中，A 的含义是（　　　）。

2. 合理情绪疗法中的 ABC 理论中，D 的含义是（　　　）。

[3~4]

 A. 代表道德、社会准则力量的人格结构   B. 其活动遵循快乐的原则

 C. 在较大程度上依赖自我教育的影响   D. 与本我之间是平等和谐的关系

3. 精神分析理论中，"超我"的概念是（　　　）。

4. 精神分析理论中，"本我"是（　　　）。

[5~6]

 A. 人本主义学派 B. 认知学派   C. 精神分析学派   D. 行为主义学派

5. 其核心思想是"人有自我实现"的能力，相信人的潜能的学派是（　　　）。

6. （　　　）的研究对象主要是动物。

（三）X 型题

1. 开放式提问常用的语句是（　　　）。

 A. 什么   B. 如何   C. 是不是   D. 为什么

2. 大学生心理危机干预中，最重要的原则是（　　　）。

 A. 明确危机原因 B. 保证学生安全   C. 确定干预方案   D. 获得学生保证

3. 下列对危机的描述正确的是（　　　）。

 A. 是人都可能会遇到危机   B. 危机也有可能是转机

 C. 危机对人不会产生太大影响   D. 遇到危机可以向他人求助

4. 心理咨询所要遵循的原则有（　　　）。

 A. 保密原则   B. 助人自助   C. 中立原则   D. 强有力原则

5. 大学生心理咨询的常见形式包括（　　　）。

 A. 面对面咨询 B. 电话热线咨询   C. 网络留言咨询   D. 团体心理咨询

二、综合问答题

1. 用身边的一些案例阐述心理咨询对人的支持性作用。

2. 心理咨询与心理治疗的异同点？

3. 心理咨询各主要流派的理论与方法都有哪些？

4. 列举一个你自己或其他人遇到的焦虑或恐惧，用系统脱敏疗法寻求解决方案。

5. 你发现你的同学有自杀念头，你将如何指导他寻求心理帮助？

书网融合……

知识回顾   微课   习题

（杨　珺）

第三章　自尊自爱——完善自我意识

学习引导

随着年龄、阅历的增长，大学生自我认识的能力在日益提高。但是，我们也同样看到，不少大学生由于缺乏正确的自我认识，引发了许多不该发生的现象，如有的学生有盲目的虚妄和优越感，考入大学后变得懒散放纵、迷恋网络，最终留级、退学；有的学生因个人的某种需要得不到满足或是某种利益受到些损害，做出投毒、伤人等不理智的举动；还有的学生因困难、挫折出现自暴自弃、自我否定，导致陷入孤独、焦虑、痛苦之中不能自拔。那么大学生的自我意识包含哪些方面？大学生应如何确立正确的自我意识？

本单元主要介绍自我意识的概念与结构、发展特点以及典型的自我意识偏差类型、健全自我意识的途径与方法。

学习目标

1. **掌握**　大学生完善自我意识的途径与方法。
2. **熟悉**　大学生健全自我意识的标准、大学生自我意识的发展特点。
3. **了解**　自我意识的含义、结构和功能；大学生常见的自我意识偏差。

自我意识是人类特有的高级心理活动形式。它是社会的产物，反过来又作用于社会，指导个体适应社会生活，并对周围社会生活环境产生影响和作用。自我意识能促使我们成功，也会导致我们失败，关键看个体能否正确认识自我。自我意识的确立是大学生心理发展的重要标志之一，对于大学生人格的形成和心理的健康发展起着重要作用。

自我认识的能力和水平提高了，身心健康也便有了良性发展的前提。大学生正处于选择自我位置、估量自身潜能、确立人生追求时期，应不断自我反省、自我分析，努力探求"自我"的世界，在实践中学着正确认识自己、驾驭自己。

第一节　自我意识概述

一、自我意识的含义和结构　微课

每一个进入大学的学生都会面临"我是谁？""我有什么目标？""我为什么上大学？"等类似的思考。具体而言，当你在向别人描述自己时，你首先想到的特征是什么？是关于外向、内向的性格特征，还是关于高、矮、胖、瘦的外表特征，抑或是关于男女的社会类别？事实上，你可能更倾向于用概括性的语言对自己做一个总体评价。如"我是一个追求优秀的大学生""我是一个有理想、有抱负但有些任性、懒散的人"等。所有这些表达，都是大学生自我意识的真实体现。

✐ 课堂活动

活动：认识自我——"我是谁"。

目的：自我认识、自我接纳。

操作：

1. 要求在 6 分钟内写出 20 个"我是谁"的叙述句，能反映个人风格、最能代表自己特点即可，按照自己的思考，不必考虑其中的重要性或逻辑性等。

2. 对 20 个描述自我的句子进行归类，看看哪一个"我"所占的比例最大。

（一）自我意识的含义

自我意识是指个体对自己作为主体和客体存在的各方面意识，是人对自己身心状态及对自己同客观世界的关系的意识，即自己对自己的认识。它是一个包含认知、情感、意志等多种心理功能的完整的、多维度、多层次的心理系统。

自我意识的内涵包括个体对自身生理状态、心理状态以及自己与周围关系的认识和评价。

1. 生理自我 生理自我是对自身生理状态的认识和评价，包括对自己的身体、外貌、衣着、风度及所有物的认识，以及饥饿温饱、疲惫舒适、冷暖病痛等生理状态的感受。个体对自己的生理自我不满意时，如因为个矮、体胖、貌丑等生理原因讨厌自己，就会自卑，在交往中缺乏自信心，影响自己的发展。

2. 心理自我 心理自我就是对自身心理状态的认识和评价，是对自己智力、性格、兴趣、气质、性格等的认识、评价和体验。如"我是个乐观的人""我是一个内向的人""我是个随和的人"等。一个人如果对自己这方面评价过高，可能会产生骄傲自负的情绪；评价过低，又容易产生否定、低落的情绪体验。

3. 社会自我 社会自我是个体对自己在社会关系、人际关系中的角色的意识，包括对自己在各种社会关系中的角色、作用、地位、权利等方面的认知、评价和体验。如"我是个孝顺的孩子""我人缘比较好"等。如果一个人的社会自我发展不完善，就有可能不善于交流和沟通，比较孤僻，影响人际和发展。

生理自我、心理自我和社会自我是密切联系、相互影响的。它们都包含不同的认知、评价与体验，不同的阶段、不同的环境作用下，个体的三种自我意识之间存在差异（表 3-1）。

表 3-1 自我意识的内容

	自我认知	自我评价	自我调控
生理自我	对自己身体、外貌、衣着、风度、家属、所有物等的认识	帅气、漂亮、魅力、迷人、自我悦纳	追求身体的、外表的、物质欲望的满足，维护家庭的利益等
心理自我	对自己智力、性格、气质、兴趣、记忆、能力、思维等特点的认识	有能力、聪明、优雅、敏感、迟钝、感情丰富、细腻	追求信仰，注意行为符合社会规范，要求智慧与能力的发展
社会自我	对自己的名望、地位、角色、义务、责任、力量的认识	自尊、自信、自爱、自豪、自卑、自恋、自怜	追求名誉地位，与他人竞争，争取得到他人的好感等

📱 知识链接

埃里克森著名的人格发展八阶段理论

美国心理学家埃里克森曾提出著名的人格发展八阶段理论。他认为，人的自我意识发展持续一生。他把个体自我意识的形成与发展过程划分为婴儿期、幼儿期、学前期、学龄期、青春期、成年早期、成年中期、成年晚期八个相互联系的阶段。在每个阶段中，个体都会遇到心理成长所必须解决的关键问题，即"认同危机"，都要对周围环境所提出的特定的社会要求做出反应。对这种危机可以有积极或消极的反应，如果个体能成功地解决所遇到的社会化问题，就会在心理和行为上表现出积极的反应，否则就会做出消极的反应，并给下个阶段的社会化过程埋下隐患。

即学即练

答案解析

单项选择题：自我意识的内容不包括（　　　）。
A. 生理自我 　　　B. 社会自我 　　　C. 心理自我 　　　D. 未来自我

（二）自我意识的结构

自我意识不是单一的心理品质，而是一个完整的心理结构。从意识活动的形式来看，自我意识是认识、情感、意志的融合体，它由自我认识、自我体验和自我控制三种心理成分构成。从认识形式来看，它表现为自我感觉、自我观察、自我分析和自我评价等，统称为"自我认识"；从情感形式来看，它表现为自我感受、自爱、自尊、自恃、自卑、责任感、义务感和优越感等，统称为"自我体验"；从意志形式来看，它表现为自立、自主、自制、自强、自卫、自律等，统称为"自我调控"。这三种心理成分相互联系、相互制约，统一于个体的自我意识当中。

1. 自我认识　　自我认识指主我对客我的认知和评价，即自我认知和自我评价。自我认知是自己对自己身心特征的认识，自我评价是在自我认知的基础上对自己做出的某种判断。自我认识是自我意识的首要成分，它主要解决"我是一个什么样的人"的问题。比如大学生观察自己的体形，认为属于"肥胖型"；评价自己的性格，认为自己是个开朗的人。

在客观的自我认知基础上做出正确的自我评价，对于个人的心理、生活、行为表现及在群体中人际关系的协调都具有重大的影响作用。如果一个人把自己看作低人一等、没有价值，那么，他就会产生自卑感，做事缺乏胜任的信心，缺乏主动性和积极性，其结果是无论做什么事情都难以保证质量。相反，如果总是自我感觉良好，只看到自己的长处，容易产生盲目乐观的情绪，长期自我欣赏，自以为是，其结果往往不能处理好人际关系，难以与人合作或常被他人拒绝，甚至被同伴孤立。

大学生的自我认知层面往往包含现实自我与理想自我的冲突。他们的理想自我一般偏向完美，高于现实自我，在实际中往往会因对现实自我的不满意表现出自卑甚至自弃。大学生的自我认知以真实自我为轴心上下摆动，当取得一点成绩时，便显示出自负的一面；而当遇到挫折时，便表示出自卑的否定性评价。一名沉溺于网络的大学生曾经这样写道："我的理想是做一个有抱负、有成就，成功、非凡的人，在大学要为我将来的成就奠定基础，我的理想自我是一个优秀大学生，可在现实中，我却发现自己意志薄弱、缺乏奋斗精神而且比较懒散，约束不好自己。当我第一次为上网逃课时，我对自己说：仅此一次。但每次的决心都在网络巨大的诱惑面前败下阵来。我越来越觉得现实自我距离理想自我越来越遥远，甚至有时都不敢正视自己。"

2. 自我体验　自我体验是指个体对自己怀有的一种情绪体验，即主我对客我所持有的一种态度。自我体验是自我意识在情感方面的表现，它主要涉及"对自己是否满意""是否接受自己""能否悦纳自己"这类问题，是个体以自我感受的情绪体验来表现出对自己的态度，比如有的学生因为自己长得不好看，对自己感觉不满意，产生自卑情绪，甚至拒绝接受"丑陋"的事实。它反映了主我的需要与客我的现实之间的关系，客我满足了主我的要求，就会产生积极肯定的自我体验，即自我满足；反之，客我没有满足主我的要求，则会产生消极否定的自我体验，即自我责备。

自尊心、自信心是自我体验的典型内容。自尊心是指个体在社会比较过程中所获得的有关自我价值的积极的评价与体验。自信心是对自己的能力是否适合所承担的任务而产生的自我体验。自尊心是一种内驱力，激励着个体尽可能地努力获得别人的尊重，尽可能地维护自己的荣誉和社会地位。自信心是对自己智能与精力的坚信，使个体迎难而上走向成功。自信心与自尊心都和自我评价紧密联系在一起。

自我体验对大学生的成长具有不可替代的作用，从体验中获得的自我远远高于从理性认知获得的。一位大学生在盲行体验后写道："我是一个失去母亲的人，从母亲离开我的那一刻，我总是想命运对我不公平，假如我慈爱的母亲还在，我会有更加灿烂的明天，我会活得更加快乐，可命运就像跟我开了一个天大的玩笑，将如此美丽而智慧的母亲赐予我，却又极其容易地夺走了她。老师的心理互动课上，让我们体验盲行，那一刻，我首先感到的是恐惧，顷刻，我生活在没有光明的世界里，我忽然失去了最初的安全感与自由感，我心里害怕极了，我担心牵我的手突然放开，我担心不知如何找到回来的路，最初的恐惧使我对牵我的手有了心理上的依赖，在他的牵引下，我一步步地向前，当光明再一次展示在我面前时，我顿悟：我拥有很多，失去母亲固然是生活中的不幸，但我是幸运的，因为还有很多爱我的人，我拥有明亮的眼睛，能够直接看到这个美妙的世界。这种自我体验具有不可替代性，每份体验都是独特的。在此，我也希望大学生用心体会自我的成长，体会你成长中的每一次阵痛，每一次受伤，每一份微笑，这些都将构成你们灿烂人生中美丽的风景线。"

3. 自我调控　自我调控是指个体对自己的行为、活动、言语、态度的控制与调节，即主我对客我的制约作用。自我调控是自我意识的意志成分，是自我意识中直接作用于个体行为的环节，是自我意识能动性的表现。它主要解决的是"如何有效地调控自己""如何改变自己""如何使自己成为一个理想的人"之类的问题。自我调控的作用表现在两个方面，一是发动作用，指个体在克服困难的过程中强制使自己的言语器官和运动器官进行种种活动，例如学生克服贪睡的欲望，晨起跑操早读；二是制止作用，即主我根据情境需要，抑制客我的行动和言语，例如身患感冒的学生，在上课时压制自己避免咳嗽。

自我调控主要包括自我检查、自我监督、自我控制等。自我检查是主体在头脑中将自己的活动结果与活动目的加以比较、对照的过程。自我监督是个体以其良心或内在的行为准则对自己的言行进行监督的过程。自我控制是主体对自身心理与行为的主动掌握，是个体自我教育、自我发展的重要机制。

自我意识的这三个部分是相互联系、有机结合、完整统一的。自我认识决定自我体验的主导心境及自我调控的主要内容，通过自我认识知道"我是一个怎样的人"；自我体验强化自我认识，同时决定自我调控的行动力度，通过自我体验知道"我这个人怎么样"；自我调控则是完善自我的实际途径，对自我认识和自我体验都有着调节作用，通过自我调控解决"我应当成为一个怎样的人"。

二、自我意识的功能

1. 决定个体行为的持续性　个体现实行为方式受诸多社会因素影响，更与其自我认知、自我意识有着密切关系。当一个人对自己有积极清晰的认识并维持对自我认识的一致性时，就能保证其行为的持续性。在不同情境中，个体总是能够保持其行为的某种一贯性特征，而个体怎样认识和理解自己，是其具有内在一致性的关键因素，因为每个人都需要按照保持与自我看法相一致的方式来行动。例如，自我意识积极的学生，其成就动机、学习投入及学习成绩等都明显优于自我意识消极的学生；而自我意识消极的学生，自认为名声不好，往往会放松对自我行为的约束，俗称"破罐子破摔"。

2. 影响个体对经验的解释　自我意识与思维、认识作用密切相关，其调控和批判功能使得人对事物的认知与思维结果不同，解释经验的方式不一样。同一活动中，不同的人往往会获得不同的经验；相同甚至不同活动中，不同的人也可能会获得完全相同的体验。但对这种经验的解释却可能大相径庭。例如，甲、乙两个同班同学，一起参加英语四级考试，都刚刚达到合格线。平时成绩一般的同学会认为取得了极大的成功，感到十分满足；而另一个自认为能力优秀、应当获得出众成绩的学生，会认为是遭遇了很大的失败，并体会到极大的挫折。事实证明，当一个人有着消极的自我意识时，对每种经验的解释都有消极成分；相反，积极自我意识对经验赋予其积极含义。

3. 影响个体的期望水平　个体对自己的期望是在自我意识的基础上发展起来的，并与自我意识相一致，其后继的行为也决定于自我意识的性质。自我意识的成长发展直接影响个体的行为动力系统，使其不断由现实自我向理想自我靠近。例如所谓差生的成绩落后并不是孤立的，而是整个行为动力系统都出现了角色偏离的结果，在偏离状态下形成了一个新的自相一致的系统。换言之，成绩落后是"自我期待"的结果。自我意识是衡量一个人心理健康的重要因素，自我意识的不合理是导致心理异常的重要原因之一。

第二节　大学生的自我意识偏差

一、大学生健全自我意识的标准

人的自我意识是个体社会化的结果，是在社会交往过程中，在与周围环境长期相互作用的条件下，逐渐形成和发展起来的。从其发生、发展到稳定、成熟，大约需要经过20多年的时间，从婴儿期萌芽、经童年期、少年期的发展、直至青年期趋于成熟，不同的成长阶段，自我意识各有其发展特点。

大学生是否有客观、正确、健康的自我意识，对其心理健康发展起着很重要的作用，制约着人格的形成与发展，在人格的优化中发挥着强大的动力功能。健全的自我意识是心理健康的重要标准，是人类自身内在的一种成功机制，在人才发展中发挥着重要作用。大学生健全的自我意识有如下标准。

（1）能够客观地正确地进行自我评价，既了解自己的优势，也清楚自己的劣势。

（2）能够将自我认知、自我体验、自我控制协调一致。

（3）能够积极进行自我肯定、自我统合。

（4）能够主动发展自我，并且自我有灵活性、适应性。

（5）能够达到理想自我与现实自我的统一，有积极的目标意识和内省意识，积极进取。

（6）能够协调好自己与外部的关系，拥有独立人格，又能与外界保持协调。

二、大学生自我意识发展的特点

处于青年中期的大学生，经过大学生活和教育，随着个体心理和意识的不断发展，自我意识的发展达到了新的水平。独立感、自尊心、自信心、好胜心等逐步趋于成熟；自我认识、自我体验、自我控制三方面趋于协调发展；自我意识的核心——世界观和人生观已基本确立。总的来说，大学生自我意识的发展是随着年级的上升而发展的，呈现出以下主要特点。

（一）自我认识更为自觉，强烈关心自己的发展

大学阶段，学生自我认识的迫切性表现突出，他们更加注重自身内在素质、心理品格的形成及知识技能的学习储备。在进入社会的缓冲期里，面对未来的发展机遇和竞争压力，他们对自己充满了期待，深入了解自己的愿望更加迫切，愿意花费更多地时间和精力去反省、思考个人发展、个人与社会的关系等问题，如"我聪明吗？""我性格如何？""别人怎么评价我，我受人欢迎吗？""毕业后，我将成为什么样的人？""我该怎样实现自我价值？"……对自己的社会角色、社会地位、社会责任、社会义务等越来越关注。

（二）自我评价从高估到趋于客观

由于知识的增多，眼界的扩大，经验的丰富，感性、理性能力逐渐成熟，大多数学生对自己的认识和评价更符合客观实际，基本与外界一致，变得客观、全面。研究结果表明，大学生的自我评价，不仅能摆脱对成人的依赖，而且具有较高的独立性、概括性和辩证性。据调查，我国大学生的自我概念比较集中于交际、友善、信义、容貌、学业、志向、家庭、成熟、自纳等九个方面，总体来说是积极的。男生在自纳、成熟、学业、志向等方面自我评价高于女生，也更为积极；女生在友善、家庭二个方面的认识高于男生，但差异不大。高职院校的学生更乐于交往，对自己的学业也不那么勉强，而对自己的身材长相似乎更苛求一些。

（三）自我体验丰富而复杂

由于社会定位比较晚，大学生的自我体验可以说是他们一生中"最善感"的阶段，积极与消极、紧张与轻松、喜悦与忧伤并存。在这些丰富的自我体验中，情绪情感的基调是积极的、健康的。大多大学生喜欢自己，满意自己，自尊、自信、好胜，而且更多地与自己的个性品质、集体荣誉、自我发展等联系在一起。但大学生的自我体验又是复杂的、敏感的，对涉及自我的一切事物，尤其涉及自尊的事往往很敏感，容易做出强烈的情绪反应，如与异性的相处常常会引起情绪的波动，在行为与自我形象的塑造上往往触景生情，在思维中经常会流露出一些感触和遐想。两极情绪仍较明显，取得成绩，肯定自己，甚至骄傲自满、忘乎所以；一遇挫折就否定自己，悲观失望，甚至自暴自弃。

（四）自我控制能力提高，但不稳定

大学生的自我控制能力有很大提高，自觉性、坚持性、独立性和稳定性显著发展，有强烈的自我设计和自我规划的愿望。他们向往独立、自由的生活空间和思维空间，往往以各种方式表达自己独立自主的诉求，渴望摆脱管束和压制，独立思考，独立解决学习、生活中的困难，喜欢与同龄人交流思想、探讨人生，希望做自己命运的主人。调查显示，绝大多数大学生能自觉用社会标准要求自己，奋发向上，力争成才，围绕"我应该成为什么样的人""我怎样才能成为理想中的人"这两个问题，不断思索，并自觉调节自我行为。

案例 A同学进大学之前无论是对学习还是生活都充满自信，进入大学以后认为继续保持以往的优秀如信手拈花，并打算拿国家奖学金。意想不到的是，大学同学不仅个个聪明而且还各有所长，而自己好像样样比别人差。这些都无形中挫伤了他的自尊心，以致不敢和同学交往，课外活动也不敢参加，怕动作笨拙引起同学们的讥笑。最令他苦恼的是学习上成绩总是上不去，被同学们讥称为"秀才"的他，第一学期勉强通过考试，第二学期刚一开始就感到压力越来越大，整天心神不宁、注意力不集中、晚上失眠以致无法正常学习，感觉生活无趣。过去理想至上和极其自信的他感觉无比的压抑、烦恼和痛苦。

问题 1. 什么原因导致A同学状况越来越糟糕？

2. 如何建立自信心？

答案解析

三、大学生常见的自我意识偏差

大学生自我意识发展水平较高，但尚未完全成熟，因而容易出现各种发展偏差，引起自我意识发展问题，以致自我意识过强或过弱，影响大学生的健康成长。大学生常见的自我意识偏差主要有以下几个方面。

（一）过度自卑

自卑是由过多的自我否定而产生的自惭形秽的体验。自卑感过强的典型表现为自我评价过低，过分看重自身短处，否定自己的长处或对长处没有足够的认识；轻视自己，有己不如人的感觉，担心自己笨拙，对自己价值产生怀疑；对那些稍加努力就可以完成的任务，往往因自叹无能而轻易放弃。自卑常伴随消极防御的情绪表现出来，如嫉妒、猜疑、羞怯、孤僻、迁怒、自欺欺人、焦虑紧张、不安、内疚、忧伤等。相当一部分大学生因为进入大学后面对各方面都跟自己旗鼓相当甚至略胜一筹的新同学，内心非常不自信。尤其是当他们在学习、文体、社交实践各方面显露出某些不足时，就会陷入怀疑自己、否定自己的情绪里，产生自卑心理。高额的学费与家庭经济上的困难也是让部分当代大学生陷入自卑的原因之一。过度自卑会使人变得十分敏感，经不起任何刺激。因而行为中常采取逃避方式。

1. 自卑心理的形成原因

（1）消极的自我暗示　消极的自我暗示抑制个体的自信，尤其是事前的消极自我暗示更易使人紧张和焦虑，自信不足加大失败的可能性，反过来更加强化了消极自我暗示。长期的消极自我暗示将束缚能力的发挥，影响成功率。

（2）过度的挫折　有的人说："优秀是一种习惯"，一个不断成功的人就会不断的成功，因为每一次成功都会增加他的自信。反过来，失败愈失败，一个不断失败的人，每一次失败都会挫杀他的信心，久而久之变得消极悲观。稍受挫折就会变得自卑，过度的挫折会加深一个人的自卑感。

2. 过度自卑者的自我调适方法

（1）正确认识自己，客观自我评价　善于挖掘自己的长处，肯定自我，切忌一味地关注别人的优点和自己的缺点。正确认识客观评价自我，才能稳定自信，克服自卑。

（2）积极自我暗示　学着自我鼓励、自我肯定，相信自己的能力，暗示自己：一定会成功的没什么大不了的。或者告诉自己不成功最好的结果是什么，设想如何应付。这样事前做最坏的心理准备，自卑感就可以降低了。

（3）寻求社会支持　主动向老师、同学、家人、朋友寻求支持与帮助，倾诉心声，舒缓消极情绪体验，获取自我认知与自我肯定，提升自我价值感。

（4）调整自我期望值　根据经验，调整对自己的期望，确立合适的抱负水平，区分长期目标和近期目标，区分潜能和现在表现。

（5）敢于面对与改变　对自卑的危害有清醒的认识，有勇气和决心改变自己。正确地表现自己，对自己的经验持开放态度，勇敢地表现自我。

（二）过度自我认同

过度自我认同即自负，过高地估计了自己的可能性、活动的成果及某些个性品质。在自我意识上比较自负的大学生听不进他人的教诲，也不听同伴的意见，骄傲自大。他们通常在做事时很自信，而且喜欢选择那些显然力不胜任的任务，而在遇到挫折后，或是沮丧、固执己见，或是把失败的责任推向客观的原因，常常伴有过分自信、高傲、势利眼、不讲策略和难于相处等性格特征。

1. 自负心理的形成原因

（1）家庭环境　父母关系不好的家庭，如果不注意其影响，就很容易使孩子产生对抗情绪，觉得他人都不可信、不宜接触，从而夸大自身的存在价值，促使自己自负。

（2）教养方式　溺爱型教育方式下的成长，往往容易自视甚高，自高自大，常常不把别人放在眼里，产生自负心理。

（3）缺乏交往　独生子女在家中缺乏异性和同性伙伴，如果家长不鼓励孩子去结交朋友，不为孩子结交朋友提供条件，甚至还加以阻碍，孩子就不能通过相互交往认识真正的自我，从而变得自负。

（4）创伤性经历　有的同学在与同伴交往中，出现了这样或那样难以解决的问题，或在精神上或肉体上受到了重大的打击，则丧失与人交往的兴趣，转而产生自负心理。

2. 过度自我认同的自我调适方法

（1）要看到自己的不足，承认自己也需要不断完善。

（2）要看到他人的长处，欣赏他人的独特性。

（3）多与他人交往，以开放的心态尊重和认真对待来自他人的反馈意见。

（三）自我中心

以自我为中心的突出表现为凡事从自我出发，以个人喜恶为动机，不能设身处地地进行客观思考；只关心自己，遇事先替自己打算，不顾及他人的感受和需要，盛气凌人，好把自己意志强加于人，往往导致不能得到他人信任、人际关系不和谐、易受挫折等情况。

1. 自我中心的形成原因
主观上，大学生们正值青年初期，表现出强烈的关注自我，看问题往往从自我的角度和标准出发，忽略他人感受或客观事实，有明显的自我为中心的倾向。客观上，大学生基本上出生和成长于21世纪初，多为零零后，在相对优越的家庭教育背景下呵护长大，一定程度上培养了他们以自我为中心、不懂得顾及他人感受的习惯。

2. 自我中心的自我调适方法

（1）摆正自己的位置，既重视自己也不贬低他人，自觉地把自己和他人、集体结合起来，走出自己的小天地。

（2）实事求是、恰如其分地评估自己，既不骄傲自大，又不妄自菲薄。

（3）学会移情，多设身处地地从他人的角度思考问题，尊重他人的感受，关心他人。

（四）苛求完美

追求完美是人类健康向上的本能，是青年人自我发展的动力。但过分追求完美则容易引发自我的适应障碍。"完美"的过程实际上是与社会主流文化认同的过程，但不一定是自我价值的体现。

1. 过分追求完美的形成原因

（1）性格使然　要强、对自己持有过高的要求，期望自己完美无缺，却不顾自己的实际状况；不能容忍自己的"不完美"表现，对自己"不完美"的地方过分看重，甚至把人人都会出现的、人人都会遇到的问题都看成是自己"不完美"的表现。

（2）环境影响　受家庭环境熏陶或成长经历影响，父母寄于过高的期望值，抑或在成就与赞誉声中长大，追求第一，追逐完美，无形中已成为做事的标尺，演变成行事的准绳。

2. 过分追求完美的自我调适方法

（1）树立正确的认知观念　人不可能十全十美，每个人都有优缺点，也都会遇到成功和失败。一个人应该接纳自己并肯定自己的价值，不自以为是，也不妄自菲薄。

（2）建立正确的评价参照系和立足点　通过与不同对象的比较来进行自我评价，可以得到不同结论，从而激发或者压抑人的积极性。人应该按照自己的实际评定自己的价值，立足自己的长处，接受并尽力改进自己的短处。

（3）目标合理恰当　在充分了解自己的基础上对自己有恰当的目标和要求，制定合理的目标，把目标锁定在能力所及的范围之内，不苛求自己，不被他人的要求左右。

（4）接纳自己的不完美　尺有所短，寸有所长。每个人都是独特的、与众不同的，我们应该承认自己的局限性，欣赏自己的独特性，不断自我激励。

（五）盲目从众

从众指的是在群体舆论的作用下，个体放弃个人意见而采取与群体相一致的自我保护行为。几乎每个人都有不同程度的从众心理，但过强的从众心理，没有独立思考，缺乏主见，容易丧失自我，有碍个体心理健康发展。大学生从众心理表现在时事评论、校园恋爱及时尚消费等方面。

1. 从众心理的形成原因　罗杰斯曾指出："青年的从众行为很可能是他在自己的需要被接受与保留其个性这两者之间的一种妥协。尽管他们相信保持个性很重要，但是他们同时也感到为了受欢迎而与同伴保持一致是必要的。"

（1）来自社会、学校的群体压力　个体害怕孤立，为获得小团体的认同，凑热闹随大流。

（2）缺乏自信　个体自信心越强表现出的从众心理越弱，而缺乏自信者，则不敢自己下判断，有习惯服从教育的惰性人格。

2. 从众心理的自我调适方法

（1）在客观认识自己的基础上，科学规划大学生涯　大学生要克服从众心理，最主要的是正确认识和评价自己，对自己的性格特点、兴趣、特长、能力等有一个比较正确的认识，这样才能做到有的放矢。认清自己的优势和劣势的同时要敢于坚持自己的主见，不为家长、同学所左右，不和同学盲目攀比，能够根据自身的特点分析判断，进而做出选择，明确自己的发展方向与追求目标，科学规划学业生涯。

（2）积极参加社会实践活动　由于应试教育的特点，大学生与社会脱节现象比较严重，这就要求大学生积极参加社会实践活动。社会实践活动可以帮助大学生清楚自己的兴趣所在，找到自身和社会需要的高素质人才之间的差距，还可以帮助大学生挖掘自身的潜能，清晰地认识社会现实，把自己的兴趣特长与社会实际统一起来，给自己一个合理的定位。适合的是最好的，向着适合自己的方向走下去，一定会实现人生目标。

（六）追慕虚荣

虚荣是一种追求虚表荣誉，希望获得大家尊重的心理。根据马斯洛需要理论，作为社会的人都有被他人尊重的需要，都希望得到社会的认可。而虚荣者则指的是没有通过自己实实在在的努力，利用吹牛、作假、撒谎、投机等非正常手段来沽名钓誉。追求虚假的荣誉只是自欺欺人，最终会使得个体失去他人的尊重和友谊，失去诚信。虚荣是大学生中比较典型的自我意识偏差心理，不少大学生过分重视他人对自己的评价，为了获得他人的普遍好评和引起他人的普遍关注，不顾现实条件去追求表面上的荣耀或虚假的荣誉，如盲目攀比行为。

1. 追慕虚荣的形成原因

（1）传统观念影响　在中国的传统文化中，"讲面子"已经形成了一种逼人就范的心理氛围。在"面子"观念的驱动下，很多家庭或父母往往将"虚"置于比"实"还重要的位置上，过分追求表面上的荣耀或虚假的荣誉。相当部分大学生从小就被灌输这方面的思想，以致长大后把面子看得高于一切，似乎丢面子就意味着丧失身份、名誉，结果导致他们后来"死要面子活受罪"。

（2）自尊的扭曲　大学时期正是青年人自尊心明显增强时期，大学生都很关注自己的名誉，希望得到他人的好评、重视和推崇。为了树立和维护自己的理想形象，他们极力调节自己在他人面前的言行，不说有损于自己形象的话，不做有损于自己形象的事。但是，有些大学生自尊心过强，事事都想着他人的夸耀，样样都为了自己的面子，不切实际地追求荣誉、名声、地位，甚至不惜代价地获取自尊心的满足。这样，自尊就转化为了虚荣。

（3）个性缺陷　虚荣心的产生也与个性上的某种缺陷有关。有研究表明，独立性差的人容易追求表面上的荣耀。由于缺乏独立的自我意识与独立的价值观念，很在乎他人的评价和自己在他人心目中的形象，一旦得到他人的好评就精神倍增，相反则垂头丧气。因此，他们平常所做的事情，大都是为了取悦于他人，追求面子上的好看。

（4）自卑的掩饰　许多事实表明，具有虚荣心理的人，多存在自卑与心虚等心理特征，特别担心他人看不起自己。为了掩饰或掩盖自己心理上的缺陷，竭力追求荣誉，显示自己。例如，自身家庭经济条件不佳的少数女大学生，心理上总是存在着自卑和心虚，但是为了与他人攀比，为了让他人刮目相看，不惜牺牲自己的人格来追慕浮夸。

2. 克服虚荣心的方法

（1）要有自知之明　虚荣心强的人，大多缺乏自知之明。要正确估价自己的长处和能力，对自己的短处和不足之处也有客观的认识。

（2）正确对待舆论　一个人不管做什么、说什么、穿什么、吃什么，总会有人赞成、有人反对。因此，要正确、客观、理智地对待、分析周围人们的议论或评价，不为周围舆论所左右。

（3）理智对待荣辱　对荣誉、地位、得失、面子，要有一种理智的态度。每个人都希望获得荣誉与地位，但是这种追求必须与个人的社会角色及才能相一致。如果不顾自己的现实条件，过分追求荣誉与地位，势必"打肿脸充胖子"。

（4）正确看待失败　每个人的发展都是在"失败－努力－再失败再努力直至成功"的过程中实现

的，要敢面对生活的挑战，不为了"面子"而害怕失败、掩饰失败，善于从失败中总结经验，获得有益的经验，悟出真谛。

📱 知识链接

增强自信心的 10 条规则

英国心理学家克列尔·拉依涅尔曾提出 10 条增强自信心的规则。

（1）每天清晨、午饭后、晚上就寝前照照镜子。

（2）完美无缺的人是不存在的，不要总想着自己的身体缺陷。

（3）你的窘态并没有那么容易被他人发现。

（4）不要过多地指责别人。

（5）认真地倾听别人的讲话，多数人喜欢的是听众。

（6）为人坦诚，不要不懂装懂。

（7）在自己的身边找一个患难相助、荣辱与共的朋友。

（8）只要你潇洒大方，滴酒不沾也会受到大家的欢迎。

（9）对于有敌意的人不讲话虽然不是最好的办法，但却是唯一的方法。

（10）一定要避免使自己处于一种不利的环境中。

第三节　自我意识的完善

一、大学生自我意识的评估

大学生自我意识在大学阶段得到了迅速的发展，其自我认识、自我体验、自我控制逐步协调一致。但在自我意识逐步成熟、确立这一过程中，由于缺乏生活经验和适应能力，对社会的认识和实践具有局限性，对未来充满渴望和憧憬，常常为自己设计完美的理想自我，与现实自我尖锐对立，造成了心理上的种种困惑。大学生也品尝到了酸甜苦辣，付出了艰辛的代价，为解决内心的矛盾冲突进行了不懈的努力，经历了"分化－冲突－统一"的发展过程。这一过程也正是大学生自我意识不断发展、趋于成熟的过程。

（一）自我意识的分化阶段

青年期自我意识的发展是从明显的自我意识分化开始的。原来完整笼统的我被打破了，出现了两个我，即：主体我（I）和客体我（me），大学生既是观察者又是被观察者。伴随着主我和客我的分化，大学生意识到自己不曾注意的许多"我"的方面的细节，原来完整的自我意识开始一分为二：一是理想我，根据主观的自我和主观感受的社会所希望自己未来成为什么样的人而达成的自我状态，理想自我处在观察者的地位，也就是"主体我"；二是现实我，它是当前实际所达到的自我状态，现实自我处在被观察者的地位，是理想自我所要观察的对象，因此它是"客体我"。此时的大学生开始主动、迅速地关注自己的内心世界和行为，产生新的认识和体验，同时，由此引起种种激动、焦虑、喜悦，自我沉思增多，要求有属于自己的空间和世界，渴望得到别人的理解和关注，以满足其要求。自我意识的分化是自我意识开始走向成熟的标志。

（二）自我意识的冲突阶段

由于自我意识分化的出现，使大学生开始意识到自己以前不曾注意的许多有关"我"的问题，主体我与客体我的矛盾、理想我与现实我的距离加剧了自我冲突，使得自我不能统一、自我形象不能确立、自我概念不能形成，因此表现出明显的内心冲突，甚至有很大的内心痛苦和激烈的不安感。他们对自我的评价往往是矛盾的，对自我的态度常常是被动的，对自我的控制是不果断的。主、客观的矛盾成了大学生自我意识中的基本矛盾，这个矛盾表现在主观的自我与客观的自我之间的矛盾、理想的自我与现实的自我之间的矛盾。

1. 主观"我"与客观"我"的矛盾　主观"我"是自己所认识和评价的我，客观"我"是他人所认识和评价的我。自我评价与他人评价之间往往存在较大差距的矛盾。大学生生活的范围比较窄，社会交往多限于老师、同学、父母，比较简单、直接，因此他们对自我的认识参照点少，局限性较大，又加上社会对大学生一向期望甚高，使大学生的自我认识也沾染上了光环色彩，而现实生活的自己平凡，和想象中的自己仍有较大的差距，这种差距给大学生带来苦恼和不满。例如：宿舍人际团辅中，宿舍成员分别写出舍长的优点，舍长本人认为"我很善良""我喜欢思考""我有较强的责任感"……而舍友们可能给出了不同甚至截然相反的否定的评语。在这种情况下，舍长有可能维持原来的自我评价，"我行我素"，也有可能按照社会或别人的观点改变自己，按他人所能接受和赞许的方式发展。

2. 理想"我"与现实"我"的矛盾　理想"我"是自己头脑中塑造的、自我期待的自己未来自我形象，现实"我"则是通过个人的实践而反映到头脑中的真实的自我形象。"理想我"是自己希望将来成为什么样的人，是个人追求的目标，它引导个体实现理想中的个人自我。"现实我"则是自己今天是什么样的人，是个人从自己的立场出发，对现实中自我的各种特征的认识。大学生富于幻想，总希望自己将来成为某种理想的人，因而都在头脑中塑造了一个未来的"理想我"的形象，并经常将这种"理想我"的形象与"现实我"的形象加以对照比较。一旦发现两个自我形象不一致时，就会产生"现实我"与"理想我"的矛盾。理想自我与现实自我总是存在着一定差距的，合理的差距能够使人不断进步、奋发有为，差距过大则有可能引起自我的分裂，产生各种各样的心理不适甚至自暴自弃，变得平庸无为、无所事事，甚至失去动力。

（三）自我意识的统一阶段

自我意识的矛盾、分化所带来的痛苦不断促使大学生寻求自我意识统一，即达到自我统一性。自我同一性，是指主体我和客观我的统一、理想我与现实我的统一，也表现为自我认识、自我体验、自我监督的和谐统一。在自我意识的矛盾冲突中，大学生的自我意识也在不断调整、发展，他们极易寻求新的支点，寻找自我意识的统一点，整合自我意识。由于每个人的成长环境、生活经历、智力水平和追求目标的不同，每一个自我意识统一的结果也不同。大学生自我意识的统一大致可以分为以下几种类型。

1. 积极的统一——自我肯定型　理想"我"与现实"我"能通过努力奋斗达到积极的统一，这是自我意识统一最好的结果。这类大学生一般具有以下特征：①能很好地处理不同类型的自我矛盾。②对"现实自我"的认识比较清晰、客观、全面、深刻，理想"我"较为现实、符合社会要求，通过努力最终得以实现。③执着但灵活，积极看待成败，善于总结经验教训，根据实际情况调整自己的行为方式，不断创造条件达到积极的自我统一。自我肯定型的人在大学生中占大多数。

2. 消极的统一——自我否定型　对现实"我"的认识和评价过低，理想"我"与现实"我"之间差距太大，主观上又缺乏自我控制能力，心理上常处在一种自我防御状态，其理想"我"与现实"我"的统一常是消极的，形成了自我意识的自我否定。这类大学生一般具有以下特征：①对现实"我"评价过低，理想"我"与现实"我"差距很大，希望通过捷径，无需很多努力即可实现理想"我"，通常有"心比天高，命比纸薄"的凄凉感。②消极情绪体验过多，缺乏自信，低自尊，甚至自我憎恨，处处与自己为敌，小小的失败都可能积累起来形成挫折感。③遇事总是看到消极的一面，给自己太多的消极暗示，不想通过积极地改变现实"我"去实现理想"我"，最终导致对现实"我"的评价越来越低，理想"我"逐渐被挫败。

3. 消极的统——自我扩张型　对现实"我"的认识和评价过高，理想"我"与现实"我"形成虚假的统一，一般都过度"悦纳"自己。这类大学生一般具有以下特征：①对现实"我"评价过高，理想"我"实为幻想我、傻想我、空想我，并取代了现实"我"。②缺乏理智，盲目自尊，自吹自擂，超常态的虚荣心，较强的消极心理防御。③善于伪造一个能使他人满意并自我陶醉于其中的典型形象，来充当真实的自我，因此其自我带有表演性和白日梦的色彩。大学生中只有极少数的人属于自我否定型和自我扩张型。

4. 难以统一——自我矛盾型　客我与主我、理想我与现实我等各种自我矛盾始终得不到解决，难以统一形成新的自我。个体的内心冲突强度大，延续时间长，新的自我久久不能确立，积极的自我难以产生，表现为自我认识、自我体验、自我控制等方面的不确定性。这类大学生一般具有以下特征：①对现实"我"缺乏一个完整的认识，经历了自我矛盾冲突之后，对自我的认识不会加深，反而越来越混乱。②自我意识矛盾强度大，持续时间长。③自我认知、自我体验和自我调控都缺乏稳定性，内心一直处于不平衡状态。自我矛盾型的大学生占少数。

总之，自我意识由分化、冲突到统一的过程是相对的，由于不同的成长环境和生活经历，大学生自我分化的早晚、自我冲突的性质和持续时间以及自我统一的具体特点都有所不同。自我意识的发展是个体青年阶段面临的主要课题，更是伴随终身的人生命题。

二、大学生自我意识的完善途径

正确地认识自我，客观地评价自我，积极地悦纳自我，有效地控制自我，科学地发展自我，不断地超越自我，才能树立起一个充满自信心与独立性的健康自我。

（一）正确认识自我

美国心理学家约翰和哈里提出了关于人自我认知的窗口理论，被称为乔韩窗口理论（图 3-1）。他们认为，人对自己的认识是一个不断探索的过程。每个人的自我都有四部分：公开的自我、盲目的自我、秘密的自我和未知的自我。通过与他人分享秘密的自我，通过他人的反馈减少盲目的自我，人对自己的了解就会更多更客观。

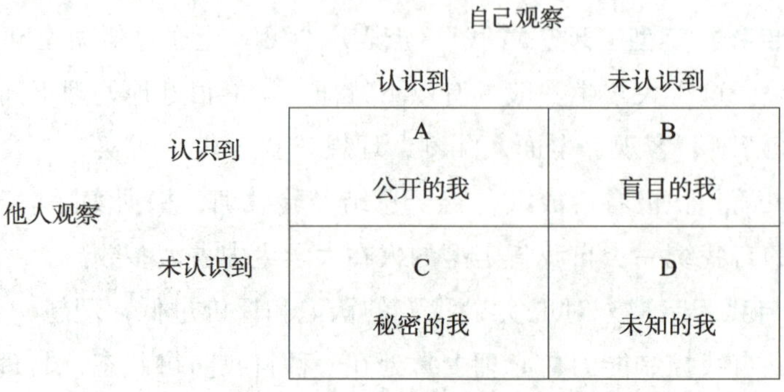

	自己观察	
	认识到	未认识到
他人观察　认识到	A 公开的我	B 盲目的我
他人观察　未认识到	C 秘密的我	D 未知的我

图 3-1　乔韩窗口理论

正确地认识自我是培养健全自我意识的基础。一方面要对自己的性格、特长、兴趣、爱好、家庭对自己的影响、性格的弱点等诸方面有自我定性，一个人能够全面、正确地认识自我，客观、准确地评价自我，就能量力而行，为确立合适的理想自我、实现理想自我而不懈努力。同时，还应学会自我反思，经常进行自我反思才是进步的前提，才不会自以为是，这是一个需要坚持终身的过程。

1. 他人的反馈　通常别人会对我们的品质、能力、性格等给予清晰的反馈，从而增强我们对自己的了解。当我们被老师告诫要更加大胆一些，更加主动、勤奋一些时，我们便会从反馈中得知自己有些害羞，不够主动，学习不够勤奋。特别是当许多人的看法一致时，我们就会相信这种看法是正确的，从而确定自己是这样的人。

激励对成长中的大学生是非常重要的。我们经常说"优秀的学生是夸出来的"。马丁·西格曼研究提出，当否定性评价过多时，学生会产生"习得性无助"。它是指对环境失去控制的一种信念，当一个人拥有这种信念时，他感到不能从环境中逃脱出来，便会放弃了脱离环境的努力。"习得性无助"是后天形成的，特别容易受到环境的影响。如有的大学生会说"无论我如何努力，我也不会成为受大家欢迎的人"。"习得性无助"抑制了人改造与影响环境的能力，强化了顺从甚至屈从并转化为一种内在信念。

2. 反射性评价　在生活中，那些与我们生活无关紧要的人有时并不会给予我们清晰明确的反馈，但我们可以从他们的态度与反应中来了解自己。符号互动学者库利提出"镜中我"（looking-glass self），认为我们感知自己就像别人感知我们一样，镜子中的我或别人眼中的我就是我们感知的对象，我们常常依据别人如何对待我们来了解自己，这一过程称之为反射性评价。大学生在与同学、老师交往中可得到一些反射性评价。

3. 自我判断　贝姆的自我知觉理论（self-perception）认为，在内部线索微弱或模糊的情况下，人们常常依据外在行为来推断自己的特征，如性格、态度、品质、爱好等。如当学生参加公益活动时，学生认为自己是一个高尚的人；但在大多数情况下，人们常常依据内部线索如想法、情绪来了解自己，而且比外显行为更准确，因为行为易受外在压力的影响，更易伪装。个体的行为既具有外显性又有内倾性，因而依据自己行为的判断为自我的确立提供了可靠的依据。

4. 社会比较　费斯廷格著名的社会比较（social comparison）理论认为，人们非常想准确地认识自我、评估自我，为此，在缺乏明确标准时，人们常常和自己相似的人做比较。大学生正处于人生重要的发展时期，其人生目标、职业理想、生活态度等都在形成之中，社会比较为大学生提供了认识自我、了解自我和发展自我的重要标尺。社会比较也是每个个体认识自我不可或缺的方面。没有社会比较，就没有自我的进一步优化。当然，自我比较并不总是向着积极的方向，自我比较又分为向上比较、向下比较与相似比较。当个体的目的与动机不同时，采用的社会比较策略也不相同。例如自我保护与自我美化的动机促使学生与那些不如自己走运、成功和幸福的人相比；而自我成功动机强的人更倾向于向上比较，与那些比自己更加成功的人比较，促使自己更加成功。

5. 心理测验　个体内在的心理品质，不像身高、体重等可以通过仪器测量出来，而是更隐秘、更难以准确把握，但是并不意味着个体的心理是不可以测量的，个体的心理可以通过个体自己对自己的心理和行为的描述（通过自陈心量表）进行测量，可以通过实验的操作引发、记录个体的心理和行为从而了解个体的心理。心理测验就是借助心理量表，对心理特征和行为的典型部分进行测验和描述的一种系统的心理测量程序。当然，对待心理测验，我们要摒弃错误的测验观（测验万能论、测验无用论、心理测验即智力测验），树立正确的观念：心理测验是重要的心理学研究方法，是决策的辅助工具，心理测验作为研究方法和测量工具尚不完善，心理测验最大问题是理论基础不够坚实，既要承认心理测验的不完善，又要科学自信地使用心理测验。

📝 课堂活动

活动：自我剖析。

目的：通过自我评价、自我反思，增强自我认知。

操作：请补充完成以下六项自我认知的内容。

1. 自己的长处：

2. 自己的短处：

3. 自己的追求：

4. 自己的兴趣：

5. 自己的角色：

6. 自己的责任：

（二）客观评价自我

"以人为镜"是人们获得自我评价的主要途径，人们总是以周围人们对自己的评价为依据，参照父母、教师、同伴对自己的评价来评价自己。美国心理学家库利认为，周围人们的评价就像一面镜子，我们从这面镜子里看到自己是什么，怎么样。当然，并不是每个人的评价都会对我们产生影响，也不是每个人对我们的评价都同等重要。我们总是将别人对自己的评价进行整合，从而形成自我评价，那些经常出现的评价、我们比较重视的评价就成为自我评价的主要内容。

我们在整合别人对自己的评价的同时，也受我们自己的主观因素的影响。像苏东坡感慨的"不识庐山真面目，只缘身在此山中"，我们在进行自我评价时免不了渗入感情成分，那些比较顺耳的表扬之词往往更容易为我们接受，而那些逆耳的批评则往往为我们所排斥。大学生正确认识自我，全面评价自我的常用方法如下。

1. 比较法——从自己与他人的关系认识自己 与他人的交往，是个人获得自我认识的重要来源，他人是反映自我的镜子。从幼年到成年，我们从简单的家庭关系扩展到外面的友爱关系，进入社会又体会到复杂的社会人际关系。聪明而善于思考的人能从这些关系中用心向别人学习，获得足够的经验，然后按照自己的需要去规划自己的前途。但是在与他人的关系中认识自己也要注意一些问题：跟别人比较的是做事的条件，还是做事的结果？比如有些大学生，认为自己的家庭条件和经济基础不如别人，一开始就把自己置于次等地位，进而影响学习心态和情绪。其实，大学生应该比较的是各自取得的成绩，而非所具备的物质条件。又如，跟他人比较的标准是可变的还是不可变的？经常有大学生感叹自己不如他人，他们关注的常常只是身材外貌、家庭背景等不能改变的先天条件，而对于大多数人来说这些条件是很难改变的，也是没有实际比较意义的。另外，和什么样的人相比较？是与自己条件相类似的人，还是个人心目中的偶像，抑或是那些取得巨大成功的社会名人，甚至不如自己的人？不同的比较对象，产生的自我认识也是不同的。所以，确立合理的比较对象对自我的认识尤为重要。

2. 经验法——从"我"与事的关系认识自我 从"我"与事的关系认识自我，即从做事的经验中了解自己。我们可以通过自己所做过的事情、所取得的成果、所犯过的错误看到自己身上的优、缺点。对那些聪明又善用智慧的人来说，成功的经验、失败的教训都可以促使他们成功，因为他们了解自己，有坚强的品格特征，又善于学习，所以可以避免重蹈覆辙；那些比较脆弱的人，只看到失败反映出的负面因素，而使其更失败，甚至陷入不断失败的恶性循环，这也是常见的现象。因为他们不能从失败中学会吸取教训，改变策略追求成功，而且挫折后形成害怕失败的心理，不敢面对现实去应付困境或挑战，甚至失去许多取得成功的机会；而对于一些自大的人而言，成功反而可能成为失败之源。他们可能因为一时的成功便骄傲自大，以后做事便自不量力，往往遭受更多的失败。

3. 反省法——从"我"与自己的关系中评价自我　从"我"与自己的关系中认识自我看似容易，其实做到这一点是非常困难的。我们可以从以下几个角度认识自己，通过三个"我"的比较分析来全面认识自己，评价自己。

（1）自己眼中的我　个人眼中观察到的客观的我，包括身体、容貌、性别、年龄、职业、性格、气质、能力等。

（2）别人眼中的我　在与别人交往时，从别人对你的态度、情感反应而感觉到的我。不同关系的人，不同类型的人对自己的反应和评价是不同的，它是个人从多数人对自己的反应中归纳出的认识。

（3）自己心中的我　也指自己对自己的期待，即理想中的我。

除此之外，大学生还要尽力拓宽生活范围，增加生活阅历，扩展交往空间，积极参加活动，扩大社会实践，才能找到多种参考系，才能凭借这些参考系来多方面、多角度地认识自我。还要学会将通过各种途径获得的关于自我的信息进行分析、综合与比较，实事求是地全面评价自己。要学会用发展的眼光、辩证的方法看待自己和他人。比较的视野越广阔、方法越科学，自我定位就越恰当，越能充分发挥自己的聪明才智，实现自己的人生价值。

（三）积极悦纳自我

悦纳自我是发展健康的自我意识的关键和核心。大学生应在正确的自我认知和评价基础上，积极地自我悦纳，愉悦地自我体验，有效地自我控制。

1. 策略

（1）关注自己的成功，并积累优势　每个人身上都有着无数的闪光点，重点在于寻找自己的闪光点并将其构成亮丽的人生风景线。

（2）坚信"只要真正付出努力，同等条件下，别人行，我也一定能行"，增强自信心　强烈的自信和理智的努力能激发个体的潜能，促进成功。成功后的愉悦又可以使个体进一步增添自信，形成良性循环。

（3）不忘"尺有所短，寸有所长"　恰当地认同自己，而不是苛求自己。懂得"失之东隅，收之桑榆"。正视自己的短处，既努力扬长更注意补短。

2. 具体做法

（1）接纳自己，无条件地接受自己的一切，无论好的、坏的，成功的、失败的，有价值的还是无价值的，能够客观理智地对待自己的长短优劣、得失成败。

（2）喜欢自己，欣赏自己，以发展的眼光看待自己，体会自我的独特性，体验价值感、幸福感、愉悦感与满足感。

（3）性格开朗，对生活乐观，对未来充满憧憬。

（4）树立远大理想，并以此激励自己，不断克服消极情绪。

（5）不以虚幻的自我补偿内心的空虚，也不以消极回避漠视自己的现实，更不以怨恨、厌恶来否定自己。

（四）有效控制自我

自我控制是人主动、定向地改变自己的心理品质、特征及行为的心理过程，是大学生培养良好的自我意识、完善自我的根本途径。很多大学生对自我抱有很高的期望，但因为没有足够的自制能力和意志，经受不住挫折和打击，无法实现自我理想。而那些自卑自怨、自暴自弃的大学生更是因为自己无法控制自我的不良情绪，使自己偏离了良好自我意识的轨道。因此，我们应根据自己的实际情况和社会需要，确立合适的抱负水平，通过自我奋斗，达到最终利国利民利己的自我实现和自我成功。

1. 没有人是完美的　必须承认自己的弱点，并乐意接受别人的建议、帮助和忠告，只要你勇于承认自己需要帮助，成功必然在望。

2. 从挫折中吸取教训　在面对失败或挫折时所抱的态度应该是从中吸取教训，继续努力。

3. 做个好人　诚实、富于正义感，这样才能吸引好朋友来帮助你。从心理学家的观点看来，好人永远是快乐的。

4. 能屈能伸　无论在顺境或逆境之中，都应该处之泰然，有了错误，立即改正。

5. 宽以待人　受到不平等待遇时，懂得宽恕和同情他人，与人为善，宽大为怀，赢得尊敬，真正快乐。

6. 坚守信念　当你做任何事时，必须坚持个人的信念。

（五）不断超越自我

良好自我的建立过程是一个塑造自我、超越自我的过程。塑造自我，成为自己，按照社会的需要和个人的特点来自我发展、自我实现。成为自己就是做一个"自如的我、独特的我、最好的我"。所谓"做一个自如的我"，是指不给自己提出脱离实际的过高要求，不使自己总是陷入自责、自怨、自恨的境地，而是坦然面对自己的客观存在，愉快自在地生活；所谓"做一个独特的我"，是指不一味追求时髦、时尚，不在刻意模仿中失去自己，而是接受自身、注重自身，积极地生活；所谓"做一个最好的我"，是指既立足于现实而又不甘落后，能够充分利用自己的才智，积极发挥自己的长处，根据自己的条件规划自己的生活。

一个自我良好的人既注重自我又不固守自我，不断地塑造自我、超越自我，这样才能使自我更丰富、更强大、更完善，这也是大学生成为一个全面发展的人的必由之路。大学生在悦纳自我的同时，应该积极地自我提升，增强自我效能感。自我效能感是个体在一定情境下对自我完成某项工作的期望与预期。当个体期望自己成功时，他必然会尽自己最大的努力，并且当面临挑战性任务时，会表现出更强的坚持力，从而增加成功的可能性。自我效能感高的大学生一般学业期望较高，自我效能感与成就动机呈正相关性。另外要克服自我障碍，我们经常会有这样的感觉：体验对自己能力程度的焦虑带来的不安全感，这便是一种自我障碍。例如由于考试前身体不好，所以在大考中没有取得好成绩。为自己的考学不成功找到了适当的借口，这便是典型的自我障碍。一个渴望自我发展的人必须主动克服自我障碍，进行积极的自我提升与自我尝试。积极的自我在尝试中会发现自己新的支点。

1. 确立目标　人的行为特点是有目的的行为，个体的行为有无目的性，结果是不一样的。一般来说，有目标指向的行为较无目标指向的行为成就大得多。因为正确的目标能够诱发个体的动机，强化人的行为，并促使其指向预定的方向。

2. 培养坚强的自控能力　一个人要想成就一番事业，就必须能够摆脱诱惑，主宰自己的行动，这就需要有坚强的自我控制能力，以保证理智地约束自己的情感，把握自己的行为。

3. 塑造健全的人格　健康的自我意识的形成，除了要有对自我的正确认知外，还要有健全的人格支持。大学生培养和谐、健全的人格，对健康的自我意识的发展将起到良好的促进作用。

目标检测

答案解析

一、选择题

（一）A 型题

1. （　　）是人格结构的核心部分。

　　A. 自我意识　　　　　B. 自我认识　　　　　C. 自我体验　　　　　D. 自我控制

2. （　　）是自我意识的首要成分。

　　A. 自我感觉　　　　　B. 自我观察　　　　　C. 自我分析　　　　　D. 自我认识。

3. 不属于自我意识发展模式的是（　　）。

　　A. 自我分化　　　　　B. 自我冲突　　　　　C. 自我统一　　　　　D. 自我分裂

4. （　　）过强是自我评价偏高的主要表现之一。

　　A. 嫉妒心　　　　　　B. 自尊心　　　　　　C. 自信心　　　　　　D. 好胜心

5. （　　）是自我调控中最主要的方面。

　　A. 自我监督　　　　　B. 自我控制　　　　　C. 自我教育　　　　　D. 自我完善

（二）B 型题

[1～2]

　　A. 自我认知　　　　　B. 自我评价　　　　　C. 自信心　　　　　　D. 自我监督

1. 属于自我体验的是（　　）。

2. 属于自我调控的是（　　）。

[3～4]

　　A. 婴幼儿期　　　　　B. 青春期　　　　　　C. 青年期　　　　　　D. 成年期

3. 自我意识的萌芽发生在（　　）。

4. 自我意识的第二次飞跃发生在（　　）。

[5～6]

　　A. 理想自我　　　　　B. 生理自我　　　　　C. 心理自我　　　　　D. 社会自我

5. 自我意识的发展经历生理自我、（　　）、心理自我。

6. （　　）是对自己智力、性格、兴趣、气质、性格等的认识、评价和体验。

（三）X 型题

1. 大学生提升自我意识的方法有（　　）。

　　A. 正确认识自我　　　B. 客观评价自我　　　C. 积极悦纳自我　　　D. 不断超越自我

2. 大学生常见的自我意识偏差包括（　　）。

　　A. 自卑　　　　　　　B. 自负　　　　　　　C. 自我中心　　　　　D. 自信

3. 正确认识自我的途径有（　　）。

　　A. 他人反馈　　　　　B. 自我判断　　　　　C. 心理测试　　　　　D. 社会比较

4. 根据乔韩窗口理论，每个人的自我包括（　　　）。

A. 公开的自我　　　　B. 盲目的自我　　　　C. 秘密的自我　　　　D. 未知的自我

5. 自我意识的结构包括（　　　）。

A. 自我概念　　　　B. 自我体验　　　　C. 自我调控　　　　D. 自我认知

二、综合问答题

1. 什么是自我意识？

2. 如何理解自我意识的功能？

3. 大学生健全自我意识的标准是什么？

4. 结合实际列举大学生常见的自我意识偏差。

5. 大学生完善自我意识的途径有哪些？

书网融合……

知识回顾　　　　微课　　　　习题

（孟　燕）

第四章　和谐优雅——塑造健全人格

学习引导

一个人可以相貌普通，才智平平，但在人格上却可以卓然而立。我们每个人作为一个独立的个体存在于这个世界上，一定会思考如何培养自己的人格。健全的人格是大学生立志成才的必备条件，是大学生在自身所处的社会环境中保持良好的认识水平、平稳的情绪情感、恰当的行为方式和正常社交的基本前提。向往成才、追求卓越是每个大学生的期盼，因此每个大学生都应该了解人格知识，关注自身人格发展，积极塑造健全人格，促进德智体美劳全面发展，成为社会主义建设者和接班人。那么人格包括哪些内容呢？当代大学生如何才能具备健全的人格呢？

本单元主要介绍人格的含义、特征及构成因素、大学生健康人格的标准、大学生常见人格障碍以及大学生人格完善的途径和方法。

学习目标

1. **掌握**　人格的含义；人格的特征；人格的构成因素。
2. **熟悉**　青年期人格发展的特点；大学生人格完善的途径和方法。
3. **了解**　大学生常见的人格发展不足和障碍。

在当代大学生活中，大学生的诸多心理问题是由个体人格方面的原因产生的，其中与大学生对待人生、对待社会的态度紧密相关。大学生具有健全的人格是具有健康心理的基础，因此，了解人格相关心理知识以及如何塑造健全的人格，对大学生的全面发展有着非同寻常的意义。

第一节　人格概述

一、人格的含义及特征

（一）人格的含义

人格（personality）一词，起源于拉丁文（persona），即戏剧演员的面具。将面具指义于人格，实际上表明人既有表现于外的特点，也有某些外部并未显露的方面。

"人格"是一个在日常生活中被广泛运用的词汇，"人格"的含义在各个学科中有着不用的定义。我国学者通常把人格理解成在实践基础上的"品质"或"人品"；在法律意义上，人格是作为权利和义务主体的资格；从道德角度上，人格被定义为个人的品格、志趣和做人的尊严、责任及道德品质。在心理学上，人格主要是指个人比较稳定的心理和行为特征的总和。

19世纪20年代以来，人格已成为西方学术界最引人注目的课题之一，心理学已产生了许多关于人格的定义。美国心理学家阿尔波特曾列举了50多种不同的定义，足见人格概念的分歧，也表明人格本身的复杂性，但众多定义也有大致相通之处。简单来说，人格指的是真正构成一个人特征的外在行为和心理状态、精神面貌的总和。人格是一种一贯性、稳定性的心理特征，是人在社会生活中呈现出的整体的、综合的状态。

每个人的心理特征是不同的，因此人格表现也千差万别。有人细心深刻，有人粗心肤浅；有人遇到困难勇于面对，有百折不挠的精神；有人知难而退，畏首畏尾。所以，在认识改造外部世界的活动中，每个人表现出来的心理特征也不同。能力、气质、性格的不同组合，就形成一个人较稳定的人格特征。

（二）人格的特征

1. 整体性 人格的特征和倾向性不是孤立存在的，也不是机械的组合在一起，而是人的整体精神面貌的表现。人格的各种因素相互联系、相互影响、相互作用才能组成完整的人格。

人格的整体性具体表现在人格的内在统一上。个体只有能够正确地认识和评价自己，协调主观和客观、心理与环境之间的关系，调整内心的矛盾和冲突，才能使个体的动机和行为保持一致。一旦失去了这些平衡和统一，个体的行为就会出现相互矛盾、相互排斥的状态，甚至会导致人格分裂。另外，正确理解人格的含义必须从整体上把握。例如热情大方，可能是性格外向，也可能是掩饰自己的孤独，还可能是情绪突然失控。因此，脱离整体的人格结构是不全面、不客观的。

2. 独特性 奥尔波特（G. W. Allport）说过："人的鲜明特征是他独有的，过去不曾有，将来也不会有一个人跟他一模一样。"人格的独特性是指个体的人格是由某些和别人共同或者相似的特征以及完全不同的特征交织在一起组成的。个体的人格是在遗传、环境、教育等因素交互作用下形成的。不同的遗传、存在及教育环境，形成了各自独特的心理特点。如有的人顽固自首，有的人沉默寡言，有的人热情奔放，有的人谨慎小心等。每个人的人格都是独特的，不仅表现在个别心理、行为上，也表现在整个模式上，从而使得人与人之间区别开来。

3. 稳定性 在个体从婴儿期到老年期的发展的过程中，逐渐形成相对稳定的人格。个体经常表现出来的特点和一贯的行为方式的总和就是人格的稳定性。

个体在行为中偶然表现出来的心理倾向和心理特征并不能表征该个体的人格。"江山易改，本性难移"，这里的"本性"就是指的人格。当然，个体的人格的稳定性并不能说明人格在人的一生中是一成不变的，随着生理的成熟和环境的变化，人格也有可能发生变化，这说明人格具有稳定性的同时还具有可塑性，两者是相互统一的。儿童的人格在形成过程中容易受到环境的影响，因此可塑性比较大；相对而言，成年人的人格比较稳定，可塑性小，但也并非不能改变。在生活中，部分个体由于生活环境的重大变化或受到重大生活事件的影响导致其性格发生明显的变化。例如，本来开朗健谈的人在生活中某个不幸事件影响下变得沉默寡言，本来内向安静的人由于长期从事销售工作进而变得健谈了。

总之，人格是人的心理面貌的集中反映。随着社会的发展，人类健康而幸福的生活越来越多地取决于人类自身的人格健康状况，而且人格的健康发展也是促进社会健康发展的一种力量。

二、人格的构成

人格是由不同成分构成的一个结构系统，不同成分从不同侧面反映个体的差异。人格结构系统包括认知、动机、气质、性格、自我调控等成分，其中人格与气质和性格的关系最为密切。

（一）气质 📱微课

1. 气质的概念 现代心理学把气质定义为：气质是表现在人们心理活动和行为方面的典型的、稳定的动力特征。气质包含的动力特征主要表现在心理过程发生的强度、速度、稳定性、灵活性及指向性等方面。个体情绪体验的强弱、意志努力的大小程度、感知或思维的快慢、注意力集中时间的长短及转移的难易，以及心理活动是倾向于外部事物还是倾向于内部等都是气质的表现。比如人们常说的"冲动"与"文静"、"敏感"与"迟钝"、"急性子"与"慢性子"等，都是用来描述气质的。

2. 气质的心理特征 首先，表现在神经系统强度特征上，主要是指是感受性和耐受性。感受性指人对外界影响的最小强度产生心理反应的能力，耐受性指人在时间强度上经受外界刺激作用的能力。其次，表现在反应的敏捷性和行为反应和心理过程的速度上，例如动作速度、语言速度、记忆速度、思维的敏捷性、注意力转移的灵活性等。再次，表现在神经系统的强度、灵活性上，气质具有情绪的兴奋性，以不同速度对微弱影响产生情绪反应。最后，气质还具有外倾性和内倾性，指人心理活动、言语与动作反应表现于外还是表现于内。表现于外叫外倾，即通常所说的喜形于色，是神经兴奋过程强的表现。表现于内倾，即通常所说沉默寡言，是神经抑制过程强的表现。

3. 气质的类型 人的气质是有明显差异的，这种差异属于气质类型的差异。对气质类型的划分，最早提出来的是古希腊医生希波克拉底。他提出，人体内有四种基本体液，即血液、黏液、黑胆汁、黄胆汁；每种体液对应于一种气质。人体中这四种体液可以有不同的配置，其中占优势的体液主导着人的气质类型。希波克拉底认为，不同的气质有不同的行为模式，比如活泼、沉静、犹豫、急躁、易怒等。之后，古罗马医生盖伦根据希波克拉底的四种气质类型给出了气质概念，这就是近代气质概念的由来。这四种体液与气质的对应关系是：黄胆汁——胆汁质；血液——多血质；黏液——黏液质；黑胆汁——抑郁质。这四种基本气质类型在情绪和行为方式以及心理活动方面有不同的典型表现。

胆汁质的人反应速度快，具有较高的反应性与主动性。这类人情感和行为动作产生得迅速而且强烈，有极明显的外部表现；性情开朗、热情，坦率，但脾气暴躁，好争论；情感易于冲动但不持久；精力旺盛，经常以极大的热情从事工作，但有时缺乏耐心；思维具有一定的灵活性，但对问题的理解具有粗枝大叶、不求甚解的倾向；意志坚强、果断勇敢，注意稳定而集中但难于转移；行动利落而又敏捷，说话速度快且声音洪亮。

多血质的人行动具有很高的反应性。这类人情感和行为动作发生得很快，变化得也快，但较为温和；易于产生情感，但体验不深，善于结交朋友，容易适应新的环境；语言具有表达力和感染力，姿态活泼，表情生动，有明显的外倾性特点；机智灵敏，思维灵活，但常表现出对问题不求甚解；注意与兴趣易于转移，不稳定；在意志力方面缺乏忍耐性，毅力不强。

黏液质的人反应性低。情感和行为动作进行得迟缓、稳定、缺乏灵活性；这类人情绪不易外露，很少产生激情，遇到不愉快的事也不动声色；注意稳定、持久，但难于转移；思维灵活性较差，但比较细致，喜欢沉思；在意志力方面具有耐性，对自己的行为有较大的自制力；态度持重，好沉默寡言，办事谨慎细致，从不鲁莽，但对新的工作较难适应，行为和情绪都表现出内倾性，可塑性差。

抑郁质的人有较高的感受性。这类人情感和行为动作都相当缓慢，柔弱；情感容易产生，而且体验相当深刻，隐晦而不外露，易多愁善感；往往富于想象，聪明且观察力敏锐，善于观察他人观察不到的细微事物，敏感性高，思维深刻；在意志方面常表现出胆小怕事、优柔寡断，受到挫折后常心神不安，但对力所能及的工作表现出坚忍的精神；不善交往，较为孤僻，具有明显的内倾性。

> ✏️ **课堂活动**
>
> **活动**：分析自身气质类型。
>
> **目的**：了解自身气质，完善自身人格。
>
> **操作**：
>
> 1. 谈谈《三国演义》中的张飞、《红楼梦》中的林黛玉、《水浒传》中的林冲和《西游记》中的孙悟空的气质类型。
>
> 2. 分组讨论：以上四人如果被人冤枉后将会出现怎样的情形。
>
> 3. 结合讨论内容谈谈自身的气质类型。

4. 正确理解气质　气质类型不是人品的标签，没有好坏之分。气质主要是由遗传决定的，因而不带有道德评判和社会评价的内涵。任何一种气质类型都能表现为积极的心理特征，也能表现为消极的心理特征。

气质不决定人的社会价值和事业成就的高低。气质只是使人的心理活动染上某些独特的色彩，并不决定一个人能力的发展水平。事实上，在社会活动家、科学家、作家等卓越的任务中，都可见各种气质类型的典型代表。任何一种气质类型的人都有可能发挥自己的才能，对社会做出贡献。

气质对活动方式和效率有一定的影响。例如，要求速度的活动，多血质和胆汁质特征的人更适合；要求稳定、持久性的活动，黏液质特征的人更适应；要求精细、敏锐的活动，抑郁质特征的人更能胜任。因此在活动的选择中，考虑气质因素是十分重要的。但是，在一般的学习和工作中，这种影响并不显著。

气质的分类是相对的。很少有人是绝对的某种气质类型，现实中绝大多数人都是介于两种甚至多种气质类型之间或者是多种气质的混合状态，这种状态可以让个体更好的适应社会的多元性。

5. 气质的心理健康意义　气质是人格中的自然性因素，即无好坏之分，要改变它也较困难和缓慢。个体了解自己的气质特征后，找到适合自己气质特点的最佳发展方向、形式和方法，对自己的人格发展、心理健康、学业进步、职业选择以及人际交往都有实际意义。

（1）了解自身气质的特点，善于分析和认识自己的气质特征中的长处和短处，学会做气质的主人，不为气质所左右。

（2）在学习过程中充分发挥各自气质的积极特征，控制消极特征，采用不同的方法获取好成绩。研究发现，气质不能决定一个人智力发展的水平，但可以影响智力活动的特点和方式。

（3）气质不同的人，在与他人交往中对不同的人和事做出反应会有不同的特点。在与人交往中应加深理解，融洽相处，减少人际关系的问题。

（4）气质与健康和疾病有联系。例如抑郁质的人承受外界刺激的能力较低，如果长期在不良因素的刺激下容易产生心理障碍或身心疾病，了解个体的气质就可以加强锻炼，消除不良特征。

（二）性格

1. 性格的概念　性格是个体比较稳定的心理特征，是一种与社会相关最密切的人格特征；它是一个人对现实稳定的态度和与之相适应的习惯化了的行为方式的总和。性格是后天形成的，表现了人们对现实与周围世界的态度，对自己、对别人、对事物的态度。性格在个人的人格系统中处于核心地位，它决定个人的活动方向，是个人区别于他人的最主要特征。

2. 性格的特征

（1）态度特征　包括人对现实的态度体系的个别特点以及在处理各种社会关系方面的性格特征。根据不同的态度体系，可把性格特征分为四类：①表现一个人对社会、集体和他人态度的性格特征（如善良、诚实、热情、残酷、虚伪、冷淡等）。②表现一个人对待劳动、生活、学习的性格特征（如勤劳、懒惰、认真、负责、粗心、马虎等）。③表现一个人对待劳动产品的性格特征（如勤俭、挥霍、爱惜公物等）。④表现一个人对待自己的性格特征（如自尊、自信、自重、自卑、自负、自大、谦虚谨慎等）。

（2）理智特征　包括表现在感知方面，例如倾向于采用整体或分析的观察方式；还表现在思维方面，例如思维的敏捷性、独创性、逻辑性等。

（3）情绪特征　包括情绪对人的行为活动的感染程度和支配程度以及情绪受意志控制的程度，例如热情、冷漠等；也包括情绪的稳定性、持久性，例如情绪的稳定或波动等；还包括主导心境，例如乐观主义和悲观主义。

（4）意志特征　包括对行为目标明确程度、对行为自觉控制水平的特征以及在紧急或困难的情况下表现出来的特征等，例如目的性、主动性、纪律性以及果断、勇敢等。

3. 性格的类型　不同的心理学家把性格划分成了不同的类型。

（1）内外倾向型　瑞士精神病学家和心理学家荣格特别重视类型学说，他根据"力比多"倾向于内部或外部，把人分为内向型或外向型。荣格称内、外向为态度类型；称思维、情感、感觉、直觉等为功能类型。他又将两者结合起来，组成八种性格类型。后来艾森克发现内、外倾向这两类行为是一个连续体的两个极端。根据对行为特征的测试，所测得的分数接近于常态分布，即指向两端者是少数，而介于内、外向之间的人是多数。

（2）功能类型　英国心理学家培因和法国的心理学家李波提出了按理智、情绪、意志三种心理功能中，哪一种占优势来确定性格类型的分类方法。理智型者通常以理智来衡量一切，并以理智来支配自己的行动；情绪型者情绪体验深刻，言行举止易受情绪左右；意志型者具有较明确的活动目标，行为活动具有目的性、主动性、持久性、坚定性；中间型是混合型或非优势型。

（3）社会文化类型　斯普兰格从人类社会文化生活的角度，把性格分为六种类型：①理论型，这类人追求真理，善于思考与决断，如理论家，思想家等。②经济型，这类人追逐利润，重视经济观和价值观，如商人。③审美型，这类人不大关心实际生活，追求艺术美的体验，如艺术家等。④宗教型，这类人相信上帝，相信绝对永恒的生命，如宗教徒等。⑤权力型，这类人总想指挥别人，如权力欲者。⑥社会型，这类人愿为社会、为他人谋利益，如社会活动家等。

（4）优越型与自卑型　奥地利心理学家阿德勒创立"个人心理学"，用精神分析的观念来划分性格类型。他根据个人竞争性的不同把性格划分为优越型与自卑型两种。前者恃强好胜，不甘落后，总是想胜过别人；但后者甘愿退让，不与人争，缺乏进取心。

📱 **知识链接**

生命的头 5 年——性格形成的关键期

关于人的性格，心理学界已经基本达成共识，就是人的性格是在遗传基础上，在童年期由生存的人际环境塑造出来的，这个人格塑造和形成过程，从出生的时候开始，至 5 岁左右基本完成。确切地说，到了 5 岁左右，人格塑造已经基本上完成了百分之八十，或者说到了 5 岁，一个人的人格已经基本定型，其余部分，要在以后的生活经历中，进一步补充和塑造。而且，5岁以后的影响，对于一个人的核心人格，已经无关大局了。因为早在童年，我们的性格和与之紧密相连的命运，就已经基本确定了。

（三）气质与性格的关系

气质与性格既有联系又有区别。

1. 气质与性格的联系

（1）性格能在一定程度上掩盖和改造气质，每一种气质类型都可以形成某些积极的性格特征。

（2）不同气质的个体，可以形成同样的性格。例如"乐于助人"的性格特征，胆汁质的个体表现为满腔热血，多血质的个体表现为乐言善语，黏液质的个体表现为稳重体贴，抑郁质的个体表现为默默关怀。

（3）气质可以影响性格形成和发展的速度与动态。

2. 气质与性格的区别

（1）从起源上看，气质主要是先天的，受遗传因素影响较大；性格主要是后天的，受环境因素影响较大。

（2）从可塑性看，气质的可塑性较小，变化较慢；性格的可塑性较大，较之于气质更易改变。

（3）气质类型无所谓好坏之分，性格类型则有好坏之分。

（4）气质表现的范围狭窄，局限于心理活动的强度、速度等方面，而性格表现的范围广泛，它几乎囊括了人的心理的所有方面的特点。

第二节　大学生人格发展中的问题

一、大学生健康人格的标准

长期以来，不同的学者对健康人格的标准有不同的理解，并提出了不同的观点。例如奥尔波特提出人格的六个特点：自我广延能力；与他人热情交往的能力；情绪上的安全感和自我认同感；具有现实知觉；具有自我客观化；有一致人生哲学，有一种人生定向，为一定目的而生活。罗杰斯认为健康人格的特征包括：经验的开放；协调自我，自我结构与经验协调一致，并且具有同化其他经验的灵活性；自我评价过程，以自我实现倾向为评价经验，不很在乎他人意见；无条件积极自我关注；与他人和睦相处。

马克思主义认为人是社会的产物，人的根本属性是社会实践性。人格作为以精神面貌为核心，区别于他人的、身心统一的一个人的总特征，同样是特定的社会关系的产物。人格的形成和发展离不开人所生活的社会历史文化条件。由于每个人所际遇的社会生活条件不同，因此人格具有鲜明的独特性。从根本上讲，人格的发展和人的全面发展是一致的。人只有在社会实践中才能发现自己的真实需要和才干，只有在社会交往中才能形成并认识自我，只有在社会物质生产和经济的发展中才能促进人格的丰富和发展。离开了人的社会实践，离开了与他人、与社会的相互作用，潜能的发挥、人格的健康便无从谈起。

健康人格的标准又可分为概括的标准和具体的标准。从总体上看，人格健康的人应该是在推动社会进步的实践中充分发挥自己的全部才干，为人类、为社会做出自己力所能及的贡献，同时使自己的人格各方面得到充分、协调、平衡发展的人。从具体特征讲，大学生健康人格应具有以下标准。

1. 和谐的人际关系　人际关系是人们在社会实践中形成的人与人之间相互作用的关系，是社会关系的直接表现，是构成人类社会最普遍、最直接的关系。人际关系是在社会交往中建立的，社会交往可以促进人与人之间的相互沟通理解，调节身心状态，增强人的责任感。人际关系最能体现一个人人格健康的程度。人格健康的人乐于与他人交往，能与别人建立良好的关系，与人相处时尊重、信任等积极态度多于嫉妒、怀疑等消极态度。人格健康的人常常以诚恳、公平、谦虚、宽容的态度尊重他人，同时也受到他人的尊重和接纳。和谐的人际关系既是人格健康水平的反映，同时又影响和制约着健康人格的形成和发展。

2. 良好的社会适应能力　社会适应能力反映了人与社会的协调程度。人的社会适应能力是在社会化过程中不断发展的。人格健康的人能和社会保持良好的密切的接触，以一种开放的态度主动关心社会、了解社会，观察所接触到的各种事物和现象，看到社会发展的积极面和主流，在认识社会的同时使自己的思想、行为跟上时代的发展，与社会的要求相符合，表现出能很快适应新的环境。

3. 乐观向上的生活态度　积极的人生态度是人类在社会实践中获得的本质力量的表现。乐观的人常常能看到生活的光明面，对前途充满希望和信心，对自己从事的工作或学习抱有浓厚的兴趣，并在工作中和学习中充分发挥自己的智慧和能力，获得成功。即使生活中遇到困难和挫折，也能耐心地去应付，不畏艰险、勇于拼搏。相反，悲观的人常常看到生活的阴暗面，对任何事情都兴趣不高，心情沉重，遇到一点挫折就情绪低落、怨天尤人，甚至自暴自弃。青少年的主要活动是学习，因此，对学习的兴趣可以反映出对生活的基本倾向。人格健康的学生对学习怀有浓厚的兴趣，表现出观察敏锐、注意力集中、想象丰富、充满信心、勇于克服困难的精神状态。而有的青少年对学习和生活缺乏兴趣，处于苦恼烦闷之中，其人格的健康发展必然受到影响。

4. 正确的自我意识　自我意识是个体对自己与他人、自己与周围世界关系的认识。自我意识是一个完整的心理结构，表现在认识过程就是正确地认识自己，客观地评价自己；表现在情感过程就是自尊、自信，有自豪感、责任感；表现在意志过程就是能够自我监督、自我调节，努力发展身心潜能。具有健康人格的青少年学生对自己有恰如其分的评价，充满自信，能扬长避短，在日常生活中有效地调节自己的行为，与环境保持平衡。缺乏正确自我意识的人常常表现为自我冲突、自我矛盾，或者自视清高、妄自尊大，做力所不能及的工作，或者自轻自贱、妄自菲薄，甘愿放弃一切可以努力的机遇。

5. 良好的情绪调控能力　情绪对人的活动、人的健康有重要影响。积极的情绪体验能使人振奋精神，增强人的信心，提高人的活动效率；消极的情绪体验会降低人的活动效率，长期积累甚至能使人致病。情绪标志着人格的成熟程度，人格健康的人情绪反应适度，具有调节和控制情绪的能力，经常保持愉快、满意、开朗的心境，并富有幽默感。当消极情绪出现时，能合情合理地宣泄、排解、转移、升华。

即学即练

答案解析

多项选择题：人格健康的大学生能够做到（　　　）。

A. 自大自傲　　　　B. 尊重他人　　　　C. 与时俱进　　　　D. 怨天尤人

二、大学生常见人格发展不足

任何人的人格都不是十全十美的，大学生作为正在成熟的群体来说，其人格特质的一些方面也或多或少地存在这样那样的一些问题，只有充分地了解自己人格特性方面存在的问题，才能针对不足和缺陷对自己的人格加以改造和不断完善。

这里所说的人格发展中的不足是介于健康人格与病态人格（即人格障碍）之间的一种人格状态，表现为人格发展的不良倾向。在大学生心理咨询中发现，大学生中有相当一部分人存在着不同程度的人格发展缺陷，常见的主要有自卑、懒惰、拖拉、粗心、鲁莽、急躁、悲观、孤僻、多疑、抑郁、狭隘、冷漠、被动、骄傲、虚荣、焦虑、自我中心、敌对、冲动、脆弱等。具有典型表现的主要有以下几个方面。

1. 自卑 自卑是对自己不满、鄙视、否定的情感。自卑的人常从消极的角度看问题，总把眼睛盯在弱点和困难上，或认为失败无法改变。自卑是自尊心受挫的结果，没有自尊心也就不会有自卑感，过强的自卑感往往又以过强的自尊表现出来。自卑实际上是用悲观来对待挫折，结果帮助挫折来打击自己，在已有的失败感中又增添新的失败感，类似在伤口上撒盐。这种悲观的心理发展会使人浑浑噩噩，毫无生气，甚至会自暴自弃。进入大学后，有些学生发现山外有山，人外有人，尤其是当学习、社交、文体方面显露出某些不足时，就会陷入怀疑自己、否定自己之中，产生自卑心理。

克服自卑首先要正确认识自己，悦纳自己，人有所长也会有所短，不要为自己的所短而自卑。其次要进行自信心磨炼，将目标定得小些，切合实际些，多积累成功的愉悦体验。再次要确立合理的评价参照系和立足点，若以强者为标准则可能自卑，因而寻找适合自己的评价标准就显得很重要。最后要注意比较方式，多与自己做纵向比较而不是一味地与人做横向比较。有了足够的自信心，自卑感就会悄然而退。

2. 害羞 害羞在青年个体中并不少见。例如，不敢在大众场合发表意见，害怕与陌生人打交道，路上见到异性同学会手足无措，见到老师会难为情，说话感到紧张等。

害羞是一个人自我防御心理过强的结果，害羞的人常常过于胆小被动，过于谨小慎微，过于关注自己，自信心不足。他们特别注意自己在别人心目中的形象，总觉得自己时时处在众目睽睽之下，于是敏感拘束，一句话要在喉咙口反复多次，一件事总要左思右想，神经紧张，坐立不安。害羞的人对自己的社交能力、表达能力、做事能力乃至自我形象缺乏信心，因而可能本来可以做好的事却与结果背道而驰。害羞之心人皆有之，但过分的害羞，不该害羞时害羞，尤其害羞成了一种习惯，则是有害的，它会导致压抑、孤独、焦虑等不良心理状态，还会阻碍人际交往，影响一个人才能的正常发挥。

克服害羞首先要增强自信心。许多害羞者在知识才能和仪表方面并不比别人差。研究表明，怕羞的女高职生自以为长得不美，但不相识的男生凭照片都认为她们与那些社交活跃的女生一样动人。因此要正确评价自己，多看到自己的长处。其次要放下思想包袱，不要过于计较别人的议论。每个人都会有说错话、做错事的时候，没有完美的人和事，即使有人议论也是正常的，让自己变得洒脱。最后要有意识地锻炼自己，胆量和能力都是锻炼的结果，要敢于说第一句话，敢于迈第一步。大学生上课、开会时尽量坐到前排去；走路时抬头挺胸，把速度提高 1/4；主动大胆地和别人尤其是陌生人、异性、老师讲话；与人说话时正视对方的眼睛；在高兴时开怀大笑等。

3. 怯懦 怯懦主要表现为缺乏勇气和信心，害怕困难和挫折，意志薄弱，性格软弱，在困难面前常常知难而退，甚至不战而败。这一类型的个体寡言少语，容易逆来顺受和屈从他人，遇到困难易惊慌失措，受到挫折易无地自容。不愿冒一丝风险，"只能成功，不能失败"的非理性观念是造成怯懦的认知因素。

有些大学生由于胆怯，不敢与人讲话，不敢抛头露面，也不敢表明自己的态度，甚至不敢向老师提问题。有些大学生由于软弱不敢冒风险，不敢担重任，不敢与坏人坏事作斗争，不敢坚持自己正确的观点。但越是这样回避矛盾、躲避失败，越是容易体验到强烈的挫折感。

在挑战与机遇并存的现代社会，怯懦者会失去很多成功的机会，并可能成为落伍者。积极迎接挑战，争做生活的强者才是明智的选择。改变怯懦的最好办法是要敢于抓住机遇，积极锻炼，不怕失败，不怕丢面子，不怕担子重，多给自己鼓励和加压，在生活的词典中去掉"不敢"二字。

4. 懒惰　青年学生本应是充满朝气和活力、开拓进取的群体，但事实并非如此。懒惰是不少青年个体为之感到苦恼并难以克服的一种人格发展缺陷，是意志活动无力的表现。懒惰是影响大学生积极进取、张扬青春活力的天敌。处于懒惰状态的个体也常以此感到内疚、自责、后悔，但又觉得无力自拔，心有余而力不足，这主要是因为他们往往想得多而做得少，缺乏毅力所致。

克服懒惰首先应充分认识到其危害性，自己对自己负责，振作精神，起而行之，从日常小事做起，并努力做到不给自己找借口，不原谅自己的偷懒，力争今日事今日毕。其次要多与人交往，多关心外部世界，多参加有益身心的社会活动。最后要有一个坚定而切实际的理想，使其成为推动行为的动力，落实到学习、生活和工作中的细枝末节。

5. 焦虑　焦虑是个体主观上预料将会有某种不良后果产生或模糊的威胁出现时的一种不安感，并伴有忧虑、烦恼、害怕、紧张等情绪体验。在这个紧张刺激不断增多、竞争不断增强的社会里，每个人都可能处于一定的焦虑状态。正常的焦虑是个体预计到某种危险或痛苦情境即将发生时而产生的一种自我防御现象。适度的焦虑对于保持生命活力是必要的，这里所说的焦虑主要是指不适当的高度焦虑。焦虑过度的个体常表现出烦躁不安、思维受阻、行动不灵活、身体不舒服等症状。但毫无焦虑感会导致个体没有危机感，学习或工作停滞不前。

克服焦虑首先要增强自信，相信车到山前必有路。其次应不怕困难、磨炼意志，无所谓的担忧正是焦虑之本质，应当机立断，积极行动。最后凡事尽最大的努力，把注意力从担心失败转移到积极行动、争取成功上来。

6. 冷漠　冷漠是指人对生活中的人或事物漠不关心，缺乏相对适应的情感反应。这类型的个体主要表现为对他人有戒心甚至敌对情绪，在内心筑起了一道墙，不愿与他人交流，又对他人的不幸冷眼旁观，无动于衷。冷漠通常是由于受过他人的欺骗等因素造成心理伤害而形成的，所以他们在与人交往的过程中会失去热情和同情心，大多数都是持消极态度面对人和事。在现今社会环境中，部分青年个体的冷漠表现突出。在大学生中，有些人也只关心自身的利益得失，以"事不关己高高挂起"的态度来应对大学生活。

克服冷漠首先要找到其冷漠的根源，放下心理防备。其次要用联系的观点来看待人和事，理性地认识周围事物和自身的关系。再次可以在一定的范围内扩大自身的社交范围，增加人与人之间的交流和沟通，在更多的方面找到兴趣点和共鸣。

7. 抑郁　抑郁是青年个体常见的情绪困扰，是一种感到无力应付外界压力而产生的消极情绪，常伴有厌恶、痛苦、羞愧、自卑等情绪体验。抑郁人皆有之，对于大多数人来说，抑郁只是偶尔出现，随着时间流逝很快会消失；但那些性格内向、多疑多虑、不爱交际、生活中遭遇意外挫折的人更容易长期处于抑郁状态，甚至导致抑郁症。主要表现是：情绪低落，郁郁寡欢，闷闷不乐，思维迟缓，兴趣丧失，缺乏活力，反应迟钝，干什么都打不起精神，体验不到快乐。抑郁在低年级学生中更为普遍。

克服抑郁首先要正确地评价自己，看清自己的长处，建立自尊，增强自信。其次要调整认知方式，建立理性认知，不把事物看成非黑即白。再次要扩大人际交往，多与人沟通，多交朋友。如果抑郁情绪较严重，应寻求心理咨询帮助。

8. 狭隘　狭隘是指凡事斤斤计较、耿耿于怀、好嫉妒、好挑剔、容不得人等，即日常说的"气量小"。受功利主义影响，青年个体中的狭隘现象有增无减。心胸狭隘往往影响人际关系，伤害他人感情，也常给自己带来烦闷、苦恼，影响自己的情绪和在他人心目中的地位。在人际交往中，对于狭隘的个体，若不深交，很难发现。狭隘人格多见于内向者，尤其是女性。

克服狭隘首先要胸怀宽广坦荡，一切向前看。正如歌德所言："比海洋更广阔的是天空，比天空更广阔的是心灵。"其次要丰富自己，一个人的视野越开阔，就越不会陷入狭隘之中，这就是所谓"站得高，看得远"。再次要学会宽容，宽以待人。

9. 虚荣　虚荣心是一种被扭曲了的自尊心，是个体为了取得荣誉和引起普遍关注而表现出来的一种不正常的社会情感。个体通常是借助外在的、表面的事物来弥补自己内心的不足，以满足自尊和赢得别人的称赞，这是虚荣心与自尊心的关系。同时，虚荣心与自卑感也联系在一起，没有自卑感，也就不必用虚荣心来满足自尊心，虚荣心是自尊心和自卑感的产物。虚荣心强的青年个体一般性格内向、情感脆弱、多愁善感，虽然自惭形秽，却又害怕别人伤害自己的尊严，过分介意别人的评论与批评，与人交往时总有一种防御心理，不允许有稍微侵犯，且常会千方百计地抬高自己的形象。他们捍卫的往往是虚假的、脆弱的、不健康的自我，以致无暇来丰富、壮大真实的自我。

克服虚荣首先要对其危害性有清醒的认识，有勇气有决心改变自己。其次应当努力认识自己，了解自己的长处与短处，扬长避短。再次要树立自信和健康的荣誉心，正确表现自己，不卑不亢。最后要不为外界的议论所左右，正确对待个人得失。

10. 过度自我中心　随着自我意识的发展，青年个体越来越感到自己内心世界的千变万化、独一无二，他们越来越多地把关注的重心投向自我，尤其是那些有较强自信心、自尊心、优越感、独立感的学生，就比较容易出现过度自我中心倾向。当这种倾向与一些不健康的思想意识（如个人主义、自私自利思想）和心理特征（如过强的自尊心、唯我独尊等）结合时，就会表现出过度的、扭曲的自我中心。过度自我中心的人往往以自我为核心，想问题、做事情从"我"出发，不能设身处地进行客观思考，颐指气使，盛气凌人，不允许别人批评。这类型的个体固执己见，唯我独尊，往往见好处就上，见困难就让，有错误就推，总认为对的是自己、错的是别人，较少关心别人，与他人关系疏远。因而他们常不能赢得他人的好感和信任，人际关系多不和谐。自我中心是当代大学生常见的一种人格不足，是自我意识畸形的表现。

克服过度自我中心，首先要树立健康的人生观，自觉地将自己和他人、集体结合起来，走出自己的小天地。其次要恰当地评价自己，既不低估也不高估，既不妄自菲薄也不妄自尊大。再次要懂得尊重他人，只有尊重和信任才能获得友谊。最后要设身处地从他人的角度思考问题，将心比心，真诚地关爱他人。

三、大学生常见人格障碍

个体在社会环境中表现出来的心理、行为特征以及情绪反应都有所不同，如果个体能与社会环境相适应，就能够被大众所接受，因此具有正常的人格。反之，如果个体的言行举止、态度和道德价值特征等都与周围环境格格不入，人际关系紧张，则可能在人格上出现障碍。

人格障碍是一种介于精神病和正常人格之间的心理现象和行为类型。有人格障碍的大学生一般能处理自己的日常生活和学习，智能是正常的，意识是清醒的，但由于缺乏对自身人格的自知，常与周围人发生冲突，却很难从错误中吸取应有的教训加以纠正。在大学生人群中真正具有人格障碍的人并不多，但存在不良人格倾向的人却不少，这一部分人是人格障碍的易感人群，应该引起高度重视。

人格障碍的类型很多，根据我国大学生实际，可以把大学生常见的人格障碍类型划分为以下几类。

1. 自恋型人格障碍　自恋型人格障碍的主要特征有：自私、傲慢、自以为是、目中无人、自命不凡、妄自尊大、惟我独尊、以自我为中心等。这些特征都来自他们过高的自我评价和夸大的自尊。

具有自恋型人格障碍的人对人对己的基本看法通常是："我是卓越的，才华出众的，别人比不上我，所以都嫉妒我。"他们希望受到别人特别的关注，并且认为别人对自己的赞美、关心、帮助都是理所当然的；对无限的成功、权力、荣誉有非分的幻想，认为这些也理所应该是属于他们的。因此，他们会颐指气使地对待别人，要他人为自己服务，对批评的反应是愤怒、羞愧和敌意，甚至会采取报复行动；他们缺乏同情心，对人冷漠，有时会利用或玩弄他人的感情；他们没有责任感，更没有愧疚感，做错事总会寻找借口和"替罪羊"。自恋型人格障碍者热衷于与他人竞争和比较，他们希望能在竞争中打败他人，以证明自己的优秀。然而，他们无法胜过他人时，就会充满嫉妒与敌意，对竞争对手进行恶意的攻击或陷害。

自恋型人格障碍是大学生比较常见的一种心理状态，尤其是独生子女表现尤为严重。造成这种现状的原因主要是学生在家庭中受父母亲人过度宠爱，养成以自我为中心的习惯，久而久之就会希望得到更多的关注和赞美，如果其在学校中不能受到教师和学生的关注和迁就，就会引发或者加剧自恋型人格障碍。自恋型人格障碍主要表现有对别人的批评很难接受，甚至会认为这是对自己的侮辱；喜欢指使其他人做事，在问题讨论中坚信自己是正确的，并且对自己的兴趣爱好感到骄傲；认为自己具有其他人不具备的特权，在渴望别人的赞美时又具有强烈的嫉妒心；对成功、权力以及欲望等具有强烈的幻想等。

2. 偏执型人格障碍　偏执型人格障碍又叫妄想型人格障碍，这是一种以猜疑和偏执为主要特点的人格障碍，表现为主观、固执、敏感多疑、好忌妒、心胸狭隘。一方面自我评价过高，过分自负，总认为自己正确，好与人争论，喜欢钻牛角尖，脱离实际地争辩与敌对，固执地追求个人不够合理的"权力"或利益，容易与他人发生冲突和争执。另一方面，猜疑心强，对人充满不信任和戒备，常将他人无意的非恶意的甚至是友好的行为误解为敌意或歧视，容易感情冲动，并伴有攻击性行为。在遭遇挫折和失败时，习惯把责任推诿给客观和他人。

具有偏执型人格的大学生，骄傲自大，自命不凡，总以为自己怀才不遇，自我评价甚高。另外在遇到挫折和困难时，又过分自卑、敏感、易怒，怪罪别人。该类青年个体同学关系紧张、淡漠，往往把生活中本来与自己无关的事件都片面认为是针对自己的，对现实生活中或想象中的耻辱特别敏感多疑。这类人格障碍在大学生中最突出，多见于男大学生中。学生中常见的酗酒闹事、打架斗殴即是例证。

3. 分裂型人格障碍　分裂型是一种以观念、外貌和行为奇特以及人际关系有明显缺陷，且情感冷淡为主要特点的人格障碍。表现为对人冷淡、疏远，缺乏起码的温和与柔肠，表情淡漠，缺乏深刻或生动的体验，几乎没有什么朋友，没有社会交往，喜欢独来独往；为人孤僻，好沉思幻想，常常沉迷于幻想之中，也可能沉溺于钻研某些纯理论性问题；行为古怪，言语怪异，有奇异的信念和与文化背景不相称的行为，不能随和与顺应世俗；对别人的意见漠不关心，不论是赞扬还是批评，均无动于衷，过着一种孤独寂寞的生活。其中有些人，可能有些业余爱好，但多是阅读、欣赏音乐、思考之类安静、被动的活动，部分人还可能一生沉醉于某种专业，做出较高的成就。但从总体来说，这类人生活平淡、呆板、缺乏创造性和独立性，在人少的环境中尚可适应，但在人多的场合及带有合作性质和需要交际的工作中，由于与他人完全不能相容，往往很难适应，也难以适应多变的现代社会生活。

具有分裂型人格障碍的大学生，总是表现为回避社交，离群独处，我行我素，沉醉于内心的幻想而缺乏行动，主动行为很少见；毫无道理地将与己无关的事情联系起来而惴惴不安，言语、行为或信念和想法等怪异；对他人漠不关心，缺乏热情与温柔体贴，缺乏幽默感，喜欢单独活动，缺少亲密朋友和知己等。

>> **实例分析**

　　实例　20岁的小张是某职业学院药学专业大二的学生。入学两年以来，和宿舍同学住的期间从不和宿舍同学聊天，也很少见有同学或者老乡找他。因此，同学都称他为怪人。

　　他终日离群独处，冥思苦想，偶尔交谈也不能合群，说的都是一些莫名其妙的话。他学习成绩不错，但性格孤僻，对人冷漠，又很害羞和敏感。从不肯在公共场合露面，基本上不参加社团活动和班级活动，也没什么知心朋友。他一味我行我素，很少主动和人交流，对书本的一些理论问题常常沉思不得其解。对其他人和事情漠不关心，大家都说他简直像个外星人。

　　问题　1. 该学生"怪"的表现及原因是什么？

　　　　　　2. 你认为有什么解决途径？

答案解析

4. 依赖型人格障碍　依赖型人格障碍有以下特点：首先是无助感，此类人格的人深感自己软弱无助，有一种"我自渺小可怜"的感觉，让别人为自己做大多数的重要决定，如在何处生活、该选择什么样的职业等，但要自己拿主意时，便感到一筹莫展，像一只迷失了方向的小船。其次是无独立性，他们很难单独展开计划或做事，无意识地倾向用别人的看法来评价自己，理所当然地认为别人比自己优秀，比自己能干。依赖型人格对亲近与归属有过分的渴求，这种渴求与真实的感情无关，是强迫性、盲目性和非理性的。他们宁愿放弃自己的兴趣和人生观，委曲求全来得到别人对自己的认同和温情，这种处世方式使得他越来越来懒惰、脆弱，缺乏自主性和创造性，并产生越来越多的压抑感。当代大学生大多都是独生子女，长辈们都视之为心肝宝贝。亲人的溺爱，使他们逐渐产生对父母或权威的依赖心理。

5. 反社会型人格障碍　反社会型人格也称精神病态或社会病态。这种人格引起的违法犯罪行为最多，同一性质的屡次犯罪，罪行特别残酷或情节恶劣的犯人，其中1/3～2/3的人都属于此类型人格。产生反社会人格的主要原因有：早年丧父丧母，或者双亲离异，或者双亲外出务工，先天体质异常，恶劣的社会环境、家庭环境和不合理的社会制度的影响以及中枢神经系统发育不成熟等。一般认为，家庭破裂，儿童被父母抛弃或受到忽视，从小缺乏父母在生活上和情感上的照顾和爱护，是反社会型人格形成和发展的主要原因。反社会型人格障碍的表现为：情绪的暴发性，行为的冲动性，对社会对他人冷酷、仇视，缺乏好感和同情心，缺乏羞愧悔改之心，不顾社会道德、法律准则和一般公认的行为规范，经常发生反社会的言行，不能从挫折与惩罚中吸取教训，缺乏焦虑感和罪恶感。

　　具有这种人格的大学生以行为不符合社会规范为主要特征，往往缺乏道德观念，对现实社会的主导价值和规范不仅没有吸收的欲望，而且总试图加以否定；行为自私，对他人冷酷、仇视、缺乏好感和同情心；危害别人时没有负罪感和内疚感；他们大多以自我为中心，以个人满足为最高目标，没有爱恋能力，对人也不忠实；这类人的情绪极不稳定，常被一时的冲动性动机所支配而发生不负责任的行为，没有社会责任感和羞愧心。对社会的不满和无知使得他们的社会交往充满对立和怀疑，社会适应性困难，有时可能伴有畸形的侵犯动机，甚至走向犯罪。

　　6. 癔症型人格障碍　癔症型人格障碍又称表演型人格障碍，其典型的特征表现为心理发育的不成熟，特别是情绪情感过程的不成熟。其表现为：情绪带有戏剧型色彩，情绪情感非常容易变化，爱表现引人注意；有幻想性和暗示性；情绪表露过分，爱出风头；人际关系肤浅，不顾他人的需要和利益。

《中国精神疾病分类方案和诊断标准》中，癔症型人格障碍的特点表述为：表情夸张像演戏一样，装腔作势，情感体验肤浅；受暗示性高，很容易受他人的影响；自我中心，强求别人符合他的需要和意志，不如意就给别人难看或者强烈不满；渴望表扬和同情，感情易波动；喜欢寻求刺激，过多地参加各种社交活动；需要别人经常注意，为了引起注意，不惜哗众取宠、危言耸听，或者在外貌和行为方面表现得过分吸引他人；情感反应强烈易变，完全按个人的情感判断好坏；说话夸大其词，掺杂幻想情节，缺乏具体的真实细节，难以核对。患者至少具有上述项目中的三种症状才能视为癔症型人格障碍。

回避型人格障碍、强迫型人格障碍和焦虑型人格障碍等也是大学生常见的人格障碍。只有高度关注和重视，积极采取措施，才可以逐步解决各种人格障碍，形成完善的人格，促使大学生身心健康发展。

第三节 人格的塑造

具有健康的人格是当代大学生应该追求的价值目标，也是可以经过努力达到的一种人生境界。青年个体只有具备健全的人格，才能赢得他人的喜爱和合作。

一、大学生的人格评估

大学生正处于身心发展的特殊阶段，其价值观、自我概念、人格正逐渐形成和稳定，加之学业、情感及应对现实等压力的存在，使这一群体常常处于心理障碍的高风险状态。近些年来，大学生的心理健康问题和人格问题显得越来越突出，自杀、自残和伤害他人等恶性事件时有发生，而大学生因精神分裂、抑郁躁狂症、严重人格障碍和急性适应性障碍导致的休学、退学事件也不在少数。大学生的心理问题，往往是导致退学、犯罪、自杀、网络成瘾等问题的主要原因，一般认为大学生的心理问题可能与人格障碍有关。

人格定义复杂，目前的人格评估方法也有多种，包括观察法、自然实验法、人格量表法、投射测验法和作业法。其中较为著名的有量表法中的明尼苏达多相人格问卷、艾森克人格问卷、卡特尔16种人格因素问卷，以及投射法中的罗夏墨迹测验和主题统觉测验等。

（一）客观测验

1. 明尼苏达多相人格问卷（MMPI） 明尼苏达多相人格问卷（Minnesota Multiphasic Personality Inventory，MMPI）是现今国外最流行的人格测试之一，此量表是由美国明尼苏达大学教授哈撒韦和麦金利编制的，该量表内容包括健康状态、情绪反映、社会态度、心身性症状、家庭婚姻问题等26类题目，可鉴别强迫症、偏执狂、精神分裂症、抑郁性精神病等。经过60多年的不断修定、补充，被翻译成100多种文字，在几百个国家里投入使用。

实施步骤：施测MMPI有两种主要形式，第一种为卡片式，即将测验题目分别印在小卡片上，让被试者根据自己的情况，将卡片分别投入贴有"是""否"及"无法回答"标签的盒子内。第二种为手册式，通常都是分题目手册和回答纸，让被试者根据题目手册按自己的情况在答案纸上逐条回答。卡片式适用于个别施测，手册式既可以个别施测，也可以团体施测。目前使用最广泛的是人机对话形式的计算机施测方式。卡片式、手册式、录音带形式及各种简略式的总题量少于399个，计算机施测方式题量为

566 个，其中有 16 道重复，实际题量为 550 个。该测验适用于年满 16 岁，具有小学以上文化水平，没有影响测试结果的生理缺陷的人群。也有一些研究者认为，如果被试者合作并能读懂测验表上的每个问题，13～16 岁的少年也可以完成此测验。

尽管它原来是根据精神病学临床实践而编制的，但是它并不仅仅应用于精神科临床和研究工作，也广泛用于其他医学各科以及人类行为的研究、司法审判、犯罪调查、教育和职业选择等领域。因此在心理咨询中心、心身医学门诊、精神病院、人才市场、职业介绍所、大中学校等部门都有广泛的运用，对人才心理素质、个人心理健康水平、心理障碍程度的评价都能有较高的使用价值。MMPI 还是心理咨询工作者和精神医学工作者必备的心理测验之一。

MMPI 于 20 世纪 80 年代被引进中国，中国科学院心理研究所组织了标准化的修定工作，经过几十年的发展和修正完善，MMPI 在中国得到了广泛运用。一般而言，在结果计分解释中主要使用 4 个效度量表、10 个临床量表和 5 个附加量表。

明尼苏达多相人格问卷的结果解释为：中国标准是 60 以上为异常，美国标准是 70 以上为异常。异常便视为可能有病理性异常表现或某种心理偏离现象。

2. 艾森克人格问卷（EPQ） 艾森克人格问卷（Eysenck Personality Questionnaire，EPQ）是由英国心理学家 H. J. 艾森克编制的一种自陈量表，是在《艾森克人格调查表》（EH）基础上发展而成。20 世纪 40 年代末开始制订，有成人问卷和儿童问卷两种格式。其中搜集了大量有关的非认知方面的特征，通过因素分析归纳出三个互相成正交的维度，从而提出决定人格的三个基本因素：内外向性（E）、神经质（又称情绪性，N）和精神质（又称倔强、讲求实际，P），人们在这三方面的不同倾向和不同表现程度，便构成了不同的人格特征。该问卷包括四个分量表：内外倾向量表（E）、情绪性量表（N）、心理变态量表（P，又称精神质）和效度量表（L）。P、E、N 量表得分随年龄增加而下降，L 则上升。精神病患者的 P、N 分数都较高，L 分数极高。中国的修订本仍分儿童和成人两种，但项目数量分别由原版的 97 和 107 项变为 88 及 98 项。艾森克人格问卷有良好的信度和效度，是目前医学、司法、教育和心理咨询等领域应用最为广泛的问卷之一。

各量表的具体含义如下。

（1）内外向 分数高表示人格外向，可能是好交际，渴望刺激和冒险，情感易于冲动。分数低表示人格内向，可能是好静，富于内省，除了亲密的朋友之外，对一般人缄默冷淡，不喜欢刺激，喜欢有秩序的生活方式，情绪比较稳定。

（2）神经质 反映的是正常行为，与病症无关。分数高可能是焦虑、担心、常常郁郁寡欢、忧心忡忡，有强烈的情绪反应，以至于出现不够理智的行为。

（3）精神质 并非暗指精神病，它在所有人身上都存在，只是程度不同。但如果某人表现出明显程度，则容易发展成行为异常。分数高可能是孤独、不关心他人，难以适应外部环境，不近人情，感觉迟钝，与别人不友好，喜欢寻衅搅扰，喜欢干奇特的事情，并且不顾危险。

（4）掩饰性 测定被试的掩饰、假托或自身隐蔽，或者测定其社会性朴实幼稚的水平。L 与其他量表的功能有联系，但它本身代表一种稳定的人格功能。

艾森克人格问卷的结果解释为：根据受测者在各量表上获得的总分（粗分），据常模换算出标准分 T 分 $[T = 50 + 10 \times (X - M)/SD]$，便可分析受测者的个性特点。各量表 T 分在 43.3～56.7 分为中间型，T 分在 38.5～43.3 分或 56.7～61.5 分为倾向型，T 分在 38.5 分以下或 61.5 分以上为典型。

3. 卡特尔 16 种人格因素问卷（16PF） 卡特尔 16 种人格因素问卷是美国伊利诺州立大学人格及能

力测验研究所卡特尔教授编制的用于人格检测的一种问卷，简称16PF。卡特尔根据自己的人格特质理论，运用因素分析方法编制了这一问卷。卡特尔认为：人的行为之所以具有一致性和规律性就是因为每一个人都具有根源特质。为了测量4500个用来描述人类行为的词汇，从中选定171项特征名称，让大学生应用这些名称对同学进行行为评定，因素分析后最终得到16种人格特质。卡特尔认为这16种特质代表着人格组织的基本构成，这16个因素或分量表的名称和符号分别是：乐群性（A）、聪慧性（B）、稳定性（C）、恃强性（E）、兴奋性（F）、有恒性（G）、敢为性（H）、敏感性（I）、怀疑性（L）、幻想性（M）、世故性（N）、忧虑性（O）、实验性（Q_1）、独立性（Q_2）、自律性（Q_3）、紧张性（Q_4）。本问卷适用范围很广，凡是有相当于初中以上文化程度的青、壮年和老年人都适用。16PF属于团体施测的量表，当然也可以个别施测。

卡特尔16种因素人格问卷的计分方法为：除聪慧性（B）量表的测题外，其他各分量表的测题无对错之分，每一测题各有a、b、c三个答案，可按0、1、2三等记分（B量表的测题有正确答案，采用二级记分，答对给分1分，答错给0分）。使用计分模板得出各因素的原始分，再将原始分按常模表换算成标准分。这样即可依此分得出受测者的人格因素轮廓图，也可以此分去评价受测者的相应人格特点。或由计算机进行评分，抄录计算机评分结果。

尽管从理论上讲经过因素分析处理后16种人格因素中各因素间是相互独立的，但由于在社会适应的现实情境中某种行为表现往往是多种人格因素共同作用的结果，因此要分析人在某一实践领域的实际表现，就必须将多种人格因素的得分结合起来进行综合分析。于是卡特尔通过对实验资料的统计，并搜集了7500名从事80多门职业及5000多名有各种生活问题的人的人格因素问卷答案，详细分析各种职业部门和各种生活问题者的人格因素的特征和类型，提出了综合多种人格因素得分进行分析的"预测应用公式"。在这些公式中卡特尔根据各因素在实际的社会情境中的某种行为表现中所起的作用大小，对不同因素进行了加权处理，因而在综合分析中所依据的标准是在统计标准上加上了社会适应性标准。按照这样的双重综合标准对受测者作出评价，就不仅要考虑每个因素的得分，还要考虑各因素的作用方向和权重以及它们之间的协调情况。

卡特尔16种人格因素问卷的结果解释一般为：低分以1~3分为特征，高分以8~10分为特征。

（二）主观测验

1. 罗夏墨迹测验（RIBT）
罗夏墨迹测验，是瑞士精神病学家罗夏于1921年创立的。罗夏是首次提出并应用人格评估投射技术的人。

墨迹测验是这样进行的：罗夏把墨水洒在白纸上，然后对折起来，使纸上的图沿一条对折线形成对称的墨迹图。这些图是无意义和无法解释的。他把这些图形呈现给被测评者，让他们根据图形自由想象，然后口头报告。

测验共有十张墨迹图，五张黑色，图案浓淡不一；两张是由红黑两色构成；其余三张是多色混合构成。

在实施测验过程中，分为三个阶段：第一阶段是自由联想阶段，主测的人对任何问题都不置可否，也不提任何问题；第二阶段是追查受测者的反应是根据图片哪一部分作出的，是哪些因素刺激了这些反应；第三阶段称为极限试探阶段，如果受测者对这些图片没有最普通的反应，主持测试者可能就得给予受测者最大限度的提示，来确定他是否能从图片中看到某些具体内容。

在对测验解释的过程中，罗夏墨迹测验关心的是受测者对图形知觉过程的途径、理由及内容。如果受测者的知觉途径和墨迹图的建构过程相符合，则说明受测者的心理机制完好正常，他的现实定向是完善的；反之，受测者的心理机制就是残缺不全的，或者说机能不足，有不切实际的幻想或异常的行为，现实定向不良。与标准化的心理测验相比，RIBT 的信度、效度均不理想。

2. 主题统觉测验（TAT） 主题统觉测验属于投射技术。全套测验共有 30 张比较模糊的人物图片，其中有些是分别用于男人、女人、男孩和女孩的，有些是共用的。测验时让被测验者根据图片内容按一定要求讲一个故事。被测验者在讲故事时会将自己的思想感情投射到图画中的主人公身上。默里提出的方法是要从故事中分析一系列的"需要"和"压力"。他认为，需要可派生出压力，而且正是由于需要与压力控制着人的行为，影响了人格的形成和发展。因此，通过主题统觉测验，可以反映一个人的人格特点。

全套测验有 30 张黑白图片和 1 张空白卡片。图片内容多为一个或多个人物处在模糊背景中，但意义隐晦。施测时根据被试的性别以及是儿童还是成人（以 14 岁为界），取统一规定的 19 张图片和一张空白卡片进行测试。

被试者看一张图片，然后据以讲个故事，故事的叙述应该包含四个基本维度：

（1）图片描述了一个怎样的情境？

（2）图片中的情境是怎样发生的？

（3）图片中的人物在想什么？

（4）结局会怎样？

大学生正处于人生发展的特定阶段，通过人格评估可以客观地认识自己，全面地评估自己，更好地完善自己。

二、大学生人格完善的途径和方法

大学生群体中会出现各种各样的人格障碍者，其中大多数是心理不适者与心理困惑者。有人格障碍的大学生缺乏自知力，不能清楚地认识和分析自己的人格缺陷，所以人格的缺失在个体心理发展过程中容易被忽视。人格是人的心理活动和行为的主要决定因素之一，大学生只有充分认识到健康人格对自身发展的重要性，寻找和承认自身的不足，正确面对挑战和挫折，扬长避短，才能促使自身健康人格的完善和发展。

1. 了解自己，整合人格 悦纳自己的起点是正确认识自己，认识自己可以从分析自己的优点和缺点出发，同时可以从他人折射自我的角度进行对比，从而得出客观的结论。

首先要认清自己的优势和擅长的方面，此外对自己的缺点区分哪些方面是可以控制和改变的，如缺乏自制力等；哪些方面是客观因素不能改变的，如外貌、家庭状况等。对于可以改变的部分提出解决的方法，对于不可改变的部分需要完全接纳。同时要认识到任何个体都是具有优、缺点的，只是表现的形式不同而已。其次要认识到个体缺点的存在并不影响个体优势的产生和发展，也不会影响到个体价值的标准衡量。再次，从人际交往的角度出发，不能因为自身的缺点而不敢与他人交流，或是因为他人身上存在非原则性的缺点而拒绝和他人交往。在充分了解自己和认识自己的基础上设立人格塑造的目标，把自身人格的矛盾从最初的对立发展到和谐一致的状态，不断优化自己人格中的弱点和劣势，尽力整合达到自己人格的最佳标准。

2. 正确定位自尊 自尊又称自尊心或自尊感，是指个体对自己通常持有的评价，它表达了一种肯定或否定的态度，表明个体在多大程度上相信自己是有能力的、重要的、成功的和有价值的。自尊作为自我系统的核心成分之一，它的发展状况直接影响着个体的心理健康，并对整个人格的发展有重要影响。

虽然大学生整体上属于高自尊群体，但不同年级、不同群体的大学生自尊水平存在差异，有些大学生还存在假自尊的现象。针对这些问题，可以从以下几个方面着手。

（1）培养乐观人格 乐观作为一种显著的积极人格特征，是指个体总体上对积极结果的期望。乐观是一种积极、豁达的生活态度。乐观者相信自己的能力，遇到可控制的事情时，能坚持积极寻找解决办法；面对不可控制的困难或挫折时，能够坦然地接受，做到自我安慰，调节自己的心情。乐观和自尊的关系联系紧密，往往乐观的人有着较高的自尊水平。培养大学生乐观的人格，使大学生具有乐观的心态和积极的信念，可以提高大学生的受挫能力，使大学生能够作出积极的自我评价，促进大学生健康自尊的形成。

（2）培养正确归因方式 自尊水平越高的大学生越倾向于采用积极的归因方式，即将正性事件归因为内部的、稳定的和全面的原因，而将负性事件归因为外部的、暂时的和特殊的原因。因此，针对不同学生的归因倾向，可以通过具体的归因训练，培养大学生正确的归因方式，引导学生使用积极的自我归因，如对低自尊的人，对其失败进行外部归因训练，降低其心理焦虑水平，以维护其健康的自尊。

（3）培养社会交往意识和技巧 社会支持对维护大学生健康的自尊有着重要的意义，当一个人经常受到他人的赞扬、欣赏、重视和接纳时，他就会形成较高的自尊。因此，我们应该培养大学生的社会交往意识，提高大学生的社会交往技巧，鼓励大学生积极参与各种学校活动和社会实践活动，使他们获得更多同学和朋友的接纳与支持，增加他们的自信心，提高他们的自我价值感，最终提高他们的自尊水平。

拥有健康自尊的人能够诚实地对自己说："我真的喜欢我自己，我很庆幸我就是我，我宁愿做我自己，而不是只会羡慕别人，做一个活在过去或将来的任何人。"

3. 真实寻找内心安全感 内心安全感是可能出现的对身体或心理的危险或风险的预感，以及个体在应对处置时的有力、无力感，主要表现为确定感和控制感。安全感的需要是人对生命财产的安全、秩序、稳定、免除恐惧和焦虑的需要，这种需要如果得不到满足，人就会感到威胁和恐惧。心理安全感与不安全感会直接影响个体的情绪和行为，以致影响个体的社会适应水平。

当代大学生无心向学、物质依托等现象都说明青年个体在一定程度下缺乏安全感，只有建立了安全感，才能获得尊重的需要和真正自我实现的需要。所以大学生更应该认识自我，优化人格，获得安全感。

（1）学会遵从自己的内心 安全感需要大学生倾听自己内心的声音，从容享受现在，活在当下，不受过去和将来的困扰。在面对焦虑、抑郁或者恐慌时，学会慢慢忽略这些感受，平静地等待这些负面情绪的消退，无需对抗，无需真正寻找到面对负面情绪的方法和途径，正当接受自己内心的想法。这是大学生人格完善的一个磨炼过程。

（2）积极参加实践活动 实践是人格发展的必由之路。无论是知识的获取、能力的形成，还是意志的磨炼都离不开实践。大学生应积极参加各种有益身心健康的实践活动，如近年来校园内兴起的青年志愿者活动对于大学生人格的发展与塑造就很有意义。一个人的一言一行往往是其人格的外化，反过来一个人日常言行的积淀成为习惯就是人格，例如个人有刷牙、梳头、洗手、勤换衣服、常剪指甲等习惯，就反映了他具有"清洁"这一人格特质。因此，优化人格整合要从眼前的小事做起，无数良好的小事可"积沙成塔"，最终构建成优良的人格大厦。

（3）学会自我调节 自我调节包括调节自己的情绪，自我教育，自我约束，通过自我暗示、转移注意力等方法调节好自己的情绪。大学生要有较强的分析问题和做出正确判断的能力，面临新环境的变化，要能够尽快了解新的要求，明确新的努力方向，同时对自己要有一个全面、客观的评价，了解自己不适应的表现和存在的差距，同时也要看到自己的潜力，在此基础上形成积极的自我观念，做到自尊、自爱，对自己始终充满自信，也要培训自己坚韧、顽强、果断的精神和较强的自制力、竞争意识和好胜心，还要有对人对事宽容的态度与豁达的胸怀。

4. 适当付出，合理期待 在当代大学生中，部分个体过度在意他人对自身的评价和看法，甚至让别人的观点或意见成为自己行动的指向标。他们在学习、生活和工作的价值标准中存在一定的偏差，期待值和付出值的反差较大，成为产生人格缺失的一个重要原因。

（1）悦纳自己 很多情绪受困扰的大学生往往认为自己是受害者。家庭因素、学校因素、社会因素都可能让个体认为自己的状态是被动的，或者认为自身很大程度的付出不能得到相应的回报，因此始终认为自己是受害者。与此相反，青年个体要学会爱自己，认识到自身的行为不是为了讨好任何人或者是为了逃避冲突，而是为了满足自己各方面的需要，从客观的角度看待自身的收获。

（2）接纳现实，提高自我 任何个体都不能完美，大学生应坦然接纳自身的一切现状。同时也要认识到自己虽然有缺陷，但不影响优势的发挥，要善于扬长避短，敢于挑战自我，根据自己的实际情况确立目标，把自己某一方面的最大潜能挖掘出来，为社会做出自己最大的贡献。

（3）处事有度，界限明晰 部分个体为了迎合别人的标准，或者为了避免与人发生冲突和矛盾，总是做出很大程度的牺牲或者额外付出很多。结果在交往中容易成为"老好人"的形象，过分委曲求全，没有底线，过分避免可能发生的冲突从而牺牲越来越大。一旦付出很多，期待值也会随之而提高，结局往往不尽人意。所以，个体应该保持边界清晰，适当付出，合理期待。这样，不管是在学习工作，还是在生活中，都能有良好的心理状态。

5. 升华价值观 价值观是基于人的一定的思维感官之上而作出的认知、理解、判断或抉择，也就是人认定事物、辨明是非的一种思维或取向，从而体现出人、事、物一定的价值或作用。大学生的心理健康教育是人的全面发展教育的一部分，因此在大学生的心理健康教育过程中是需要价值观介入的。在当今多元价值观并存的社会中，从心理健康教育的角度正确引导和升华大学生的价值观是十分有意义的。大学生应该将社会主义核心价值观融入自己的价值观体系，心理健康教育在其中搭建一座桥梁。个体价值观具有定向、解释、过滤、调节等功能，大学生要用自己的行为来"检查"价值观的各项功能，同时通过自我的实际行动达到内化社会主义核心价值观的目标，并持之以恒，才能真正达到形成健全人格的长远目标。

目标检测

答案解析

一、选择题

（一）A 型题

1. 俗话说的"江山易改，本性难移"是指人格具有（　　）。

　　A. 独特性　　　　　B. 稳定性　　　　　C. 整体性　　　　　D. 功能性

2. 某学生活泼好动，善于交际，喜欢交朋友，爱好广泛，但是稳定性差，缺少毅力，他的气质类型应该是（　　）。

  A. 胆汁质   B. 黏液质   C. 多血质   D. 抑郁质

3. 张三是抑郁质气质类型，李四是多血质气质类型，那么张三和李四的气质是（　　）。

  A. 张三好   B. 李四好   C. 都不好   D. 无好坏之分

4. 以猜疑和偏执为主要特点的人格障碍是（　　）。

  A. 偏执型   B. 分裂型   C. 回避型   D. 癔症型

5. 人格的核心是（　　）。

  A. 气质   B. 性格   C. 兴趣   D. 价值观

（二）B 型题

[1 ~ 2]

  A. 整体性   B. 独特性   C. 稳定性   D. 功能性

1. "三岁看大，七岁看老"是指人格的（　　）。

2. "世界上没有两片相同的树叶，也没有两个一样的人"是指人格的（　　）。

[3 ~ 4]

  A. 内外倾向型   B. 机能类型   C. 社会文化类型   D. 优越型与自卑型

3. 荣格根据"力比多"倾向于内部或外部，把人分为（　　）。

4. 阿德勒根据个人竞争性的不同把性格划分为（　　）。

[5 ~ 6]

  A. 明尼苏达多相人格问卷   B. 艾森克人格问卷

  C. 卡特尔 16 种人格因素问卷   D. 罗夏墨迹测验

5. 上述人格测验中属于主观测验的是（　　）。

6. （　　）包含内外向、精神质和神经质三个维度。

（三）X 型题

1. 性格的特征有（　　）。

  A. 意志特征   B. 情绪特征   C. 理智特征   D. 态度特征

2. 大学生中常见的人格障碍有（　　）。

  A. 自恋型   B. 回避型   C. 依赖型   D. 反社会型

3. 人格的稳定性主要表现为（　　）。

  A. 跨情境性   B. 跨种族性   C. 跨文化性   D. 跨时间性

4. 个性心理特征主要包括（　　）。

  A. 能力   B. 气质   C. 性格   D. 需要

5. 人格的主要特征有（　　）。

  A. 社会性   B. 整体性   C. 独特性   D. 稳定性

二、综合问答题

1. 大学生健康人格的标准是什么？

2. 气质和性格的关系？

3. 请简述四种气质类型及其特点。

4. 大学生人格发展过程中常见的问题有哪些？

5. 大学生人格完善的途径和方法有哪些？

书网融合……

知识回顾   微课   习题

（周晨曦）

第五章　博观约取——发展学习能力

学习引导

有人说，现代社会的文盲不是不识字的人，而是离开了学校之后不会读书的人。其实人的一生都离不开学习。如果没有学习，人类恐怕不会发展到今天；如果没有学习，人生也只能是一个美丽的空想。因此学习是人类发展和进步的基础，学习也是我们每个人通向成功的必由之路。大学生的学习是一个特殊的认识过程，这个过程必然伴随着学习主体的一系列心理活动。那么如何解决学习烦恼，有质有趣地学习呢？当你遇到学习心理问题时如何解决呢？

本单元主要介绍学习的心理基础、大学学习特点、大学生的现代学习观、大学生在学习过程中的心理特点和产生的心理问题、大学生常见学习心理障碍的调适方法。

学习目标

1. **掌握**　大学生常见的学习心理问题；大学生学习心理障碍的调适方法。
2. **熟悉**　大学生学习的特点；大学生学习能力的培养。
3. **了解**　学习的含义和意义。

学习是大学生在大学阶段最主要的任务，也是大学生生活的主旋律。从中学进入大学，由于环境和角色的改变，许多大学生在学习过程中会产生各种类型的心理问题。在这个特殊的阶段，大学生要主动、灵活、高效地学习，必须了解在大学时期大学生心理特点，在此基础上找到适合自身并与大学学习相适应的学习方式。

第一节　学习心理概述

一、学习的心理基础

一般来说，学习有广义和狭义之分。

广义的学习是指个体在一定情境下，由于反复的经验而产生的行为或行为潜能的比较持久的变化。第一，学习是后天习得性行为，而非本能行为，是通过实践和经验引起产生的，如人说话、猴子骑自行车等。第二，学习是在个体和环境的相互作用中产生的，如学生因未按时完成学习任务受到老师批评后认识改正了错误。第三，学习引起的行为和行为潜能的变化是相对持久的，如开学、游泳、解数学题等。第四，学习引起的行为变化，有的是外显的，有的是潜在的，有变化才有学习。但不能把个体的一切变化都认为是学习，只有通过学习活动产生的变化才是学习。如有的学生听课了，但是听之后仍然不理解或者不会解题，说明他还没有发生学习的变化。当然我们不排斥内隐学习的方式。

狭义的学习是学生在教师的指导下，有目的、有计划、有组织、系统地掌握前人积累的知识、技能，锻炼能力，培养个性和思想品德的过程。第一，学习必须在教师的指导下进行，并且以掌握系统的知识为主要学习任务。第二，学习是一种间接认识活动，不是直接依靠自我发现取得知识，而是通过学习已经存在的知识系统和技能达到学习的要求。第三，学生的学习中的实践活动都是为学习目的服务的。第四，学习不仅仅要学习知识和技能的部分，还要发展智能、培养品德以及促进健康个性的发展，形成科学的世界观，以期更好地适应社会环境。总而言之，学习是指由于反复经验所引起的行为或者思维以及行为潜能比较持久的变化。

大学生的学习是建立在人的智力系统基础上的。人的智力系统包括智力因素和非智力因素两个方面，智力是指人的各种认识能力的综合。智力因素一般包括注意力、观察力、想象力、记忆力、思维力和创造力等这些由先天因素起决定作用的方面。非智力因素有广义和狭义之分。广义的非智力因素是智力以外的心理因素、环境因素、生理因素等全部心理因素的总称；狭义的非智力因素则指那些不直接参与认识过程，但对认识起直接制约作用的心理因素，主要有动机、兴趣、情感、意志、性格五种心理因素，也有人称之为情商。

1. 动机 动机是人们行为的内在推动力。一切活动能顺利进行并最终取得成功都离不开明确而持久的动机。

2. 兴趣 兴趣是认识和探究事物的心理选择性和趋向性。兴趣是动机的进一步发展，对某一事物产生了动机，还不一定能发展为兴趣；若一旦成为兴趣，则必然有与之相伴随的动机。兴趣是最好的老师，如果一个人对某种事物有浓厚稳定的兴趣，就会积极地认识和探究事物；相反，如果一个人对某种事物本身缺乏兴趣，即使该事物再有价值意义，行为人也会感到索然无味甚至把它当作负担，要么根本不去碰它，要么就是消极对待。

3. 情感 情感是人们对客观事物的刺激和体验的主观反映。健康的情感能够促进身心健康，提高抗挫折能力。

4. 意志 意志是人们自觉地确定目标、实现预定目标的恒心和毅力。坚强的意志可以使人们知难而进、锲而不舍地将智力活动进行下去。

5. 性格 性格就是个性，是指人的稳定的心理品质，是一个人对现实的稳定态度和习惯化了的行为方式所表现出的个性倾向性（如优柔寡断、刚强、怯懦）和个性心理特征（如内向、外向）。

📖 知识链接

桑代克的三大学习定律

美国实证主义心理学家桑代克用科学实验的方式来研究学习的规律，其中最著名的实验是饿猫学习如何逃出迷笼获得食物的实验（1898）。在实验的基础上，桑代克提出了三条学习定律。

1. 准备律 当一个传导单位准备好传导时，传导而不受任何干扰，就会引起满意之感；当一个传导单位准备好传导时，不得传导就会引起烦恼之感；当一个传导单位未准备传导时，强行传导就会引起烦恼之感。

2. 练习律 应用律——一个已形成的可变联结，若加以应用，就会变强；失用律——一个已形成的可变联结，若久不应用，就会变弱。

3. 效果律 强调个体对反应结果的感受将决定个体学习的效果。

二、大学学习特点

大学学习较之中学学习发生了很大的变化，特别是在学习的内容、方法和要求上。大学生不仅仅要掌握知识和技能，还要发展智力，培养综合实践能力，逐步形成世界观道德品质和行为习惯。所以充分了解和掌握大学学习特点，对大学生成长成才具有关键作用。大学学习具有专业性、主动性、综合性、实践性、创新性等特征。

1. 专业性 中学是基础教育阶段，不分专业，而大学是专业教育阶段，大学生根据自己的实际情况选择一定的专业。专业之间在培养目标、课程设置、教学内容和教学形式上都存在一定的差异。大学生一旦选择了自己的专业，就会明确自身的主攻方向和职业方向。但专业性不等同于单一性，大学生在学习的过程中可以结合学科之间的联系，扩充知识面，形成立体式的知识结构，灵活学习，以适应社会对人才多层次的需求。

2. 主动性 大学知识是复杂的、新兴的、多样的。其复杂性是指专业研究的问题不再是经典的、简单的问题，其对象往往有一个复杂的边界条件。对象本身不是理想的、连续的而是分立的、离散的，不是均匀的、对称的而是各向异性的，不是稳定不变的，而是流变的、递进演化的，不是按既定的、理想的轨迹变化的，而是随机的，存在一个多样化的可能性空间。

大学学习与中学学习截然不同的特点是依赖性的减少，代之以主动自觉地学习。大学教育的内容是既传授基础知识，又传授专业知识，教育的专业性很强，还要介绍本专业、本行业最新的前沿知识和技术发展状况。知识的深度和广度比中学要大为扩展。课堂教学往往只是提纲挈领式的，教师在课堂上只讲难点、疑点、重点或者是教师最有心得的一部分，其余部分就要由学生自己去攻读、理解、掌握。

3. 综合性 大学的学习实际上是一种高层次的专业学习，是随着社会对本专业要求的变化和发展而不断深入的，知识不断更新，知识面也越来越宽。当代科技发展既高度分化，又高度综合，专业性只能是一个大致的方向，而更具体、更细致的专业目标是在大学学习过程中或是在将来走向社会后，才能最终确定下来。因此，大学在进行专业教育的同时，还要兼顾到适应科技发展特点和社会对人才综合性知识要求的特点，尽可能扩大综合性，以增强毕业后对社会工作的适应性。一般来讲，专业对口是相对的，不可能达到专业完全对口，因此在大学期间除了要学好专业知识外，还应根据自己的能力、兴趣和爱好，选修或自学其他课程，扩大自己的知识面，为毕业后更好地适应工作打下良好的基础。

4. 实践性 当今世界存在激烈竞争，竞争主要表现在人才的培养和能力的发挥上。大学教育从某种意义上讲，正是培养有知识、有能力的高科技人才的重要环节。习近平总书记强调：“既要向书本学习，也要向实践学习。”这就要求大学生在校学习期间，必须在全面掌握专业知识和其他有关知识的基础上，加强专业技能的培养和智力的开发，在学习书本知识的过程中重视教学实践环节的锻炼和学习。要坚持知行合一，注重在实践中学真知、悟真谛，加强磨炼、增长本领。要认真搞好专业实习和毕业设计，积极参加各类社会调查和生产实践活动，通过大量的社会实践活动，更多地接触社会、了解社会、发现问题，并努力运用现代科学知识和手段去解决实际问题。这样，既可以克服在学习中存在的理论脱离实际和“高分低能”的不良倾向，又可以不断激发同学们学习的兴趣。

5. 创新性 大学学习已经建立在书本理论知识的基础上，在掌握书本知识以外，在大学学习期间，更在于探究知识的形成过程与科学的研究方法，知悉学科发展的渊源、现状以及为存在的问题提出解决的方法和思路。目前，我国高等院校越来越注重大学生创新能力的培养，在课程目标、课程安排、课程设置以及课程衔接方面都突出了学生的主体中心地位，加大了实践教学的力度，增强了大学生创新的意识，旨在提高大学生的学习能力和创新能力。

第二节　大学生常见的学习心理问题

一、大学生的现代学习观

传统学习观认为，学习无非就是上学，听老师讲课学习。这种观点让人产生固定的学习模式。现代学习观认为，在学习的过程中，跟老师学的大部分是间接的、已有的和现存的知识，这是必要的。但更全面的学习应该扩大学习的途径和增加学习的方式，如直接跟社会学，把理论落实在生产生活的具体环节和方面，有利于发现新知识，发展新技能，培养创新性和创造性智力的开发。

学习是人为实现其一定的需要产生的求知欲望驱动大脑对客观事物进行感知、记忆、思维、想象等活动，从而不断开发获取信息、储存信息、提取信息、组合信息的创新性或创造性的智力，进而达到用最好的方法解决实际问题，取得最佳实践效益的过程。首先，学习是不断开发大脑智力的过程。人类所创造的一切文明成果，都是大脑智力的结晶，大脑具有认识世界、改造世界的无穷智力，而开发大脑智力的唯一途径就是学习。其次，人的需要是开发大脑智力的内在动力。需要决定大脑智力的启动，大脑的天然职能就是实现或满足人的需要。再次，学习的根本目的是取得最佳的实践效益。在开发大脑创新性或创造力的同时，最终目标都是要取得实践效益，解决实际问题。

现代学习观认为，除了学习理论知识，更主要的是要学习如何学习，如何思考，怎样获取信息、储存信息、提取信息、组合信息的规律。更有效的学习方式有：全面学习、实践学习、自主学习、创新学习和终身学习。

1. 全面学习　全面学习就是学习者应以浓厚且广泛的学习兴趣尽可能多地进行多方面、多层次的学习，积极拓展知识面、丰富知识结构，促使自己成为一个适应能力强的复合型人才。强调在学好、学精专业知识的同时，应广泛涉猎相关学科的知识，做到专精与广博相结合，理论与实际相结合。

大学生的素质是综合的，这就要求大学生的学习也应该是全面的。不仅要认真学好本专业的知识，而且要学好与本专业有关的其他方面的知识，学好有利于提高自身综合素质的各方面知识。有人说"大学是研究和传授科学的殿堂，是教育新人成长的地方"，在这里，学习的概念不仅仅指课堂里的内容、教科书里的内容，还包括其他方面，如在图书馆学习、做实验、参加丰富多彩的课外活动及各类竞赛、参与各种集体和社团活动、聆听各类讲座和讲坛、搞社会调查等。也可以和同学、师长广泛交往，互相切磋，相互交流，古人云"三人行，必有我师"。大学生学习的领域可以变得更为宽广，学习的内容更加丰富，学习方式更加有趣。

2. 实践学习　实践学习要求理论联系实际，培养应用知识解决实际问题的能力。在实践问题解决的过程中，知识的灵活运用和多种活动的综合使用成为了关键性的问题。一切学习都不是为学而学，学习的目的在于应用。应用知识解决问题的实践学习可以从以下三个步骤进行。

（1）表象问题阶段　通过分析和理解问题的条件、要求和困难，形成整个问题的结构，同时可以通过多种方式把问题的表征罗列出来，例如提纲式、图表式。

（2）解决问题阶段　一是双向推理，即利用已知条件进行顺向推理，运用未知条件逆向推理；二是克服定势，进行扩散性思维，从多个角度看问题，从多种方式找答案；三是要善于评价不同的思路，集中整合，选择最优思路。

（3）总结经验阶段　回想自己解决问题的整个思维过程，查找是否有更简捷的思路或更优的解决途径。适当地和别人的思路横向对比，体验别人的思维方式和技巧，从而获得最新的知识。

实践学习在职业院校中更为突出，具体表现为学习实际技能。技能是个体身上固定下来的自动化的行为方式，是以操作训练的方式被学生掌握。只有不断体验学习，才能不断获得知识，提高技能。

3. 自主学习　在传统的教育理念中，教师是学习的主体，学生是教育的客体。大部分学生已经把自己视为单纯接受知识的消极被动的客体，影响了学习的效率。自主学习就是发挥学生学习的积极性、主动性和创造性，以积极主动的意识和态度对待学习，是发自内心的、强烈的学习渴望和追求，通过学习的自我选择、自我认可、自我接受和自我体验来切实改变学习的低效率状态。

大学里有大量的自学时间、自由的学习空间，要求大学生树立自主的学习理念，由要我学变成我要学；为此要求大学生根据自身的专业特点，确立合理的学习目标，学习目标确立得越远大，那么学习的自觉性就强，学习的动力就越持久；要科学地安排学习时间，兼顾学习生活的各个方面，提高学习的效率；掌握正确的、适合自己的学习方法，才能保证顺利完成大学学业。

4. 创新学习　在现今的学习理论基础上，创新与创造性思维越来越引起关注和重视。美国《创新杂志》给创新所下的定义是：运用已有知识想出新办法、建立新工艺、创造新产品。创新学习主要体现在创造性思维上。创造性思维是人类创造活动有效进行的重要心理因素，是在一般思维的基础上发展起来的，也是后天培养和训练的结果。可以通过以下几个方面来进行：

（1）摆脱习惯性思维　习惯性思维有时可能阻碍我们的思路，想不到那个本来应该想到的问题，或者思路进入岔道，找不到正确的答案。摆脱习惯性思维的训练，被人称为"创造性思维的准备活动"。其真正意义是促使人们探索事物存在、运动、联系的各种可能性，从而摆脱思维的单一性，以免陷入某种固定不变的思维框架，使思维具有流畅、变通、灵活、独创等特性。

（2）保护好奇心，培养求知欲　好奇心是人对新异事物产生诧异并进行探究的一种心理倾向。求知欲是好奇心的升华，是人渴望获得知识的一种心理状态。好奇心和求知欲是推动人主动积极地去观察世界、进行创造性思维的内部动力。具有强烈好奇心和求知欲的人，对事物有着执着的追求和迷恋，会在创造活动中获得精神鼓舞和情感满足。它是科学家、发明家有所成就的重要心理因素。

（3）培养发散性思维　发散性思维指一个问题可能存在多种答案，以这个问题为中心，思考的方向往外散发，找出适当的答案，越多越好，不仅仅找一个正确答案。人在发散思维中，在所适合的答案中可以充分表现出思维的创造成分。若思考"石头有多少种用途"，可以得出的答案很多，如铺路、原始工具、垫东西、建筑材料、艺术品等。

（4）激发灵感　灵感是创造性思维活动中出现的一种复杂的心理现象，是在注意力高度集中、意识极度敏锐的情况下，长期思考的问题突然迎刃而解而迸发的思想火花。它是长期艰苦思索的结果。创造性思维的产生往往需要经历一个曲折的过程。其中，既有长期的知识准备和积累，又有短时间的攻关和突破；既有经久的沉思，又有一时的灵感。

📱 **知识链接**

以坚持创新赢得发展主动权

"必须坚持创新是第一动力，在全球科技革命和产业变革中赢得主动权。"在深圳经济特区建立40周年庆祝大会上的重要讲话中，习近平总书记深刻总结深圳等经济特区40年改革开放实践积累的宝贵经验，再次强调创新是第一动力。抓创新就是抓发展，谋创新就是谋未来。习近平总书记强调，发展是第一要务、人才是第一资源、创新是第一动力。只有在各个领域进行创新，并且长期不懈坚持，才能推动各行各业高质量发展行稳致远。

5. 终身学习 终身学习是指社会每个成员为适应社会发展和实现个体发展的需要，贯穿于人的一生的，持续的学习过程。即我们所常说的"活到老学到老"或者"学无止境"。在特殊的社会、教育和生活背景下，终身学习理念得以产生，它具有终身性、全民性、广泛性等热点。终身学习启示我们树立终身教育思想，使学生学会学习，更重要的是使学生养成主动的、不断探索的、自我更新的、学以致用的和优化知识的良好习惯。

大学生要树立终身求知、终身学习的理念。大学毕业只是告别学校，并不是告别学习。要不断学习新知识、获得新本领，以适应社会发展的需要。我们所处的时代是知识爆炸的时代，知识日新月异，要想自己不被时代所淘汰，在激烈的竞争中取胜，那么就应该树立终身求知、终身学习的理念。大学阶段的学习扎实与否，不但影响到现在的成绩和择业，而且影响到今后长时期的学习效果。所以大学生既应珍惜当前这个学习的黄金时段，扎扎实实地打好今后学习的基础，又要做好终身学习的准备。

二、大学生学习过程的心理特点

大学学习阶段是人才成长由"求学期"到"就业期"的过渡阶段。它与以往的求学过程相比，在专业性、探索性、社会服务性、职业定向性上有更高的要求。因此，在大学期间，大学生在学习过程中会出现新的心理特点。这些特点主要表现在以下几个方面。

1. 学习转折带来的不适应性 中学的学习过程和学习方法都比较传统，大部分学生都是被动接受知识，所以在大学生刚入学阶段，大多数的大学生在学习中会不适应。其不适应的表现主要在于不会自学、不会主动学习、不会抓重点难点。有的同学依然把学习的主要时间放在课堂上，在课后觉得无所事事，结果考试一败涂地。另外，大学的学习进程是基础课过渡到专业课，在专业课的学习上，部分同学会出现畏难情绪。在高考填报志愿时，部分同学对专业并不了解，大多跟随父母的意愿，因此在学习中对专业缺乏兴趣，甚至无可奈何。专业课的学习要求精益求精，与时俱进，如果大学生科研意识和创新意识没有明显的提高，那么专业课的学习就会变得空洞。在学习较好的大学生中也会出现矛盾的心理，特别是临近毕业，大学生既担心择业的人际关系处理会花去太多时间而影响到了学习，又害怕考研失误失去主动择业的机会。

> **实例分析 5 - 1**
>
> **实例**　赵某，女，18 岁，某食品药品职业学院大一学生。入学以来，上课无法集中注意力；不想与同学讲话，心情烦躁；晚上睡不好觉，浑身没劲；不想参加活动，觉得自己特平庸，讨厌自己却找不到具体原因。身体检查未发现异常。赵某从小学到高中学习刻苦，成绩优秀，在高中班级担任课代表。父母要求严格，采用权威式管教方式，赵某很听父母的话，非常努力，把绝大多数的时间和精力都放在学习和考试上。进入大学后，参加班委竞选和社团面试都没有被录取，感觉自己说话缺乏魅力，没有特长，觉得自己和以前一样努力，结果却截然相反，十分困扰，不知所措。
>
> **问题**　1. 请问大学学习与高中学习有什么区别？
> 　　　　2. 请列举大学学习的特点。
>
> 答案解析

2. 学习意识逐步稳定　原有知识的基础与系统使大学生能够更好地接受新知识，经过一个短暂的适应与调节期后，大学生通过学习会慢慢养成自己的学习习惯与能力，其自我意识和学习意识也基本成熟。学会学习的关键是学习自我意识的形成，自我意识的增强体现为更强的独立性、自主性和可控性。随着年级的增长和新知识的积累，大学生的自学能力日益增强，学习效果凸显，在一段时间后便会进入要学习的稳定发展期。

3. 学习方式具有独立性和批判性　大学生的年龄在 20 岁左右，正是世界观、价值观和人生观形成的关键时期，对他人、社会、人生的评价和看法都处于变化中。大学生的人生态度处于不稳定的状态，易受周围人和事物的影响。大学生求新的心理特点决定了他们具有较强的求知欲，且非常乐意接受周围出现的新信息和新事物。他们的人际交往和处世原则追求个性化，从而也决定他们在学习的过程中会出现独立性和批判性。

4. 学习动机更重视目的性　现今科学技术的飞速发展，社会主义市场经济的不断完善等因素构成了影响大学生学习的大社会背景。大学生们的开放心态和趋新倾向使得传统、保守的观念和事物在他们的思想中变得不受欢迎，他们热衷于对现代社会的参与和融合，部分意识超前的学生甚至希望自己成为时代的先导。近年来，我国大学毕业生的就业形势越来越严峻，现今的大学生对人生目标的追求比任何时期都更具有目的性。他们会尽早确立自己的生存坐标，为自己找的一个有实际意义的优势专业，为之后就业创造条件。这一目的对大学生的学习动机、学习内容、学习方法等方面都有影响。在学习动机上，大学生更重视直接性、功利性和实惠性。在学习内容上，大学生更注重专业的实践能力。在学习方法上，大学生强调多种学习方式，通过自学学到更能适应社会发展，受人才市场欢迎的知识。

5. 学习的综合评价能力增强　随着知识结构的健全和综合能力的提高，大学生的综合评价能力不断增强，特别是自我评价能力。他们能对自己的学习效果客观评价，包括对学习动机的内容、方向、性质，社会活动的能力层次、期待效果以及对自己掌握知识、职业技能掌握程度进行自我评定，并可以从中总结经验和吸取教训，制订出一系列适合自身综合发展的方案和计划，以督促自身的学习。此外，大学生们随着年龄的增长，会越来越客观地认识到他人学习发展的倾向和标准，以此来取长补短，完善自身。学习的综合评价能力的增强是大学生学会学习的基础。

三、大学生学习过程中的心理问题

随着学习生活由基础教育向高等教育转变，发展方向由升学为主向就业为主转变，部分大学生在学习策略、学习方式和学习方法等方面必然会面临新的情境，产生新的问题。每个人都会遇到不同的学习心理问题。大学生只有解决好学习心理问题，才能不断提高学习效率，成为具有创新精神和实践能力的高素质人才。大学生在学习过程中的主要心理问题表现在以下几个方面。

1. 学习适应不良　部分大学新生无法适应大学的教学方式，他们已经习惯于中学的灌输、接受式的教学方式，养成被动、机械的学习习惯。而大学阶段由于课程内容多、教学进度快、抽象性较强，更多地要求学生学会主动学习。部分新生表现出种种不适应，有的对学校硬件怨气较多；有的哀叹院系和专业设置；有的指责教育教学及宿舍条件与期望值相差甚远；有的抱怨师生、同学关系的冷漠和人际关系冲突等。

2. 目标计划不明　部分大学生学习目标不够明确合理，日常学习缺乏具体可行的学习计划。有的大学生的学习目标定位太低，只求考试过关，如期毕业；有的定位过高，导致个体所追求的"理想"成为"空想"而逐渐丧失斗志，结果是"做一天和尚撞一天钟"的状态。他们往往觉得毕业遥遥无期，缺乏长远目标，缺乏对未来的规划，导致终日无所事事，行为懒散。有的学生的学习目标被动模糊，易受他人影响和同化。

3. 学习策略不全　很多大学生尚未探索出科学的学习策略体系，他们习惯于中学阶段的学习策略和方法，产生学习的定势心理。他们对不同学科、不同任务所采用的学习方法趋同，满足于课堂讲解、机械识记、题海战术。他们的学习策略多表现为重复诵读和机械练习等较低水平的复述策略，而很少对学习内容进行高水平的思维操作，难以将所学知识整合为一个知识体系，缺乏搭建不同学科联系知识架构的能力。他们缺少高效率的预习、复习、听课、笔记、阅读、应试、时间和环境管理等学习策略。

4. 学习热情不足　进入大学后，多数大学生会有一种从过于繁忙劳累的高中学习中获得解脱的感觉，缺少学习的自主性，使他们产生懈怠、惰性的心理。有的人觉得未来没有前途，或觉得所学知识与将来就业岗位缺乏紧密的联系，抱负水平减低，学习热情不足，厌学情绪突出。他们不满意自己的所学专业，对学习无热情、无兴趣，厌倦刻板的教与学的方式方法，往往产生一种"混"的学习心态，难以取得良好的学习效果。

5. 学习动机不强　进入大学后，由于远离师长的管束，部分大学生缺少外部学习压力，缺乏引发他们学习的强化物的刺激，而且他们自身似乎已经"自我实现"，难以产生继续学习的需要。因此，他们往往安于现状，不思进取，导致学习动机水平较低，难以取得学习上的突破和发展。有的大学生在考取职业院校后非常自卑，连基本的自信心都要彻底丧失了，觉得前途渺茫，甚至放弃自己。

6. 知识理论不实　大学生要有广阔的知识背景和扎实的知识基础。所有的认知过程都在知识基础这一背景中运行，接受和加工信息以及输出的程序化都是在知识基础上进行的。有的学生在学习过程中比较浮躁、冒进，缺乏刻苦敬业的学习精神。有的学生过于崇尚实用，热衷于英语、计算机等的考级、考证，忽视专业知识的学习。有的学生沉溺网络、小说、电视和恋爱之中，学习不够努力，直接导致其知识理论基础不够扎实。

7. 知识实践不深　大学生即将走上工作岗位，在不久的未来就需要将所学知识应用到工作实践中去。多年来，应试教育的影响导致从教师、家长到学生都过于重视知识记忆和解题技能的训练，忽视对知识的灵活应用和创造。学习的目的似乎只是将所学知识简单用于应付作业和考试。学校教育不能远离社会生活，不能集学生十几年的宝贵时间只教会学生通过记忆的方式完成应试升学的能力，而忽略应用能力的培养，从而导致大学生成为"语言的巨人，行动的矮子"。

8. 学习毅力不强　享受学习只是一种理想状态，对于学习本身而言，是一个艰苦与快乐并存的过程，往往有"痛并快乐着"的感受。有的大学生缺乏学习的自觉性，没有明确的学习目标和计划，整日惰性十足。有的大学生缺乏坚持性，缺乏学习的决心和恒心，在学习过程中难以保持充沛的精力和毅力。有的大学生难以坚持执行学习计划，知难而退。有的大学生缺乏自制力，难以自觉灵活地去除干扰学习的不利因素，十分容易受外部环境的影响。

9. 学习反思不够　学习反思有助于对学习合理归因，从而有效调节学习过程，不断提高学习的有效性。大学生应该养成"回头看"的习惯，从一年级起每周至少需要一次机会来反思自己在这一周的学习情况。但是事实上，大学生的学习反思可能很难达到这个标准。他们通常只对学习结果进行简单反思，难以对学习目标、方法、策略和过程等进行深层反思，难以提出有效的改进措施，最后导致学习效果没有改善的空间。

✒ **课堂活动**

活动：学习反思。

目的：结合自身学习情况，反思自己的学习状态。

操作：

1. 在纸上写下自己在学习中遇到的困难，至少写出 3 项。

2. 分组讨论：每组成员在学习中遇到的困扰集中在哪些方面（如：时间安排、学习兴趣、学习方法、注意力集中等），按数量排出前 3 项并分析其原因。

3. 每组代表发言，共同寻找解决方法和途径。

第三节　学习心理的建构

一、大学生学习能力的培养与潜能开发

学习能力是一个结构复杂、多维度、多层次的心理现象，个体从事学习活动，至少需要三类心理成分：非智力因素、智力因素和策略因素。学生能顺利有效地完成学习活动所必须具备的智力因素、非智力因素和策略因素，称作学生的学习能力。

根据学习能力发挥作用的领域，学习能力分为一般学习能力和专业学习能力两种。一般学习能力是指学生从事各种学习活动所必须具备的能力条件，包括影响一般学习活动的非智力因素、智力因素和策略因素。它是进行各种学习活动的基本心理条件，一般能力、特殊能力和创造力都包含在其中。它是在个体的学习活动中形成和发展起来的一种能力。专业学习能力，也可以称之为学科学习能力，是指学生学习某个专业或学科所需要的特殊能力、学习动力和学习策略。它是学生在专业或学科学习中形成和发展起来的、对专业学习活动产生重要影响的一种心理条件。学生通过学校学习最终要发展出学习每个专业或学科所必须具备的某些特殊能力。专业学习能力既是学生进行专业学习的必要条件，也是学生将来从事专业实践的必要条件。当今社会需要的是综合素质的人才，它要求大学生有高效灵活的学习能力，因此，注重大学生学习能力的培养与潜能的开发成为高校教育的重要内容。培养大学生的学习能力，主要从以下几个方面着手。

1. 自主学习能力的培养　现代心理学认为，大学生要做到自主学习，必须具备三个条件：一是心

理要达到一定的发展水平，二是要具有内在的学习动机，三是应具备一定的学习策略。

（1）必须以一定的心理发展的水平为基础　大学阶段是自我意识发展的重要阶段，自我意识的完善和发展是自主学习的重要基础。

（2）必须具备内在学习动机　现代学习心理学认为，与自主学习有关的内在学习动机的成分主要包括自我效能感、目标意识、价值意识、内归因倾向、兴趣等。自我效能感是学生对自己是否有能力从事某种学习的判断，是学习自信心在某项学习任务上的具体化。目标意识是学生对学习目标及其意义的认识。它对自主学习的影响表现为自主学习的学生更倾向于设置具体的、近期的、可以完成的学习目标，而帮助低学习动机的学生学会设置这样的目标有助于促进他们的自主学习动机。价值意识是指学生把学习与自己的需要联系在一起，认为学习"有用"，如把学习与自己的前途联系在一起，把学习与满足自己的求知欲联系在一起等。对学习的高价值意识是促进自主学习的重要动力之一。内归因是把学习的好坏归因于自身的因素，比如自己的努力、能力、学习方法等。一般说来，内归因倾向的学生更倾向于自主学习。兴趣作为一种动机成分对自主学习的影响是不言而喻的，学生对某一门功课的学习兴趣越强，其学习的主动性、自觉性就越强。

（3）必须以一定的学习策略做保障　学习策略可分为两类，一类是一般性的学习策略，它适合于任何学科的学习，如设置学习目标、做出学习计划、管理学习时间、理解学习内容、评价学习结果、调控学习时的情绪等；另一类是具体的学习策略，适合具体的学习内容，如做笔记、复述、背诵、划重点、列提纲、作小结、画示意图等。国外心理学家经过长期研究鉴别出 14 种有效的自主学习策略，它们分别是：自我评价，组织和转换信息，设置目标和做出计划，寻求信息，记录和监控，组织环境，根据学习结果进行自我奖惩，复述和记忆，寻求教师、同伴和其他成人的帮助，复习笔记、课本、测验题等。

2. 记忆能力的培养 📱微课　记忆能力是人脑的各项技能中最重要的能力之一。个体在思考每一个问题或者做每一件事情之前都必须把大脑中大量储存的信息提取出来，任何知识和技能的获得都是以记忆为条件的。培养记忆能力可以从以下几个方面入手。

（1）提高集中注意力的能力　在记忆信息的过程中，注意力越集中，记忆的速度和准确度会越高，记忆也会越加牢固。

（2）合理运用遗忘规律　德国心理学家艾宾浩斯研究发现，遗忘在学习之后立即开始，而且遗忘的进程并不是均匀的。最初遗忘速度很快，以后逐渐缓慢。他认为"保持和遗忘是时间的函数"，他用无意义音节（由若干音节字母组成、能够读出、但无内容意义即不是词的音节）作记忆材料，用节省法计算保持和遗忘的数量，从中得出了规律（表5－1）。

表5－1　遗忘规律

时间间隔	记忆量
刚记完	100%
20 分钟后	58.2%
1 个小时后	44.2%
8～9 个小时后	35.8%
1 天后	33.7%
2 天后	27.8%
6 天后	25.4%

上述表格告诉我们：在学习中的遗忘是有规律的，遗忘的进程很快，并且先快后慢。观察后你会发现，学得的知识在一天后如不抓紧复习，就只剩下原来的 33% 左右。随着时间的推移，遗忘的速度减慢，遗忘的数量也就减少。

在学习过程中，大学生可以根据遗忘规律，结合自身实际，把握加深记忆的途径。首先，要及时复习，复习次数应该频繁，间隔时间应该缩短，在遗忘最快的阶段增加复习的时间。其次，必须交替复习，大学生学习的科目种类多，复习时可以避免复习的内容相似，注意交替复习性质不同的学科知识，如基础课和专业课的复习。另外要注意劳逸结合。再次，要增加记忆方式的多样性，如单靠听觉每分钟仅仅能传达 100 个单词，而视觉传达的速度则为听觉的一倍，如果视觉和听觉同时运用，则是单一靠听觉所能达到效果的 10 倍。此外，复习的顺序也可以适当做出变更，复习的重点倾向于难以记忆和容易遗忘的知识，且需把已有知识和新学知识联系起来，以此联想记忆。最后，还可以学习记忆的技巧和方法，如归类对比法、组织记忆法、边读边背法、回想记忆法、理解记忆法等。

3. 创新能力的培养　创新能力是指运用一切已知的信息，可以把理想、精神、愿望转化为有价值的、前所未有的精神产品或物质产品的实践能力。其中所指的产品可以是新观念、新设想、新理论，也可以是新工艺、新技术等。培养创新人才的核心是培养创造性思维。

（1）独立性思维品质的培养　我国现行的培养模式从思维的培养方面，只要求按教师和书本的导向去记忆和容纳知识，既缺少创造性思维的要求和压力，也缺少相应的训练，因此创造心理逐渐淡化，养成了依赖思维心理。基于此，培养独立思维的心理对一个人来说是当务之急。培养独立性思维品质，应注意强化学生的大胆而合理的怀疑意识，增加其不盲从于大多数的抗压心理意识及培养不断否定自己的健康心理意识。

（2）创造个性的培养　智力只是创造能力的其中一个因素，创造能力还包括认知风格、价值、目的、信念和策略，这五个要素都是非智力因素。关于创造能力中智力因素与非智力因素的关系的研究，有一项对日本 160 名有突出成就的科学家或发明家的调查结果表明，这些人都具有以下性格特征：有恒心、韧劲，甚至在看来希望渺茫的情况下仍然能够坚持到底。他们在童年时代就有强烈的求知欲，不管受到多么严厉的训斥，总有尝试的想法；他们有鲜明的独立倾向；他们精力充沛、干劲十足。显然，创造能力中的非智力因素发挥了尤为重要的作用。因此，创造个性的培养对培养创新人才有现实意义。

（3）发散性思维品质的培养　发散性思维即求异思维，是一种从不同途径、不同角度去探索多种可能性，探求答案的思维过程。其具体是指人们沿着不同的方向思考，重组眼前的信息和记忆系统中的储存信息，产生大量独特的新思想的思维方式。发散性思维品质的培养应循序渐进着力于流畅性、变通性和新颖性三个层次的培养。发散思维能力与创新创造能力密切相关，发散思维能力的提高有助于创造能力的提高。一题多解，能有效提高大学生的发散思维能力。

（4）想象力的培养　想象是创新创造心理活动的起点和必经过程，培养人的想象力是完善其创造心理品质的重要环节。想象力对于创新创造的作用，正如哲学家康德所说："想象力是一股强大的创造力量，它能够从实际自然所提供的材料中创造出第二自然。"想象力的培养应落实在保持和发展好奇心、拓宽知识面两个方面。

二、大学生常见学习心理障碍的调适

大学生在学习的过程中，大多数都能经受住紧张的学习对大学生各方面素质的综合考验，顺利地完成学业。但是也必须看到，确有相当数量的大学生存在时间或长或短、程度或轻或重的学习困难。导致学习困难的原因虽然多种多样，但是分析的结果表明，心理障碍是主要的原因。常见的心理障碍有缺乏学习动力、学习思路不明晰、严重的学习焦虑、注意力不集中、学习效率低下、学习动机过强等。

（一）缺乏学习动力

1. 缺乏学习动力的主要表现

（1）缺乏明确的学习目标和理想　没有目标就没有方向，没有方向，就失去了前进的动力。据某职业院校调查，竟有 43.3% 的大一学生表示"升入大学以后没有目标，感到无所适从"。许多同学普遍感到进入大学以后，可以好好地松口气，歇一歇了。至于为什么上大学，毕业以后能够做什么则从没有考虑过，更不用说个人的发展规划了。由于失去了学习的目标，部分学生就抱着得过且过、做一天和尚撞一天钟的思想在混日子。"分不在高，及格就行；学不在深，作弊则灵；斯是教室，唯吾闲情。信息传得快，作业抄不停。"诸如此类，正是这部分学生的真实写照。

（2）学习注意力不集中　学习动力缺乏会使注意涣散、兴趣转移，易受各种内、外因素的干扰，因而上课时听课不专心，不能集中精神思考问题，课后不肯下功夫复习巩固所学的知识，作业不认真、满足于一知半解，对学习基本采取的是"对付"的策略。对看电影、经商等学习以外的事反而兴致勃勃，不惜花费大把时间，常常喧宾夺主、主次颠倒。另外，学生在高考填报志愿时，受多种因素的影响，例如老师的指导、家长的意愿、未来就业的趋势等，真正考虑学生兴趣、特长的少之又少。因此，学生所选的专业若非本人自愿，则学习兴趣不浓，学习成绩必然受到影响，时间久了也会形成恶性循环，不愿意学习，甚至讨厌学习。

（3）在学习中挫败感强　有的学生不能很快地适应大学的学习方法，仍然沿用中学的学习方法，面对大学高强度、高难度的学习，如果不能摸索出一套适合自己的学习方法，就会难以适应紧张、繁忙的学习情境。面对其他学生的学习进步，虽然在学习上花费了很多的时间和很大的精力，却在学习的过程屡次遭遇挫折和失败，引起沮丧和痛苦的情绪，不仅影响正常的学习，产生畏难情绪和厌学心理，同时还会严重影响自信心，产生苦恼及自我否定等心理问题。

（4）学习目的功利化　由于社会贫富差距的存在，人们的心理较为浮躁，功利化意识较浓，实用主义、拜金主义盛行。在大学校园的"围墙"逐渐变得低矮的今天，相当一部分学生在潜移默化中也受到了影响。如有些学生觉得毕业后的出路主要靠"关系"，在学校学习成绩的好坏并不能决定毕业后得到回报的大小，因而未把全部精力集中于学习。高中毕业、甚至初中毕业能够创造巨大财富的人大有人在，使得一些学生错误地认为成功并不是与人的学识多少、文凭高低成正比。这些因素极大地影响了学习的热情。

2. 缺乏学习动力的原因

造成大学生学习动力缺乏的原因是多方面的，但是大体上可以归为以下两类。

（1）内部原因　首先，学习动机不明确。凡学习动力缺乏的学生被问到为什么学习、为什么读书、为什么上大学等问题时，他们便会给出一个共同的答案——以前念书就是为了考大学，考大学是为父母，为了将来找一个好工作等。这些学生由于没有确立起学习目标、人生理想，没有把自己的学习和社会的发展联系在一起，更没有和国家、民族的振兴相连，所以缺少奋发向上努力学习的原动力，对待学习基本上采取一种放任的态度。

其次，对所学专业缺少兴趣。这是造成学习动力缺乏的重要原因之一。在高考填报志愿时，学生和家长对专业缺乏了解，到校开始学习后学生才发现对本专业并不喜欢；另一种情况则是家长的意志，事实上学生本人对家长选定的专业并无兴趣。心理学认为兴趣是力求认识、探究某种事物的心理倾向，是一个人对某事物所抱的积极态度。既然对所学专业没兴趣，必然就不会有学好的积极态度。

再次，错误归因。归因是个体对他人或自己的行为进行分析、推论出这些行为内在原因的过程。心理学根据个体在进行归因时常涉及的能力、努力、任务难度和机遇等几方面的问题把归因分为四种：内归因，把成败归结为自己的努力与能力；外归因，把成败归结为任务的难度和机遇；稳定性归因，把成败归结为任务的难度和自身能力不够；非稳定性归因，把成败归结为机遇和努力。不同归因的大学生对成败的理解不同，从而影响到他们的学习动机、兴趣和态度。如当考试未通过时，做内归因的大学生会认为是自己努力不够，今后还需要付出更大的努力。这样，每一次学习活动，不论成功与否，都能增强学习动力。而做外归因的学生则不同，他会认为失败是由于运气不好，考题太难或老师教学无方等，从而把原因归结于他人。

（2）外部原因　外因是指来自社会、学校和家庭等方面的原因。随着社会经济的飞速发展，人们"物欲化"的思想渐渐凸显。一个家庭，其经济条件、成员结构、文化程度、习惯涵养，以及对子女的教育方式、期望程度、民主氛围等，对学生的学习动机都会产生直接的、不同程度的影响。学校是学生学习和生活最直接的场所，学校的各种因素，都会影响大学生的学习动机。学校课程设置不合理、专业培养与社会需求脱钩、教学内容陈旧、教学管理不严格、教学条件跟不上等因素，都会影响大学生的学习动机。现实社会中，社会价值观的多元化，对知识、人才、金钱、爱情等的多元看法，也会影响大学生的学习动机。

3. 克服缺乏学习动力的对策

（1）激发学习动机　学习动机是学生学习活动的主观意图，是推动学生进行学习的内在力量。前苏联心理学家列昂捷夫说："学生学习的自觉性是和动机分不开的。事实上，有正确学习动机的学生才有主动性，学习劲头大，能克服困难，提高学习效果。"学习动机虽不是提高学习效果的唯一心理因素，但却是极其重要的因素。在与社会需要相适应的动机的促使下，学生就会产生学习的自觉性，激发起强烈的求知欲、稳定的兴趣和高度的社会责任感，因而能专心致志，勤奋学习，刻苦钻研。相反，如果学习动机是出于想找一种轻松而工资又高的工作，那么他在顺利的情况下很可能会勤奋学习，但在逆境中就容易情绪低落、意志消沉、半途而废。动机不正确的学生，对待学习往往是偷工减料、投机取巧、弄虚作假、抄袭他人作业、考试作弊等。因此，学校有关部门和老师应启发学生对社会需要、社会期望的正确认识，并创造条件以利于学生自我定向、自我定位，这样才能激发学生正确的学习动机。

（2）培养学习兴趣　兴趣是指积极探究某种事物或从事某种活动的过程中，伴随着一定的情感体验的心理倾向。兴趣是引起和维持注意的一个重要内部因素，是学习过程中一种积极的心理倾向。学习兴趣是可以在学习过程中逐步培养的。学习是学生深入而创造性地领会和掌握科学技术，为未来从事某项事业的必要条件，也是智能开发的主要前提。爱因斯坦说过："我认为对一切来说，只有兴趣和爱好是最好的老师，它远远超过责任感。"大学生可以首先找到自身在学习中的兴趣点，从某一处的兴趣点突破自己，通过努力获得成就感。以此以点带面，把自己的兴趣范围逐渐延伸，达到全面培养学习兴趣的目的。

（3）端正学习态度　学习态度是指学生对学习的较为持久的肯定或否定的内在反应倾向，通常可以从学生对待学习的注意状况、情绪倾向与意志状态等方面来加以判定和说明。如喜欢还是厌倦、积极还是消极等情绪情感。学习态度受学习动机的制约，是影响学习效果的一个重要因素。端正学习态度的根本是要有正确的学习目标。大学生可以从身边具体的某一个简单的学习任务开始，首先学会独立、细致、认真地完成一个具体的学习任务，之后总结该次任务完成的成功之处，不需要太在意结果，只要总结到过程中的某一"亮点"即可。多次反复实践，养成良好的学习习惯。

（4）寻求恰当方法　部分学生的学习动机缺乏，是由于不能正确地认识学习上受挫和失败的原因，或者是由于学习方法不当而导致长期的学习效果不佳。因此，对学习上遭受挫折和失败的学生，首先要帮助他们找到正确的成败归因模式，并引导他们正确评价自身的能力，同时还要协助他们寻找适合于自己的学习方法，以增强他们的学习信心和动机。每一个学生的学习方法都不尽相同，个体不需要照搬照抄，也无需刻意模仿他人的学习方法。只有在学习的过程中反复地实践和反思才能找到最适合自身的学习方法。

（二）学习思路不明晰

1. 学习思路不明晰的主要表现

（1）学习方法不当　部分大学生，对于课堂上应该如何听课、记笔记、思考问题这些环节没有掌握基本的方法。更多大学生无法摆脱高中听课的模式，将应对考试作为学习的首要目标。在课后，不懂得自主学习的重要性，缺乏自制力，难以静下心来思考学习方向和学习方法。因此，固有的学习方法不能根据学情的变化而做出相应的改变，从而导致学习的被动。

（2）缺少学习途径　大学生学习的途径应该是多种多样的。首先，部分大学生头脑中的学习场所固定在教室，难以形成去图书馆学习的习惯，更不懂得如何应用图书馆拓宽自己的知识面，把课堂上的理论知识和课外了解的学科边缘知识相结合。随着信息时代的飞速发展，大学生应该懂得如何运用互联网来获取更多最前沿的知识，把书本上的理论知识融入现实生活中去。学习途径的单一化会让大学生的学习方式变得机械化，学习兴趣减弱。

2. 学习思路不明晰的原因

（1）学习适应不良　从高中生到大学生的角色转换需要一定的时间适应。中学学习多数是死记硬背的依赖式学习，教师采取的是灌输式教学，学生只能是被动的接受。但是在大学，学生在学习活动中自由空间扩大，学习自主性的要求逐渐提高，适应性不佳的学生会不知所措和忙而无获。

（2）教学模式单一　在大学教学的过程中，少数的高校进行教学改革，形成了智能化教学的新体系。但大部分高校的教学方式依然口耳相授，教师更注重知识的传授。对于学习方法的更新和学习能力的提高还处于一种学生自发的状态。因此，部分大学生在学习中感到困惑。

（3）缺乏激励机制　部分高校缺乏引导学生学习、提高学习质量的指标和体系。意志力不强学生的学习积极性无从调动，更不会对学习方法、学习思路、思维技巧以及解决实际问题深入思考。对此，促进教学的延伸必须设置相对应的激励机制，或设置相应的机构对学生进行正确引导。

3. 整理学习思路的方法

（1）明确学习目标　高尔基说过："一个人追求的目标越高，他的才能就发展得越快，对社会就越有益。"一个人只有确定明确的目标，他才会始终处于一种主动寻求发展的竞技状态，才能充分发挥自己的主观能动性，精神饱满地投入到学习中去，而且为达到目标能够有所放弃，才能够一心向学，摆脱低级趣味的影响。首先要量力而行。在制定目标时，都要考虑自己的实际情况和学习能力，制定出有个人特点的目标。在制定目标时，可以借鉴别人的经验，但绝不能盲目地跟从别人。其次要效益优先。要根据各门专业课程的内容不同，以及学习特点的不同，分清主次，分清重点、难点，有针对性地进行学习。最后要制定各阶段的学习目标。学习目标一般分为短期目标、中期目标和长期目标。短期目标，例如一个学期的学习目标，要具体化，要将自己各科的学习成绩提高到什么样的程度，自己的技能水平要达到什么样的程度等，都要清晰化，甚至可以明确到每天都要做到什么程度。

（2）更新学习思维方式　大学生通过听课理解知识的过程，就是运用已有的旧知识来理解新知识，把新知识纳入已有认知结构的过程。为此，在听课过程中，联系已有的知识经验，并对新旧知识之间的同异进行分析比较，通过抽象和概括以形成新概念，只有这样，才能使新旧知识融合为知识的体系。机械被动地听课，无法使新旧知识互相衔接和融合，只有开展积极的思维，才能实现融合与构建知识体系的工作。听课的过程不仅要开展思维，使新旧知识衔接与融合，而且要尽可能地对所学知识进行重新发现与探索。这种探究与发现的学习，自然不是一成不变地重复人类原来发现知识的过程，而是要抓住发现过程的关键，以利于形成合乎逻辑的科学概念与结论。这种发现学习不仅有利于科学知识的掌握，也有利于思维能力的培养。

（3）培养切合实际的自学方法　学习方法既有共性，也有个性，适合别人的学习方法不一定也适合自己，这是因为每个人的文化知识基础不同、学习能力不同、个性特点也不同。有的人倾向于迅速而简捷地完成学习任务，有的人则习惯于深入地领会和发现新知识；有的人倾向于全面概括地掌握知识，有的人则喜欢深入细致地进行品味；有的人学得快，而有的人学得慢。因此，大学生要针对所学习的内容和对学习的不同要求，根据个人的特点，在借鉴别人学习经验的基础上，摸索和总结适合个人特点的学习方法，形成自学的习惯。

（三）学习焦虑

1. 学习焦虑的表现　学习焦虑是指学生由于不能达到预期目标或不能克服障碍的威胁，致使自尊心、自信心受挫，或失败感、内疚感增加而形成的一种紧张不安、带有恐惧的情绪状态。有些学生在家长、亲友、老师等各方面因素的影响下，为自己确定了过高的学习目标或抱负，虽竭尽努力仍和目标相差甚远，造成心理压力很大，这时就会出现严重的学习焦虑。现代心理学把焦虑分为三种情况：低、中、高焦虑，并且认为适当水平的焦虑可以增强学习效果，但是若焦虑过度会对学习起不良作用。美国心理学家考克斯的焦虑实验表明，中等焦虑组的学生成绩显著地高于低焦虑组和高焦虑组，高焦虑组最差。研究还证明，高焦虑只有同高能力相结合才能促进学习；高焦虑若与一般能力或低能力相结合则会抑制学习，把焦虑控制在中等程度才有利于一般能力和水平者的学习。

2. 学习焦虑产生的原因

（1）学习压力过大　大学阶段是由学习期到创造期的过渡阶段，学习的探索性、专业性相对于中学明显提高，这些都为大学生提出了新的挑战。同时，大学校园是强者聚集的地方，许多优秀的学生聚在一起，竞争起点发生了变化。在这种情况下，有的学生仍然沿用以前的学习方式以求适应新的学习环境，或者将学习目标定位过高，会导致精神焦虑。

（2）大学生的个性特点　研究发现，大学生学习焦虑的产生与其个体的性格特点有直接关系。个性偏敏感的大学生更容易陷入严重的学习焦虑状态，这使得他们在学习过程中注意力分散，在一些问题的处理上呆板固执，导致学习效率下降。为减轻学习焦虑，这部分个体习惯于采取回避的方式消极对待问题，甚至干脆放弃努力。这样反而使他们感到自责，从而进一步增加焦虑程度，最后陷入不良循环之中。

（3）理想和现实的冲突　处在青年时期的大学生胸怀远大抱负，很容易将自己的能力定位过高，在现实中会不可避免地遭受一些挫折。如对某学科的学习，如果在一段时间内经过努力学习成绩无法明显提高，大学生的情绪就会变得急躁、沮丧。大学生这种心理的成因主要是学习目标不够明确，具体来说是不能恰如其分地对自身能力进行评价。在动机过分强烈的状态下，个体的注意力和知觉范围会变得过分狭窄，从而在学习方法上不能摆脱习惯，无法根据自身的条件选择最佳的学习方式。理想和现实的冲突在大学学习中还表现在对主攻学习方向不感兴趣，学习是外力所迫，自己一时的心血来潮，或继续深入学习的后继知识不够等原因。大学生如果不能正确认识并克服这些障碍，任由其发展演变，很可能导致四处碰壁，造成大学生自我效能感降低，最后引发焦虑心理的产生。

3. 学习焦虑心理的调适　首先，要充分发挥自我调节的能力，控制焦虑的程度。其次，要努力创造一个班级、宿舍同学间关系和谐的集体和轻松愉快的学习气氛。师生之间情感的交流、同学之间互助友爱的关系，都有助于学生心理趋于平衡，形成正常焦虑。再次，激发和保护学生的好奇心是培养正常焦虑的良策。有了好奇心，相应地会出现一定的紧张，这种紧张饱含着愉快色彩，活动效率因此而大大提高。最后，学生要正确认识和评价自己的能力，确立切合自身实际的学习目标；增强自信和毅力，不怕困难和失败；保持适度的自尊心，降低对胜败的敏感度；保持情绪的稳定；摸索总结一套适合自己的学习方法等都有助于克服严重的学习焦虑。

▶▶ **实例分析 5-2**

实例　林某，女，20岁，某职业学院大二学生，系学生会主席，身高1.68米，体重53千克，体态良好。其为家中独生女，父母均为公安干警，家庭条件较好，父母对其教育、关怀方式得当，林某在父母眼里是乖孩子、好学生。且从小为人谦虚、开朗，人际关系和组织能力都很好。在其初三时，父亲因公殉职，母亲与之相依为命，各方面要求严格。她参加了一次英语过级考试，没有通过。由于英语过级成绩会影响到毕业，面对马上来临的英语过级考试，林某感到有明显的压力，学习和学生工作时注意力不能集中，对于业余爱好也提不起兴趣，觉得自己这样下去肯定不能通过英语考试，想着已故的父亲十分内疚。最近还出现了失眠、厌食的现象，十分困扰。

问题　1. 林某感到压力的主要原因是什么？
　　　　2. 如果你是林某，你如何解决这个困扰？

答案解析

（四）注意力不集中

进入大学以后，部分大学生明显感觉到学习时注意力不像中学那样集中，上课经常走神，自学坐不住，脑子里的事很多而且很乱，造成学习效率低下。

1. 引起注意力不集中的原因

（1）学习目的和学习任务不明确　人们的学习是有目的和计划的，没有明确的学习目的和学习任务，自然就不可能把精力和注意力较长时间集中到学习上。同时，学习目的是需要通过具体学习任务的完成来达到的，不确定具体的学习任务，对于这些学生来说就会因为没有了压力而感到无所谓，自然注意力就会分散。

（2）对学习的内容和形式没兴趣　对专业缺乏了解，甚至本来对专业就不感兴趣，所学的内容又不懂，学习处于被动状态；如果再加上教学方式的单调无味，学生的注意力不集中是必然的了。

（3）学习环境不佳　学习受到各种因素的影响，外部环境也是重要的条件之一，学习需要有良好的环境。校园周边混乱无序，容易使学生的注意力分散，影响学生的学习效率。

（4）生理和心理疲劳　学生身体的过于疲惫和心理的焦虑，同样会导致学生注意力的不集中。工作和学习长时间处于紧张兴奋状态，甚至是过度贪玩，不注意劳逸结合，就难以把注意力集中到学习上。

（5）自我控制和监督的能力差　有的大学生自我控制和监督的能力很差，不少大学生也明白一些事理，但如果外在的影响太大，或者是没有外在的监督，他们的注意力也很难集中。

2. 注意力不集中的自我调适

（1）深入了解学习内容　大学生自身从各种途径对专业进行了解以及通过学校的各种讲座和实习经验知悉就业前景，这样可以唤起大学生对学习的自豪感和对课程学习的间接兴趣。

（2）努力培养意志力　注意力其实就是一个人意志力的表现。在对任何事物的态度上，意志力强的人，无论遇到什么困难都会坚持到底，注意力稳定而持久；而意志力弱的人，失败的体验多于成功，是因为没有一个持之以恒的探索过程。因此，培养自己的意志力，特别是培养自己面对挫折的意志力，是提高注意力的有效途径。

（3）运用思维阻断法　有的同学在看书时注意力不集中，常常思维跳跃性大，海阔天空地想一些与主题无关的事情，此时就要运用意志力的力量阻断这种纷乱的思绪。例如，当思绪出现混乱或胡思乱想时，把眼睛闭上，反复握拳、松开，并在心里喊"停"！这样不断地提醒自己，可以使得注意力集中到当前的任务上来。

（4）及时求助于心理咨询机构，排除心理疾病的影响。

（五）学习效率低下

1. 学习效率低下的表现　学习效率低下最重要的表现是学习疲劳。学习疲劳是指学习的个体由于学习过度或者学习方法不当而产生的学习效率逐渐降低，并伴有渴望停止学习的现象。学习是一种极其繁重的脑力劳动，其剧烈程度丝毫也不低于体力劳动。如果不合理地安排学习，长期学习负担过重，用脑过度，可使疲劳积累成为过度疲劳，就会造成大脑的机能损伤。学习疲劳包括生理疲劳和心理疲劳，一般来说，生理疲劳相对心理疲劳要容易恢复，但大学生的学习疲劳以心理疲劳为常见。

（1）生理疲劳包括肌肉的疲劳和神经系统的疲劳　生理疲劳通常的表现是动作失调、乏力、姿势不正确、感觉迟钝、思维混乱等。学生在学习过程中如果不注意适当休息，就会产生肌肉的疲劳和神经系统的疲劳。

（2）心理疲劳是心理不安和疲乏感　心理疲劳与生理疲劳不一样，它不是由于能量的消耗引起的，而是由于心理的原因引起的。它主要表现为对学习感到倦怠、情绪不安、精神涣散、厌恶、反应迟钝、注意力不集中等，随之而来的是学习积极性及效率下降，严重者可表现为学习困难、学习无兴趣。

2. 学习效率低下的原因

（1）自学能力欠缺　应试教育的学习模式使大部分学生习惯了在老师和家长的安排下按部就班地

学习，其自学能力没有得到重视。一旦进入大学，大学强调的不仅仅是知识理论的学习，更强调的是大学生学习的独立自主性和自学能力。长期养成的苦读习惯要适应大学的学习模式，显然是力所不能及的，因此，学习效率的低下成为了必然的结果。

（2）用脑方法不当　疲劳是大脑皮层的一种保护性抑制，它对我们的大脑有保护的作用，这种保护性抑制让我们的大脑不会被过量的外界信息伤害。所以，大学生学习如果到了学习疲劳的阶段还不注意休息，精力得不到适当的恢复，甚至强迫大脑持续保持兴奋，长时间会导致大脑的兴奋与抑制过程失去平衡，甚至会导致神经衰弱。解决学习疲劳的问题要在学习的同时注意适当的休息，并参加一些体育锻炼，增加多种类的放松方式，合理安排学习时间，做到劳逸结合。

（3）时间管理能力缺乏　大学的课程设置相对自由，大学生能把握的课余时间相对较多。同时，大学的学习涉及内容比较多，有公共课和专业课，还涉及知识学习、技能训练和综合能力的培养。所以，合理高效管理地管理好时间，是大学生提高学习效率、避免学习疲劳的重要基础。

3. 学习效率低下的改善

（1）学会科学用脑　研究发现，人脑具有特殊的多元网络结构，它是由 1400 亿个脑细胞组成。这些脑细胞相互间通过生物电联系，构成数以亿计的节点，这些节点就是可以储存信息的生理单元，人一生中大约可以储存一千万亿个信息单位，相当于美国国会图书馆总藏书量的 50 倍，约为 5000 万册图书的信息总量。人的大脑在运动中消耗的是人有限的体力和精力，需要一段时间才能加以补偿和得以修复。人在放松的状态下，大脑能够诱发出 α 脑波，在这种状态下，人的身心能力耗费最少，相对脑部所获得的能量较高，运作就会更加顺畅和快速。因此，科学掌握用脑的方法对大学生的学习是非常有意义的。

大学生在用脑的时候，可以学会交错用脑平衡法，这里指的就是大学生不要长时间地学习一门学科，否则就会造成同学们的大脑出现疲倦。在学习的过程中，让自己在某一时间段就换一门学科去学习，如基础学科与专业学科的交错学习。另外还可以利用营养平衡法。营养平衡是饮食要均衡，以免影响自己的大脑运转，因为如果自身提供的营养跟不上，那么就会造成大脑因为缺乏营养而罢工。这里指的营养均衡，并不是说同学们每天吃饱饭就可以了，需要同学们做到的是，身体所需营养的均衡，同时还要增加适当的体育锻炼。

（2）进行有效的时间管理　对于大学生来说，时间管理是个重要课题。学习、生活、学校活动、课外兼职等都要占用时间，如果时间管理不科学，常常会顾此失彼，让自己变得被动。可以运用艾维·利时间管理法，依次做以下步骤：写下你明天要做的 6 件最重要的事；用数字标明每件事的重要性次序；明天早上第一件事是做第一项，直至完成或达到要求；然后再开始完成第二项、第三项……每天都要这样做，养成习惯。

（六）学习动机过强

1. 学习动机过强的主要表现

（1）过分在乎评价　学习动机过强的大学生往往受到表面动机的驱使，渴望外在的奖励与肯定，过分看重他人的评价。他们没有一个稳定的自体感，自尊的纬度总是变动不已，他们仅仅依靠外在的反馈和评价维度。当学业成功时，他们有着良好的自我感，尤其是被权威人物肯定时，他们会感觉到自己充满活力，并充满着天才般的创造力。总是以这样的方式维持他们的自尊，因而他们的自尊总是岌岌可危。

（2）过度的自我期待　美国心理学家霍妮曾经这样描述完美主义者的性格特征："完美主义者有非

常高的道德标准和智力标准，他们常为自己的操行端正而深感自豪，他们要求别人遵守这种标准，并因为别人无法做到而鄙视他们，从而将自我谴责外在化。"这类个体对自己有非常高的期待，并会为自己设置一个高目标，他们会为了实现这一目标竭尽全力，他们不允许自己有一点点的弱小感、缺陷感。当他们目标不能实现，或者能力缺陷被质疑时，他们会痛苦不已。为了弥补自己羞愧的感觉，他们可能会专注于自己的各种夸大幻想，或者试图在选择目标上转向，企图再次被肯定和确认。

（3）容易产生挫折感　渴望学业优秀的个体由于对自己高的期待，总是容易受挫。当他们感觉自己不被认可时，会有持续的低落感、无能感、无助感，因为他们很难具备自我抚慰的功能，也没有能力去同理自己的困难状态。他们很难唤起过去的成功经验，造成对自己评价降低。更糟糕的情况是，小小的失败不只是打破了完美感，还让他们有自我崩解的感觉。作为一种防御，他们也可能会将弱点分裂出去并加以否认，用一种自我的自我影像来抵抗无助感和脆弱感。

2. 学习动机过强产生的原因

（1）设置过高的目标　动机过强者往往无视自身条件和现实状况，设置一个可望而不可即的目标，让自己终其一生都无法达到或难以达到，从而导致对自己过于严格、过于苛刻。

（2）不恰当的认知模式　学习动机过强者往往拥有这样的认知模式："只要我付出了努力，我就会获得成功。"正确的认知模式应该是："只有努力才有可能成功。"

（3）他人不适当的强化　和动机缺乏者不同，动机过强者往往会受到家庭、学校、社会的肯定和支持。人们会称赞他们学习劲头足、勤奋、有出息，从而对他们进行了不适当的强化，使他们看不到动机过强的危害，反而愈演愈烈。

3. 学习动机过强的心理调适

（1）关注学习过程　学习过程中，学会欣赏过程而不是强求于结果。很多学生都有这样的体会，有些事情尽管失败了，但在过程中有一种参与感、充实感。把学习变成一种享受，增进自己主动探究的欲望，调动自己对知识的热情和诉求。学会问自己，学到什么？这段经历里什么是有趣的？如果失败，不要把这个分数看作是衡量你价值的最后一次，而是增强对这门课程的好奇心，把它看成是一个挑战，不要过分关注学习结果，被避免失败的动机所强化。这个过程中有人会觉得，不会有人关注你做了什么，人家只看结果。如果总是依赖外在的评价机制，就不会产生对生活的自主感和控制感，因为外界稍微的负面评价会让这类学生有即刻的崩解感。只有自己关注自己的学习过程和内心体验，才会赢得对自己的尊重和满意。

（2）区分进步和完美　当个体对自己有一个高标准和不切实际的期待时，会导致一种失败感和无用感。而如果试图进步而非试图完美时，个体可能更有控制感，并更感到有希望。因为自己进步激励自己而非期待完美。任何一次学习，都应该关注自己学到什么，如果失败，就需要看看自己从失败中又收获了什么，这个挫败如何激励自己在未来取得进步。在这个过程中，可能有人会觉得只有自责才会激励自己更勤奋地学习，他们坚信对自己过于仁慈会让自己懈怠，但是问题的关键在于感觉挫败后如何解决问题而非自责。同时，并非自责、懊恼及无能在激励他们，这些情绪只会让他们存在负面的状态。

（3）发展新的适应性目标　学习动机过强的学生都有潜在的适应不良的信念，只有放弃这些僵化和坚硬的信念，发展一种替代的、更具弹性和现实性的标准或假设，才可能释放而非压制自己。僵化的信念包括"我必须总是成功""我必须每件事情都尽善尽美""我必须让所有人都满意我"等，而更具适应性的信念是"高标准虽然很好，但无论如何我都愿意接纳自己""我希望优秀，但这并不总是可能的，我对自己已经取得的成绩感到满意""我喜欢做得很好，但我也愿意从错误中学习，并可以因为自己确实完成的事情而表扬自己，而非拿自己与不切实际的标准比较"。强调学习、成长和接纳而非评判、拒绝和放弃。

目标检测

答案解析

一、选择题

（一）A 型题

1. （   ）是指个体在一定情境下，由于反复的经验而产生的行为或行为潜能的比较持久的变化。

　　A. 练习　　　　　　　B. 学习　　　　　　　C. 锻炼　　　　　　　D. 社会实践

2. 心理学家（   ）研究发现，遗忘在学习之后立即开始，而且遗忘的进程并不是均匀的。最初遗忘速度很快，以后逐渐缓慢。

　　A. 桑代克　　　　　　B. 斯金纳　　　　　　C. 巴普洛夫　　　　　D. 艾宾浩斯

3. 大学生的学习要求学生积极主动地去学习，强调学生的主动性、独立性和思辨性。这体现了学习的（   ）特点。

　　A. 专业性　　　　　　B. 主动性　　　　　　C. 探索性　　　　　　D. 多元性

4. 小王政治复习时，第一天用 20 分钟对第一章进行记忆，第二天先用 5 分钟复习第一章，再记忆第二章，第三天先用 8 分钟复习第一、二章，再学习第三章，该做法体现了（   ）。

　　A. 分散学习　　　　　B. 有意义学习　　　　C. 及时复习　　　　　D. 部分学习

5. （   ）是引起和维持注意的一个重要内部因素，是学习过程中的一种积极的心埋倾向。爱因斯坦称其为最好的老师。

　　A. 动机　　　　　　　B. 诱因　　　　　　　C. 兴趣　　　　　　　D. 自我效能感

（二）B 型题

[1～2]

　　A. 全面学习　　　　　B. 实践学习　　　　　C. 自主学习　　　　　D. 创新学习

1. （   ）是指学习者应以浓厚且广泛的学习兴趣尽可能多地进行多方面、多层次的学习，积极拓展知识面、丰富知识结构，促使自己成为一个适应能力强的复合型人才。

2. （   ）是发挥学生学习的积极性、主动性和创造性，以积极主动的意识和态度对待学习，是发自内心的、强烈的学习渴望和追求，通过学习的自我选择、自我认可、自我接受和自我体验来切实改变学习的低效率状态。

[3～4]

　　A. 专业性　　　　　　B. 综合性　　　　　　C. 实践性　　　　　　D. 创新性

3. 大学学习的（   ）要求在掌握书本知识以外，在大学学习期间，探究知识的形成过程与科学的研究方法，知悉学科发展的渊源、现状以及为存在的问题提出解决的方法和思路。

4. 大学生根据自己的实际情况选择一定的专业，明确自身的主攻方向和职业方向，这是大学学习的（   ）。

[5～6]

　　A. 内归因　　　　　　B. 外归因　　　　　　C. 稳定性归因　　　　D. 非稳定性归因

5. 把成败归结为自己的努力与能力，这属于（   ）。

6. 把成败归结为任务的难度和自身能力不够，这属于（   ）。

（三）X 型题

1. 大学生学习的特点有（   ）。

    A. 专业性　　　　　　　B. 主动性　　　　　　　C. 综合性　　　　　　　D. 实践性

2. 学习动力缺乏的主要表现有（   ）。

    A. 注意力不集中　　　　B. 缺乏学习目标　　　　C. 学习中挫败感强　　　D. 学习目的功利化

3. 大学生的综合素质包括（   ）。

    A. 专业素质　　　　　　B. 文化素质　　　　　　C. 身心素质　　　　　　D. 思想道德素质

4. 桑代克提出的三大定律有（   ）。

    A. 准备律　　　　　　　B. 练习律　　　　　　　C. 效果律　　　　　　　D. 强化律

5. 大学生常见的学习障碍有（   ）。

    A. 缺乏学习动力　　　　B. 学习焦虑　　　　　　C. 注意力不集中　　　　D. 学习动机过强

二、综合问答题

1. 大学生学习过程中常见的心理问题有哪些？

2. 大学生应该如何克服缺乏学习动力？

3. 学习焦虑产生的原因有哪些？

4. 大学生应该如何改善学习效率低下？

5. 培养大学生的学习能力，应该从哪几个方面着手？

书网融合……

        知识回顾　　　　　　　微课　　　　　　　习题

（周晨曦）

第六章　理性平和——做好情绪管理

学习引导

　　你是否有过这样的体会，心情好的时候，觉得生活充满阳光；心情不好的时候，又觉得生活一团糟糕。面对生活中的挫折和困难，有的人能够越挫越勇，有的人却垂头丧气，心灰意冷。人的情绪体验存在明显的差异，每个人管理自己情绪的能力也存在巨大的不同。那么如何能够保持良好的心态，做到理性平和？如何去管理自己的情绪呢？

　　本章主要介绍情绪的含义、功能，情绪情感的分类，大学生的情绪特点，常见的不良情绪及影响因素，大学生良好情绪的培养途径以及大学生不良情绪的调适技巧。

学习目标

　　1. **掌握**　情绪的含义；情绪情感的分类；大学生不良情绪的调适技巧；大学生如何培养良好的情绪。

　　2. **熟悉**　大学生健康情绪的常用标准；大学生的情绪特点；大学生常见的不良情绪及其影响因素。

　　3. **了解**　情绪的功能。

　　在我们每个人的身上，都存在这样一种神奇的力量，它可以使你精神焕发，也可以使你萎靡不振；它可以使你冷静理智，也可以使你暴躁易怒；它可以使你安详从容地生活，也可以使你惶惶不可终日。它可以使你的生活充满甜蜜与快乐，也可以使你的生活充满抑郁、沉闷、暗淡无光。这种能使我们的感受产生变化的神奇力量，就是情绪。

第一节　情绪概述

一、情绪的含义及功能

（一）情绪的含义

　　1. 情绪的定义　情绪是人对内外信息的态度体验以及相应的行为和身体反应，以个体的愿望和需要为中介。情绪包括主观体验、生理唤醒和外显表情三种成分。

　　（1）情绪的主观体验　情绪的主观体验是人在接触到某种事物或者对象时产生的内心感受。情绪是以个体的愿望和需要为中介的，它反映的是客观外界事物与主观需要之间的关系。当客观事物满足我们的需要时，我们就会产生积极的体验，故而产生积极的情绪，比如开心、喜悦、高兴、兴奋等。当客观事物不能满足我们的需要时，我们就会产生消极的体验，也就是产生消极的情绪，比如恐惧、愤怒、悲伤、痛苦等。

很多时候我们产生了某种体验，但是具体说不清属于什么情绪。例如，有的大学生感觉不舒服或者感觉不开心，很憋闷，但是具体是属于什么情绪分辨不清楚。甚至有些人只是笼统地说郁闷。这些都是我们的体验，是我们的一种情绪。有些情绪是非常复杂的，或者是一种复合情绪，需要我们去觉察。

（2）情绪的生理唤醒 情绪生理唤醒的表现形式多种多样，包括皮肤电反应、呼吸、脑电波、内分泌的反应等。例如恐惧或者暴怒时心跳加速、血压升高、呼吸频率增加；焦虑时呼吸急促、心跳加快；愤怒时汗腺分泌旺盛、面红耳赤；悲伤时容易落泪等。

（3）情绪的外显表情 情绪的外部表现模式叫作表情。表情又分为面部表情、身段表情和言语表情。

面部表情是指面部肌肉活动的模式，它能比较明显地表现出人的不同情绪和情感，是鉴别人的情绪和情感的主要标志。面部表情最为直观地展示出人们的心理状态及其变化过程。例如，高兴时"眉开眼笑"，愤怒时"怒目而视"，恐惧时"目瞪口呆"，忧愁时"愁眉紧锁"。面部表情可以说是人情绪变化的晴雨表。在面部表情中，目光是最真实的，最能传达或者泄露心灵的秘密。例如，一些影视作品里经常有一句话"看着我的眼睛说"，就是因为眼睛是很难作假的。当一个人看到感兴趣的事情时瞳孔就会放大，当看到讨厌或者不喜欢的事物时，瞳孔就会缩小。据说古代波斯的商人在卖珠宝时，会观察客人的眼睛。如果他发现你看到他的珠宝时，瞳孔放大，两眼放光，他就知道你对他的珠宝很感兴趣，因此就会提高价格。

身段表情是指身体动作上的变化，包括手势和身体的姿势。手势表情是表达情绪的一种重要形式。例如愤怒时"握紧双拳"，紧张时"手指发抖"，内心烦躁时可能会"手指敲桌子"。在生活中，人们常常会用一些约定俗成的手势语，比如竖大拇指表示点赞或者称赞，"你真棒"；挥手表示再见或致意；摆手表示不要或禁止等。人在不同的情绪状态下，身体姿态会发生不同的变化。例如兴奋时"手舞足蹈"，害羞时"扭扭捏捏"，后悔时"捶胸顿足"，紧张时"坐立难安"，失败时"垂头丧气"等。身段表情不具有跨文化性，并受不同文化的影响。例如人与人之间的人际距离，在不同的文化中差别就非常大。有些文化中人与人之间的距离非常近，有些文化里则要求非常远。比如法国人在谈话时，两个人的距离是非常近的，甚至他们觉得我的呼吸能喷到你的脸上，这样是非常舒服的。但是在美国相对来说距离就比较远一点。所以我们在运用不同的身段表情时，要注意不同文化的差异性。

言语表情是情绪和情感在说话的音调、速度、节奏等方面的表现。语调、节奏、速度等是人类特有的表达情绪的手段。一般来说，人们在快乐时，语速比较轻快，声音比较高；而在悲哀时，音调会比较低沉，吐字慢。在不同的场合，同什么人讲话，应采用什么语调，语速快慢，声音高低等，产生的效果会很不相同。

2. 情绪、情感、情商

（1）情绪与情感的定义 情绪与情感是人对客观事物是否符合自己的需要而产生的态度体验，反映着客观事物与人的需要之间的关系。

（2）情绪与情感的区别与联系 情绪和情感是同一心理过程的两个方面，二者既有区别又有联系。

情绪和情感的区别主要体现在四个方面。①从需要的角度看：情绪是由生理需要产生的，情感是由社会需要产生的。根据需要的起源不同，可以把需要分为生理性需要和社会性需要。生理性需要是指与保持个体生命和种族延续相联系的需要，如食物、水、睡眠、休息、运动、排泄及性的需要。例如当我们非常口渴时，我们就会非常烦躁，这是情绪。社会性需要是指在生理性需要的基础上，在社会实践和教育影响下发展起来的需要，如相互交往、爱与被爱、尊重、成就、尊严、求知、审美、道德等的需要。例如我们都需要亲情、友情和爱情，这是一种情感。②从发生的角度来看：情绪是人和动物共有的；而情感是人所特有的。动物也有情绪，比如动物的食物被抢了，它也会非常地愤怒。而情感是个体在社会生活中逐渐发展起来的，是人所特有的。③从反映的角度来看：情绪带有情境性、易变性和暂时性；而情感具有稳定性、深刻性和持久性。例如当我们非常口渴时，如果迟迟喝不到水就会感觉特别烦躁，但是如果喝到水了，感觉舒服了，烦躁也就随之消失。情绪是随着情境的改变而改变的，但是情感不容易改变。比如你非常爱你的父母，不论你父母此刻在不在身边，你都非常爱他们。这是不容易发生变化的。④从外部表现看：情绪的外部表现比较明显，而情感一般比较微弱。情绪具有明显的生理变化，而情感没有。例如一个人兴奋时手舞足蹈，愤怒时怒发冲冠，紧张时浑身发抖。而情感没有明显的生理变化。

情绪和情感的联系体现在：情绪是情感的外部表现，而情感是情绪的本质内容。情绪和情感密切相关，不可分割。

（3）情商　美国心理学家约翰·梅耶和彼得·萨洛维于 1990 年提出了情商的概念，情商 EQ（Emotional Quotient）又称情绪智力、情绪商数。1995 年，哈佛大学心理学教授丹尼尔·戈尔曼撰写了《EQ》一书，才引起全球性的 EQ 研究与讨论。因此丹尼尔·戈尔曼被誉为"情商之父"。

戈尔曼认为情商包括五个方面：自我意识、自我管理、自我激励、识别他人的情绪、处理人际关系。自我意识是对自己心身活动的觉察，观察和审视自己的内心世界的体验，能够觉察自己某种情绪的出现，敏锐地觉知自己情绪的变化，是情绪智商的核心。人贵有自知之明，只有认识自己，才能了解自己，改变自己。当然对于当代大学生而言，能够清晰地自我认知并不是一件非常容易的事情，需要大学生能够经常反思自己，觉察并体验自己的情绪，并体会自己产生情绪的原因，从而提高自己的觉知能力。自我管理包括调控自己的情绪，适度表达自己的情绪。健康的情绪既包括能适时适度地表达自己的情绪，也包括控制自己的情绪。大学生也要学会自我激励，能够给自己设定某种目标，根据自己的目标，调动自己的情绪，走出人生的低潮。当遇到挫折和失败时，不是一蹶不振，而是重新站起来，面对挫折，一次一次地克服困难，解决问题，从而实现自己的目标。而有的大学生遇到一点挫折，就自我怀疑，自暴自弃，从而放弃了自己的理想和目标。情商还包括锻炼自己识别他人情绪的能力，能够敏锐地感受到他人的需求和欲望，认识他人的情绪，从而及时做出反馈，实现顺利地沟通。情商也包括处理人际关系的能力，只有及时觉察自己的心理状态，敏锐地觉知对方的情绪和需要，才能有效地沟通，处理好人际关系的各种问题。

戈尔曼表示："情商是决定人生成功与否的关键。"在一个人的成功过程中，情商比智商更重要。情商并不是先天的，而是可以后天训练和提高的。大学生要积极提升自己的情商，更好地认识自己、激励自己，提升自己面对挫折的能力和处理人际关系的能力。

（二）情绪的功能

1. 信号功能　情绪和情感具有传递信息、沟通思想和情感的功能。情绪和情感都有外部的表现表情。情绪和情感的信号功能是通过表情来实现的，例如微笑表示友好，点头表示同意等。

刚出生的婴儿没有语言能力，也是通过非语言来传递信号的。比如小孩子饿了、渴了，或者不舒服了就开始哭。当他哭的时候就会给妈妈传递信号，妈妈就会及时喂奶。如果婴儿饿了都不会哭，可能婴儿就无法生存下去了。

2. 动机功能　情绪和情感构成一个基本的动力系统，它可以驱动有机体从事活动，提高人的活动效率。一般来说，内驱力是激活有机体行动的动力，但是情绪和情感可以对内驱力提供的信号产生放大和增强的作用，从而更有力地激发有机体的行动。例如当我们感到口渴时，说明我们身体需要水分了，需要就让我们产生喝水的动机。但是如果不能及时喝到水，我们就会非常烦躁。这种烦躁情绪无形当中就放大了我们喝水的需要，起到一个放大和增强的作用。情绪是人的行为的动力系统之一，它能够促使我们去做自己喜欢做的事情，例如做自己喜欢的工作，看自己感兴趣的书等。

3. 组织功能　情绪具有组织作用，对注意、记忆、决策等其他心理过程均产生重要影响，是心理活动的组织者。这种作用表现为积极情绪的协调作用和消极情绪的破坏、瓦解作用。比如情绪对记忆有一定影响，人们往往记住喜欢的事物，遗忘痛苦的事情。此外，情绪还会影响人的行为，当人处在积极、乐观的情绪状态时，容易注意事物的美好方面，其行为比较开放，愿意接纳外界的事物；当人处于消极情绪状态时，容易失望、悲观，放弃自己的愿望，甚至产生攻击性行为。比如当一个人处于愤怒情绪时，往往会做出一些攻击或者破坏的行为。

4. 情绪对身心健康的影响　美国心理学家马斯洛提出的心理健康十条标准里，其中包括适度的情绪表达与控制。能够正确表达自己的情绪，并且适度控制自己的情绪是心理健康的标准之一。也就是说，情绪对人的健康有很大的影响，不仅影响人的心理健康，同时也影响人的生理健康。

一般来说，积极的情绪可以治病，消极的情绪可以致病。我国古代医学名著《黄帝内经》中曾明确论述情绪对内脏活动的影响，指出"喜伤心，怒伤肝，思伤脾，忧伤肺，恐伤肾，惊伤胆"。这里的喜、怒、思、忧、恐、惊是指超过了一定的限度，或过分强烈，或持续强烈。当大学生处于良好的情绪状态时，身体各器官功能协调，有益于身心健康。当大学生处于焦虑、恐惧、愤怒等负面情绪时，容易引起身体各器官功能的紊乱，损害身心健康。

很多大学生由于学习、人际关系、情感等压力，情绪状态未能调整好，造成胃溃疡、偏头痛等疾病，甚至长期处于不良情绪中，严重影响了学习和生活。这种长期的不良情绪体验还是某些神经症和精神疾病的发病原因，长期情绪紧张也可能会导致神经衰弱的发生。所以在大学生心理健康教育中，应引导大学生认识自己的情绪特点，掌握情绪调控的方法和原则，学会进行自我调节。

5. 情绪对社会交往和人际关系的影响　情绪是可以互相传染的。在生活中，我们都喜欢跟正能量的人在一起，不喜欢跟负能量的人在一起。因为正能量的人会带给我们积极的情绪，他们像太阳一样乐观、开朗、阳光、快乐，我们不由自主地也会被感染。反之负能量的人会带着一些抱怨、悲观的情绪能量，我们也会受到影响。因此坏情绪是可以传染的。比如心理学上有一种效应，叫作"踢猫效应"。老板骂了员工小王；小王很生气，回家跟妻子吵了一架；妻子觉得窝火，正好儿子回家晚了，"啪"给了儿子一耳光；儿子捂着脸，看见自家的猫就给它狠狠一脚；那猫冲到外面街上，正遇上街上的一辆车，司机为了避让猫，却把旁边的一个小孩给压死了。情绪影响个体的行为，影响我们的社会交往和人际关系。自卑、情绪悲观低落、特别爱发脾气的人，往往不能与他人正常相处，较难沟通，使得人与人之间的关系疏远。大学生在人际交往中，要注重提高自身修养，学会适度控制与调节自己的情绪，做情绪的主人，才能拥有良好的人际关系。

二、情绪情感的分类

（一）基本情绪和复合情绪

人的情绪复杂多样，很难有准确的分类。《礼记》中把人的情绪称为"七情"：喜、怒、哀、惧、爱、恶、欲。近代西方学者认为人的基本情绪分四类：喜、怒、哀、惧。这是人类存在的四种最基本、最原始的与本能活动相联系的基本情绪，是人和动物共有的。

1. 喜悦 喜悦是指追求并达到所盼望的目的时所产生的情绪体验。心情愉快时，人体各脏器活动会发生积极的改变，心脏跳动更均匀有力、肺活量增加、肠胃平滑肌蠕动加快，呼吸、消化、循环系统都得到很好开发。快乐还可减轻激素药物对肝脏的副作用，有利于疾病的治疗和身体的康复。人在快乐的时候，大脑中会分泌一种叫作内啡肽的物质，使人感到愉悦和满足。快乐的情绪能够使人做事比较自信，更能经受挫折，能激发一个人的奋发精神。

2. 愤怒 愤怒是由于干扰目标的实现受到阻碍，从而逐渐累积紧张而产生的情绪体验。愤怒在人的成长过程中出现较早。研究发现，出生3个月的婴儿就有愤怒的表现，限制婴儿探索外界环境能引起愤怒。愤怒是一种消极的情绪状态，常常跟不敬、贬低、威胁等有关。愤怒的情绪一旦爆发出来，可能会造成难以估量的后果。

3. 悲哀 悲哀是指失去心爱的对象或追求的愿望破灭时产生的情绪体验。悲哀会导致身体出现一系列不适症状，如胃痛、心悸、呼吸不畅等。长期的悲哀还可能会导致极度忧愁、情绪低落、反应迟缓、情感麻木、悲观悔恨等现象，甚至导致一系列的身心障碍。

4. 恐惧 恐惧是指个体企图摆脱、逃避某种危险但是又无能为力时的情绪体验。产生恐惧的关键原因在于个体缺乏摆脱危险情景的能力与手段。人类的大多数恐惧情绪是后天获得的。

与基本情绪相对应的叫复合情绪，是几种基本情绪的混合，比如焦虑、嫉妒等是非常常见的复合情绪。恐惧－内疚－痛苦－愤怒等几种情绪的复合是典型的焦虑。愤怒－厌恶－轻蔑的复合可命名为敌意。

即学即练

答案解析

多项选择题：关于基本情绪说法正确的是（　　　　）。

A. 基本情绪是人特有的　　　　　　　B. 基本情绪是人和动物共有的

C. 人的四种基本情绪是喜怒哀乐　　　D. 人的四种基本情绪是喜怒哀惧

（二）按照情绪状态分类

根据情绪发生的强度、速度、持续的时间、紧张的程度，可以将情绪分为心境、激情和应激。

1. 心境 心境是一种微弱的、持久的、带有弥散性的情绪状态，通常叫作心情。心境有三个特点：微弱性、持久性和弥散性。比如我们在生活中经常说最近这段时间，我心情不好，看谁都不顺眼。"最近这段时间"体现了心境的持久性。心境持续时间短的只有几个小时，长的可到几周、几个月，甚至更长的时间。

"看谁都不顺眼"体现了心境的弥散性。心境的弥散性是指当人具有了某种心境时，这种心境表现出的态度体验会朝向周围的一切事物。心境的弥散性就像一个人戴着有色眼镜一样，心境会弥散到生活中的方方面面。心情好，看谁都顺眼，心情不好看谁都烦。心境会影响我们的日常生活。愉快的心境使人觉得轻松、愉快，看待周围的事物都带上愉快的色彩，动作也显得比较敏捷；不愉快的心境使人觉得沉重，感到心灰意冷，对什么事情都不感兴趣。例如一个在单位受到表彰的人，心情愉快，回到家里同家人会谈笑风生，遇到邻居会笑脸相迎，走在路上也会觉得天高气爽；而当他心情郁闷时，在单位、在家里都会情绪低落，无精打采，甚至会"对花落泪，对月伤情"。

心境对人们的生活、工作和健康都有很大的影响。心境可以说是一种生活的常态，人们每天总是在一定的心境中学习、工作和交往，积极良好的心境可以提高学习和工作的效率，帮助人们克服困难，保持身心健康；消极不良的心境则会使人意志消沉，悲观绝望，无法正常工作和交往，甚至导致一些身心疾病。心境给人的感觉就像蒙蒙细雨一样，虽然比较微弱，但是却非常持久，对人的影响更大。就像如果土地非常干旱，突然下一阵滂沱大雨就不如下上几天几夜的蒙蒙细雨的滋润度更透。所以长期的郁郁寡欢对一个人的影响力比突然遭受一个重大挫折更大。因此保持一种积极健康、乐观向上的心境对每个人都有重要的意义。

2. 激情　激情是一种强烈的、爆发式的、持续时间较短的情绪状态，这种情绪状态具有明显的生理反应和外部行为表现。人们在生活中的狂喜、狂怒、深重的悲痛和异常的恐惧等都是激情的表现。和心境相比，激情在强度上更大，但维持的时间一般较短暂。激情的特点是：具有冲动性，持续时间较短，发作短促，冲动过了，迅速弱化或消失；由特定对象引起，指向性明显；往往伴随着生理变化和明显的外部行为表现，比如盛怒时往往全身肌肉紧张，紧握拳头，咬牙切齿等。积极激情能激发人积极向上，促使人积极采取行动，消极激情则往往容易导致认知活动范围缩小，理性分析能力受到抑制，自我控制能力减弱，甚至出现一些不顾一切的行为。

3. 应激　应激是在出现意外事件或者遇到危险情景时出现的高度紧张的情绪状态。如在日常生活中突然遇到火灾、地震，旅途中突然遭到歹徒的抢劫等，无论天灾还是人祸，这些突发事件常常使人们心理上高度警醒和紧张，并产生相应的反应，这都是应激的表现。人在应激状态下会调动全身所有的资源来应对目前的紧急状态。所以人在应激状态下常常伴随着一些明显的生理变化，如血压、心率、呼吸等的明显变化。

应激对健康的影响是双向的，既有积极的一面，也有消极的一面。适度的应激对人的健康起到促进作用，促进人的成长和发展，提高人的适应能力。但是过度的应激、超过人的适应能力的应激则会损害人的身心健康。

（三）情感的分类

人的高级情感包括很多种，常见的主要有三种：道德感、理智感和美感。

1. 道德感　道德感是按照一定的道德标准评价人的思想、观念和行为时所产生的态度体验。包括爱国心、集体荣誉感、同情感、责任感等。例如当你参加一项集体的活动，取得成功时，那种集体荣誉感就是一种道德感。道德情感与道德认知、道德行为是密切相关的。每个人的道德认知不同，也就会有不同的道德标准，不同的道德标准就会让你产生不同的道德情感和不同的道德行为。所以，每个人的道德感也有所不同。

2. 理智感　理智感是人在智力活动中所体会到的一种情感体验。例如，对未知事物的好奇心、求知欲等都属于理智感。当人们在参加某项活动取得成功时，所体会到的自豪感、成功感、自信心等都属于理智感。

3. 美感　美感是按照一定的审美标准评价自然界、社会生活和文学作品时所产生的情感体验。包括自然美、社会美和艺术美。人们在欣赏自然风景时体会到的美感属于自然美；在看到一些美好的社会现象，比如淳朴善良、见义勇为、助人为乐等所体会到的情感属于社会美；在欣赏音乐、美术、文学时所体会到的美感属于艺术美。美感与道德感密切相关，对美与丑的评价鉴赏能使人产生美感；而对善恶的评价也能引起人的审美和体验。美感是人们欣赏美、展示美与创造美的动力。

活动：认识自己的情绪。

目的：觉察和认识自己的情绪，提高管理情绪的能力。

操作：

1. 回忆最近一段时间发生的事情，完成以下句子。

（1）令我感到开心的一件事是

（2）令我感到生气的一件事是

（3）令我感到悲哀的一件事是

（4）令我感到恐惧的一件事是

（5）有哪些事是我最近特别想做的，做了会让我很开心

2. 和同学们交流、谈论、分析，你认为自己能否及时觉察到自己的情绪？当你出现负面情绪时你是如何处理的？你如何管理自己的情绪？你有没有在生活中做一些让自己开心的事情，及时调整自己的情绪状态？

第二节　大学生的情绪

一、大学生健康情绪的标准

情绪在人的成长和发展过程中起着非常重要的作用。健康的情绪，会使人积极乐观向上，而不健康的情绪会使人消极颓废，不思进取。什么是健康的情绪？健康情绪的标准是什么？

健康的情绪，即良好的情绪状态，是指一个人情绪的发展、反应水平和自我控制能力与其年龄和社会的要求相适应，并为社会所接受。一般来说，情绪的目的性恰当、反应适度，不带有幼稚的、冲动的特点，符合社会规范的要求，就是情绪健康的标准。不同的学者提出了不同的判断健康情绪的标准，常见的标准如下。

（一）马斯洛：健康情绪的六个特征

1. 情绪自然、愉快、稳定。

2. 有清醒的理智。

3. 适度的欲望。

4. 对人类有深刻、诚挚的感情。

5. 富于哲理、善意的幽默感。

6. 丰富、深刻的自我情感体验。

（二）瑞尼斯等：健康情绪的六项指标

1. 发展出某些技巧以应付挫折情境。

2. 能重新解释、接纳自己与情绪的关系，不会一直自我防卫，能避免挫折并安排替代的目标。

3. 知觉某些情境会引起挫折，可以避开并找寻替代目标，以获得情绪满足。

4. 能找出方法，缓解生活中的不愉快。

5. 能认清各种防卫机制的功能，包括幻想、退化、反抗、投射、合理化、补偿，避免成为错误的习惯，以致防卫过度，造成情绪困扰。

6. 能寻求专家的帮助。

（三）索尔：情绪健康的八个特点

1. 独立，不依赖父母。

2. 增强责任感及工作能力，减少与外界接纳的渴望。

3. 去除自卑情结、个人主义及竞争心理。

4. 适度的社会化与教化，能与人合作，并符合个人良心。

5. 成熟的性态度，能组织幸福家庭。

6. 培养适应能力，避免敌意与攻击。

7. 对现实有正确的了解。

8. 具有弹性以及适应力。

二、大学生的情绪特点

大学生有着丰富、强烈而又复杂的感情世界，情绪体验快而强烈，喜怒哀惧常常一触即发，表现出热情奔放的冲动性特点。同时大学生又处于青年前期，生理发展比较快速，但心理发展相对滞后，这一阶段的生理和心理特点导致大学生的情绪也出现了很多特有的特点。

1. 丰富性与复杂性　大学生的情绪体验因为学习生活和环境的改变而变得更加丰富，情绪趋向复杂化。在大学阶段，大学生不仅对情绪的细微差别体验更加深刻，还开始体验大量的社会情绪。大学生的情绪主要包括自我意识情绪、自我预期情绪和依恋性社会情绪。

自我意识情绪是指个体在社会环境中，关注他人对自身或其行为的评价所产生的情绪，如自卑、自信、自尊、内疚、害羞、尴尬等。很多大学生非常关注自我意识，去了解自己是一个什么样的人，自己有什么优点和缺点。如果大学生感到自己很多地方不够好，就会非常自卑。有些大学生自我价值感高，就会非常自信。还有的大学生做事情时容易害羞，总是觉得自己不够优秀，觉得自己不好意思，害怕别人嘲笑自己，害怕别人的眼光。

自我预期情绪是个体在面临机会选择或竞争情境时，个体对选择不同行为的后果做出的预期，并根据自身期望和价值取向调节预期过程中所产生的情绪，如后悔，自责，庆幸，嫉妒等。很多大学生如果某些事情做不好就出现后悔、自责的一些情绪，也会对比自己优秀的同学产生嫉妒情绪。

依恋性社会情绪指的是人与人之间的情感联结，包括亲情、友情、爱情等。进入大学阶段，学习相对来说比高中要轻松和自由一些，加之大学生的生理特点。很多大学生对于依恋性社会情感就表现出更高的追求。比如很多大学生都希望自己在大学能交到几个关系特别好的亲密朋友，但是也会遇到一些挫折。有时候相处时间长了，就发现性格不合或者兴趣爱好不一致，最后自己非常失落。还有的大学生非常希望在大学里遇到自己的爱情，但是并非一帆风顺，所以也体会到一种或甜蜜、或痛苦的情感体验。

伴随着大学生社会意识的觉醒，社会情绪逐渐成为其情绪结构的主导成分。

2. 稳定性与爆发性　与中学生相比，大学生的情绪明显更加稳定，引发的情绪反应也会持续保持一定的时间。中学生的情绪很容易受到外界环境的影响，情绪来得快去得也快。比如一次考试成绩失败，中学生就会大哭一场，或者出现强烈的情绪反应。但是大学生相对来说更加稳定和成熟，而且心境会持续一段时间。例如一次竞选学生会的成功的愉快体验在大学生中会持续一段时间，并扩散到其他事物上，仿佛染上一层快乐的色彩。

但是大学生的情绪特点还是具有强烈性和爆发性。一旦情绪爆发，自己有时候难以控制，甚至表现为一定的盲目狂热和冲动。比如很多大学女生因为一点小事就情绪波动非常大，常常会导致整个人际关系出现问题。甚至因为对方一句话而产生强烈的情绪感受。

3. 波动性与两极性　大学生虽然生理上已经成熟了，但是心理发展相对滞后。很多大学生还处于未成年人向成年人的转变阶段，导致情绪波动幅度大，容易从一个极端走向另一个极端，情绪有时候出现大起大落、大喜大悲的两极性。有些大学生因为一点小事，就容易悲观失望，情绪反应强烈。有的时候又因为一点成功，而兴高采烈。还有些大学生控制不了自己的情绪，甚至在宿舍大发脾气，波及其他的同学。

4. 内隐性与掩饰性　与中学生相比，大学生虽然有时候喜形于色，但很多大学生在情绪上常会将自己的情绪隐藏和掩饰起来。很多大学生有情绪时，喜欢一个人默默藏在心里边，不想让同学看到或者知道。有时候他们觉得说出来，也没有人能理解自己，反而给同学造成一些困扰。还有一些大学生希望自己是一个阳光、开朗、正能量的形象，所以不想把自己的另外一面展现给同学们，害怕给对方造成不好的印象。但是这种做法，无形当中也给同学们之间的沟通和交流带来一些障碍，导致很多同学难以敞开心扉，影响了人际关系。时间长了，自己也常常感到孤独和苦闷，产生了一些不良的情绪反应。

三、大学生常见不良情绪及影响因素 🅔 微课

> ▶▶ **实例分析**
>
> **实例**　某医学专科院校一女生，面临着专升本的压力。自己感觉高考考得不理想，让父母非常失望，父母对自己寄予厚望，希望自己专升本成功，因此这次不想再让父母失望。压力很大，一直忐忑不安，白天注意力不集中，晚上失眠，睡不着觉。如果某次平时测试自己考试分数不高就非常焦虑，担心自己考不上。看到其他同学复习功课时，记单词比自己快，就非常恐惧和紧张。甚至晚上睡觉也不敢睡，害怕被同学超过去，内心充满了紧张、无助、自责。导致自己状态非常不好，每天都很累，丧失了考试的信心。
>
> **问题**　1. 该同学出现了哪些不良的情绪？
> 　　　　2. 引起她不良情绪的原因是什么，该如何调节？
>
> 答案解析

（一）大学生常见的不良情绪

1. 自卑　自卑是指人们低估自己的能力，并且认为自己各方面不如别人。一般来说，就是表现为对自己的能力、品质评价过低，而且还伴有害羞、不安、内疚、忧郁、失望等情绪。美国著名的心理学家阿德勒认为每个人天生多多少少都有一些自卑感。因为婴儿生下来就是一个弱的个体，必须依靠成年人的保护才能生存下来。所以这种弱的感觉会让他们产生自卑感。自卑感跟一个人的成长环境有很大的关系。如果家长对孩子过度批评、指责或者不认可，孩子就会非常自卑，觉得自己能力不足，干什么都不行。曾经有一个女孩子，虽然长相漂亮、能力出众，可是一直非常自卑。原因在于从小爸爸就不喜欢自己，不认可自己，因为自己是个女孩子。爸爸希望要个男孩，觉得生女孩在村子里抬不起头来，因此

把诸多的情绪发泄在女儿身上，从小不仅不与女儿亲近，而且各种指责与不满。这个女孩子长大之后会非常自卑。总是觉得自己不够好。要克服自卑，可以采用以下方法。

（1）正确地看待自己的优点和缺点　这个世界上没有完美的人，我们的目标是做一个完整的人，接纳自己，悦纳自己，包括接纳自己的优点和缺点。自卑者经常无限放大自己的缺点，无限缩小自己的优点。如果一个人无限放大自己的缺点，就相当于一滴墨滴入一盆清水当中，这滴墨会把整盆水染黑，这个缺点也会把整个人生给染黑。著名的作家和心理学家毕淑敏曾经讲过一个例子，有一次，她去一个大学做讲座。她问在座的大学生：你们有谁是对自己的相貌不满意的？结果所有的大学生都举手了！但是她注意到前排坐着一个女生，非常漂亮。她不知道这个女生对自己的相貌有什么地方是不满意的，所以等讲座结束之后，她就去问这个女生："我刚才看到你举手了，你能否告诉我你对自己的相貌哪一点不满意？"这个女生非常认真地跟她说："毕老师，我告诉你，你可千万别告诉别人。我的第八颗牙齿长得很难看。"毕淑敏想了想，第八颗牙齿只有大笑的时候才能看到。这个女生又非常认真地告诉毕淑敏："我在学校喜欢一个男生，他非常优秀，也非常喜欢我。但是我不敢跟他走得太近，我怕她发现我的第八颗牙齿而远离我。"当我们看到这个事件时，都会觉得这位女生太小题大做，竟然因为自己的第八颗牙齿而自卑。其实我们生活中很多人跟她一样会无限放大自己的缺点，有些人因为皮肤黑而自卑，有些人因为胳膊粗而自卑，还有的人因为性格内向而自卑。如果你无限放大这些缺点，它们就会开始染黑你的人生，就像这个女生因为第八颗牙齿难看，而影响了自己正常的恋爱。

我们每个人身上都有缺点，要正确地看待自己的缺点，很多缺点换一个角度看就是优点。比如有的人胆子小，反之优点是做事认真、谨慎；有的人粗心，反之优点是做事直爽、不计较小事。关键是在不同的事情上选择不同的方式，所以我们要具体问题具体分析，选择适合的方式来做事情。我们自认为身上的某些缺点，今天认为是缺点，但是在我们成长过程中可能带给了我们很多的好处，或许正是这些缺点保护了我们，才让我们更好地生存和成长。比如在《接纳不完美的自己》这本书中，作者黛比·福特讲过一个例子。1957年，泰国一家寺院迁址，其中一部分僧人负责搬运寺院里一尊巨大的黏土佛像。在搬运过程中，一名僧人注意到，佛像表面的黏土上出现了一丝裂缝。为了避免佛像受损，僧人们决定暂时中止佛像的搬运工作。那天夜里，一名僧人打着手电筒来检查佛像的时候，忽然发现裂缝处在手电光下发出了奇异的反光。这让僧人非常好奇，于是他找来了锤子和凿子，开始凿宽佛像上的裂缝。随着一块块黏土的落下，佛像逐渐现出了黄澄澄的颜色。最终，辛苦了几个小时的僧人抬起头来，发现灰扑扑的土佛已经变成了一尊华贵的金佛。这是一座几百年前被当时的泰国僧人用黏土覆盖起来的金佛，因为当年缅甸的军队正在入侵泰国。我们的内心世界就像那尊被黏土覆盖的金佛一样，因为害怕外面的世界，会恐惧地把心中的金佛掩藏起来；只有鼓起勇气，敲掉表面的黏土，才能让金子重新焕发出光芒。所以有时候我们身上的某些缺点看起来就像黏土一样不如金子好看，但是它却在一定程度上保护了我们自己。比如我们小时候对某些事情恐惧，导致了我们害怕出错，做事认真负责等；我们恐惧大街上飞驰而来的汽车，所以我们要小心地过马路，保护我们自己的安全等。

（2）更新对自己的认识，重新认识自己　自卑是我们形成的对自己的一种认知，具体来说就是我们认为自己不够好。但是实际上我们发现自卑跟我们自身的条件并没有实际的关系。比如很多非常优秀的人也非常自卑。有些长相很漂亮的女生仍然觉得自己长得不够漂亮而去整容。有些个子高的人因为自己长得高而自卑，有些个子矮的人因为自己矮而自卑。所以自卑跟一个人本身的条件没有绝对关系，只是我们对自己的一种观点、认知或者看法而已。我们需要更新对自己的认识。如果从一个生命的角度去理解一个人，人人都是平等的，每个人都是足够好的，都有自己的生命的价值，没有好坏之分。我们要做的就是看到自己的生命价值，在生命价值的基础上，发挥自己最大的能力，做好自己该做的事情。

（3）通过生活实践，不断确认对自己的认识　自卑的反面是自尊。自尊指的就是自我价值感。比如有时候我们觉得自己很有价值，有的时候又觉得自己没有能力做好某些事情，因而觉得自己一无是处。自尊又分为有条件的自尊和无条件的自尊。一般来说，人们刚开始拥有的都是有条件的自尊。比如很多大学生需要在生活中做一些事情，通过做事情获得一种价值感和能力感，从而提高了自己的自信心和自尊心。这就是有条件的自尊。如果这个大学生发现自己很多事情都能做好，发现只要自己努力，没有什么能难倒自己的。他就会形成一种无条件的自尊，这就形成了自信心。心里就会有一粒种子生根发芽，相信自己是没问题的，什么事情都是可以做好的。所以，如果要提高一个人的自信和自尊，也可以在生活中不断锻炼自己，由有条件的自尊发展为无条件的自尊。

2. 焦虑　焦虑是一种大学生常见的情绪反应，是个体对当前或预感到的挫折产生的一种紧张、不安而兼有恐惧的情绪状态。过分的焦虑使人处于一种无所适从的状态，总是担心将要发生的事情，坐立不安，注意力分散，失眠，办事效率低下等。大学生常见的焦虑情绪主要有：考试焦虑、人际关系焦虑和自我形象焦虑。考试焦虑是由于担心考试失败或渴望获得更好的成绩而产生的焦虑不安，并伴有失眠、注意力不集中、疲倦等。人际关系焦虑是大学生人际关系问题也常常导致某些大学生产生焦虑，尤其是女生。例如某医学院校一名女生，因为担任学生会重要职位，加之平时非常注重学习，所以很少有空跟宿舍的人一起逛街，参加宿舍的集体活动等，导致宿舍的人渐渐与她疏远。她内心也充满了矛盾，一方面感觉自己被排斥了，在宿舍里没有归属感，很想跟宿舍同学搞好关系，但是另一方面也不想耽误自己太多时间，参加宿舍的活动。所以感到焦虑，非常为难，不知道如何处理宿舍的人际关系问题。自我形象焦虑是指有很多大学生因为自我形象而产生焦虑。例如某大学男生非常希望获得同学的认可，认为自己有很多地方做得不够好，觉得自己能力不足，缺乏社交能力，口才不好，性格内向不够开朗。所以努力参加活动，希望能够锻炼自己，让大家对自己有一些认可。在大学生中，有很多的大学生做事的动力是希望获得周围人的认可，包括老师的认可、同学的认可。如果没有获得认可，他就非常焦虑，很受伤，担心自己做得不够好。时间长了，自己做事情时会犹豫不决，甚至觉得自己有选择恐惧症，害怕造成不好的形象和影响，从而影响了自己做事情的动力，也违背了自己本来的意图。那么如何对待焦虑呢？

（1）接纳焦虑情绪　每个人多多少少都会有焦虑，所以大学生产生焦虑情绪，是非常正常的一种现象。

（2）分析焦虑背后产生的原因　有些考试焦虑的原因可能是对自己要求太绝对化，或者期望太高。有些专升本的学生对自己要求太绝对化，要求自己一定得考上，必须得考上。有的学生背负了很多父母的期望和期待，觉得考不上就对不起父母。还有的学生认为考试是自我价值感的证明，觉得只有考上本科，才能证明自己是有价值的。这些原因造成大学生考试压力过大，导致其过度紧张和焦虑。针对诸如此类的情况，大学生要适当给自己减压，轻装上阵才能取得更好的效果。自我形象焦虑的根本原因还在于自我认知问题，一个人如何看待自己？每个人都希望获得别人的认可，但是最终都要学习自己来认可自己，自己学会看到自己的努力，看到自己的优点。当别人没有认可我们时，我们也要去认可自己。这样就不会过度地把自我形象的标准交到别人手里，才能安心地做自己，去做自己该做的事情。

（3）可以运用想象减轻焦虑　想象可能出现的焦虑情景，放任自己体验焦虑，同时随时提醒自己焦虑虽然让人觉得不舒服，但不会致命，慢慢跟它共存，提高自己的自信。

3. 抑郁　抑郁是一种持续时间较长的低落消沉的情绪体验。处于抑郁状态中的人，看到的一切仿佛都笼罩着一层暗淡的灰色，对什么事都提不起兴趣，常常感到精力不足、注意力难集中、思维迟钝，同时伴有痛苦、羞愧、自怨自责、自我评价偏低，对前途悲观失望。经常听到很多大学生说不开心，开心不起来，烦躁，郁闷等，实际上这些词多多少少都有点抑郁情绪。抑郁情绪跟从小形成的情绪压抑有很大的关系。预防和减轻抑郁情绪，可以尝试以下方法。

（1）学会表达并合理地宣泄自己的情绪　当有情绪时，要学会适时适度地去表达情绪，看到情绪背后的需要，满足自己的需要，而不是一味地去压抑自己的情绪。例如有一位大学女生很长的时间总是开心不起来，总觉得活着没有多大意思。后来了解到，这个女生对自己是非常苛刻的，从来不去觉察和表达自己的情绪，也不去思考自己内心的真正想法。在与心理咨询师的交流过程中，心理咨询师让她去学习关心自己的情绪，满足自己的需要，寻找到生活中的一些小快乐。后来女生在路上，给自己买了一份特别想吃的水果。她觉得很开心，因为以前即使想吃水果，都不会给自己买，觉得自己又不缺营养，给自己买太浪费了。可是当满足自己这么一个小小的心愿时，自己都觉得很开心。所以，抑郁情绪有一部分原因是因为太忽视自己了，过于压抑自己的本我，没有去关心自己，所以导致整个人处于一种灰色状态。

（2）积极地关心、理解、接纳、关注自己，学会爱自己　一个人的心理空间就像一所房子，如果这所房子里是非常暗淡的，那么整个人也会黯淡无光，缺乏活力，但是如果这所房子里照进的光越多，房子就会越来越亮。房子里的光越多，黑暗的角落就越少。一个人对自己的忽视、指责、抱怨等都是黑暗，对自己的关心、理解、接纳、关注等都是光。所以每个人都要多给予自己一些积极的关注，凡事对自己不必过于苛求，学会爱自己。

当然这些光可以来自我们自己，也可以来自别人对于我们的关心和关怀。如果在一个人成长过程中，父母给予孩子的光比较多，对孩子充满了关心，接纳，尊重，支持等，这个孩子就会充满乐观阳光。反之如果父母对孩子过度地指责、控制，忽视孩子的真正需求，孩子内心的阴暗面就非常多。久而久之也容易导致更多的抑郁情绪。在大学生当中，有一部分学生之所以抑郁，跟从小的家庭环境有很大的关系。比如有些大学生家庭氛围非常糟糕，父母经常吵架，而且父母吵完架又拿孩子当出气筒，或者在孩子面前抱怨对方。而且有些父母本身对孩子就过分苛刻，充满了控制和指责，久而久之这些孩子积压的负面情绪也是非常多的，时间长了容易导致抑郁情绪。甚至有些没有得到调节，容易产生抑郁症。

在生活中，我们经常听到抑郁症这个词。抑郁与抑郁症是有区别的。抑郁症是以显著而持久的情感或心境低落为主要特征的一组精神疾病，伴有相应的思维和行为改变，病情严重者可有精神病性症状。心境低落为抑郁症特征症状，有昼夜节律改变，"晨重夜轻"，是内源性抑郁的典型症状。抑郁症的症状常常表现如下：抑郁心境——悲伤、心里难受、有压抑感、活着没意义；丧失兴趣——失去乐趣、对任何事都提不起劲、生活乏味；意志活动减退——生活被动、疏懒、回避社交、行为缓慢；精力丧失——疲乏、无力、无精打采、力不从心；自我评价低——无用感、无望感、无助感、无价值感。抑郁症的治疗不能单单依靠药物，还需要和心理治疗相结合。曾经有一名女大学生患有抑郁症，有一段时间情绪崩溃，控制不住自己的情绪。后来吃上药之后，感觉情绪上被控制住了，但是还是闷闷不乐。就像烧一锅水，如果水太开了，锅没有盖盖，水蒸气就不停地出来。但是如果盖上盖，水蒸气就跑不出来了。吃药就像给这个锅盖上盖一样，看起来是控制住了，但是里边的水还是在翻滚。所以还需要通过心理治疗，去探究和了解翻滚的水。药物治疗与心理治疗相结合，才能有利于抑郁症的痊愈。

4. 嫉妒　嫉妒是与他人比较，发现自己在才能、名誉、地位或境遇等方面不如别人，而产生的一种由羞愧、愤怒、怨恨等组成的复杂的情绪状态。嫉妒情绪有四个特点：针对性、持续性、对抗性和普遍性。针对性是指我们不会嫉妒所有的人，但是我们会嫉妒某些人，尤其是跟自己相似的人或者身边的人。嫉妒的持续性是指嫉妒一旦产生，就不容易摆脱。嫉妒的对抗性是指嫉妒者心胸狭隘，总是希望别人朝坏的方向发展。甚至面对别人的成功，可能会采用极端的手段来破坏或伤害他人。比如大学生残害舍友事件往往是处于一种嫉妒心理。嫉妒还具有普遍性，每个人多多少少都会有一些嫉妒的情绪，当然这种情绪也是可以克服的。要克服嫉妒情绪，可以尝试以下方法。

（1）正确地认识自己　很多时候我们嫉妒别人，是因为我们看到别人身上的闪光之处，并且总觉得自己不如别人，没有任何值得自豪的地方，缺乏自信心。要找到自己的闪光点，看到自己的独特和价值。

（2）用积极心态看待周围的人和事　用积极乐观的心态看待周围的人和事，用豁达的心胸对待别人。凡事换位思考，学会共情，去理解对方。与人交往要真诚，做到不卑不亢。要提高自己欣赏别人和欣赏自己的能力。

（二）不良情绪形成的因素

大学生的情绪受遗传因素、环境因素及心理因素的影响。

1. 遗传因素　遗传因素对情绪的影响主要体现在气质类型上。前苏联心理学家巴甫洛夫根据神经过程的三个基本特征，即兴奋和抑制过程的强度、兴奋和抑制之间的均衡性以及兴奋和抑制之间相互转化的灵活性，把人的气质类型分为四个基本类型：兴奋型、活泼型、安静型和抑制型。气质是天生的、遗传的，是由神经系统的特点决定的。不同的气质类型在情绪的表现上也会有很大的差异性。兴奋型的人直率、热情、情绪兴奋性高、容易冲动、脾气暴躁，具有外向性，典型代表人物是张飞、李逵等；活泼型的人神经活动的兴奋和抑制过程较为平衡，虽然易兴奋，但是有很大的灵活性，反应灵敏，活泼，能很快适应迅速变化的外界环境，具有外向性，典型代表人物是孙悟空、王熙凤等；安静型的人神经活动很难从一个状态转移到另一个状态，表现稳重、安静、反应缓慢、沉默寡言、情绪不外露，具有较强的忍耐力和宽容别人的能力，有时也表现得有些压抑，但有很强的自我调节能力，具有内向性，典型代表人物是薛宝钗、唐僧等；抑制型的人具有较高的感受性，孤僻，情绪体验深刻，感受性高，属于内向性，典型代表人物是林黛玉、张爱玲等。

2. 环境因素　主要包括家庭环境、学校环境、社会环境等的影响。

（1）家庭环境　在人的成长过程中，家庭是非常重要的场所。父母是孩子的第一任老师，在家庭中，最重要的是父母对孩子的影响。父母对孩子的影响主要体现在父母与孩子的教养关系上。也就是父母与孩子的相处模式是怎样的。常见的父母教养方式包括三种：民主型、权威专制型和放纵溺爱型。民主型的教养方式是在这个家庭中，父母和孩子是平等的关系，父母尊重孩子的想法，给孩子一些平等和自由。例如在很多家庭中，遇到事情时，父母会跟孩子商量，尊重孩子的意见。曾经一位大学生说，自己的父母非常民主，遇到很多事情都是通过开家庭会议的形式讨论决定的，而且在开家庭会议时，父母明确表示不分长辈和晚辈，不分姐姐妹妹，大家都是平等的，谁有想法都可以直接表达。所以民主型的教养方式会形成真诚、直率、热情、尊重、能够与人合作的性格。权威专制型教养方式中，父母是高高在上的，对孩子来说，父母就是权威，要求孩子必须"听话"。这样的教养方式中，父母过于严厉，严厉之下必然产生距离。所以孩子有话也不敢说，甚至害怕惩罚而学会撒谎。权威专制型教养方式下孩子容易形成顺从、怯懦、缺乏主见、撒谎的性格特点。放纵溺爱型的教养方式中，父母对孩子过于放纵和溺爱，容易导致孩子形成以自我为中心、唯我独尊等不良的性格特点。总之，父母的情绪稳定、民主型的教养方式有利于孩子情绪的健康发展，而家庭压力过大、气氛紧张、溺爱或过分严厉、父母很少关注孩子的情绪表达、父母对孩子期望过高的家庭，都有可能使孩子产生情绪困扰。

（3）学校环境　学校环境对大学生的情绪有直接的影响。学校环境包括学校的教育方式、人际关系、教师身心健康状况、学生素质等因素。学校中紧张的人际关系、繁重的学习压力、单调的教育模式以及教师的人格缺陷等都会引起大学生的情绪问题。

（2）社会环境　社会环境包括社会文化背景、社会变革、社会政治经济文化条件等。近几年随着经济的发展和人们生活水平的提高，社会竞争越来越激烈，就业压力加剧，这些压力给社会阅历尚浅、心理应对和承受能力弱的大学生带来了很大的冲击，容易引发不良情绪的产生。

3. 心理因素　大学生的认知方式、自我意识、个性特点等心理因素都会对情绪产生影响。面对学习和生活中的困难和挫折，有些大学生能够积极面对，分析问题，解决问题，及时调整自己的心态，用一种积极乐观的心态面对一切困难；而有些大学生选择消极回避的方式，甚至有些大学生物质滥用，逃避到网络当中。大学生正处于自我同一性的形成阶段，有些大学生能够清晰地认识自我、悦纳自己，形成自我同一性。而有些大学生则内在存在很多的冲突，理想我和现实我差别很大，不能正确地认识自己，甚至不接纳自己，从而产生很多的自我怀疑和自卑心理，出现很多不良情绪。不同性格特点也会影响大学生的情绪，有些大学生性格乐观、开朗，积极情绪居多；而有些大学生性格消极、悲观，容易出现紧张、恐惧、焦虑等消极情绪。

第三节　情绪调控

我们每个人都要学会控制自己的情绪，做情绪的主人。情绪的失控，不仅容易导致冲动的行为后果，而且还会造成不可挽回的后果。倘若我们常在他人面前任由负面情绪决堤，乱发脾气，丝毫不加控制，久而久之，别人就会视我们为难以相处之人，甚至不再与我们往来。所以，人人都要学会控制自己的情绪。

一、大学生良好情绪的培养途径

大学生的情绪健康是大学生心理健康的一个重要指标，主要包括心理愉快和情绪稳定两个方面。心理愉快是指大部分时候情绪是积极的、乐观的、开朗的，对事情充满热情。当然少部分时间会有消极的、不愉快的情绪。例如有一个大学女生，她的同学每次见到她，她都是消极、悲观的，要么唉声叹气，要么愁眉苦脸，她的情绪就不够健康。情绪稳定是指善于控制和调节自己的情绪。它包括两个方面：控制约束和适度宣泄，不过分压抑。生活中有些人太冲动，情绪波动特别大，容易有大喜大悲的情绪，这种人有时候控制不了自己的情绪，容易失控。还有一种人属于特别淡定或波澜不惊型的，这种人有时候过分压抑自己的情绪，让人觉察不到他的喜怒哀乐。第一种人需要学会控制自己的情绪，第二种人需要学会合理表达出自己的情绪。如果控制不了自己的情绪，做事很容易冲动，就会破坏关系或者影响做事情。如果一味压抑自己的情绪，不利于自己的身心健康。比如现在很多的身心疾病都跟情绪的压抑有关，比如 C 型人格是癌症的易感人格，这种人格的典型特点就是过度压抑自己。所以要正确地对待自己的情绪，保持一个比较健康、愉悦的情绪状态。

大学生正处于青春动荡期，自我意识、人际关系、学习等各种问题都有可能引起他们的情绪波动。情绪本身无绝对的好坏，但是不同的情绪对人的影响却存在差异，很多情况下，情绪的不良表达或压抑甚至会导致患上心身疾病等。因此，调节情绪提高情商显得十分必要。大学生良好情绪的培养途径如下。

1. 充实自己的精神世界　很多大学生内心是孤独和空虚的，有时候非常迷茫，不知道自己想要什么，也缺乏目标。大学生可以多充实自己，找到自己的理想和目标，为了自己的目标去奋斗。可以多参加一些活动来充实自己的生活，锻炼自己的能力。每天都有自己的计划和要完成的事情，这样就不容易沉浸在某种负面情绪中去，而且在这个过程中还能不断探索自己，不断提高自己，体会到一些能力感和成功感，获得一些积极和良好的情绪体验。

2. 增强自信，提升自我价值感　自信心是一个人相信自己，有较高的自我价值感。大学生当中很多的情绪都跟自卑或者自我价值感偏低是有关系的。比如因为一次考试失败，就否定自己的价值，耿耿于怀，觉得自己很失败，产生不良的情绪。因为跟好朋友的矛盾和冲突，也很容易就自责、内疚，或者产生一些不安全感，觉得没人喜欢自己。所以只有增强自信，遇到问题保持理智，悦纳自己，喜欢自己，才能保持良好的情绪状态。

3. 调控期望值，降低期待　情绪的基础是需要，当我们对别人有需要时，就会对对方产生一些期待和要求。如果对方没有满足我们的期待，我们的需要没有得到满足，我们就会产生消极的情绪体验。所以很多情绪是由于未被满足的期待导致的，我们可以调整自己的期待值，这样可以减少烦恼，保持良好的心境。我们每个人都有很多的需要，有些需要别人能满足我们，有些需要别人满足不了我们。别人满足了我们，我们心存感恩。但是别人满足不了我们，我们也不能强求，要学会自己去调整自己，而不是一味地埋怨、抱怨和指责别人。

4. 发展友谊，寻求社会支持　当我们有情绪时，良好的人际关系可以给我们精神上的支持，我们在人际关系当中也可以满足自己很多的心理需要，比如获得朋友的理解、尊重、关爱等。当我们有负面情绪时，还可以向朋友倾诉，缓解我们的压力和紧张焦虑的情绪。良好的人际关系能带给我们安全感和归属感。

5. 学会放松，积蓄能量　适当的放松能帮助我们调节情绪。可以找到自己喜欢的某些放松方式，比如听音乐、爬山或者去逛公园，去大自然当中走走。现在的电子设备，看手机，看电视等都是消耗人的能量的事情，而读书、听音乐、接触大自然、发呆、冥想等都是增强人的能量的事情。尤其是现在的大学生电子设备太多，休闲时间玩手机占用了大量的时间，这不利于身心健康。所以大学生可放下手机，多去大自然当中走走。

📖 **知识链接** ....

正念减压疗法

正念是指一个人有意识地去觉察自己此时此刻的感受，不作评判，接纳自己的一切感受（Kabat - Zinn，2003）。正念减压疗法（Mindfulness - Based Stress Reduction，MBSR）就是以正念为基础的集中性的压力管理方法，在训练过程中鼓励练习者运用自身内部的资源和能量积极主动地去关注自己，目的是使身体得到更大的放松，心灵上更加平和，生活得到更好的平衡。主要包括"身体审视、坐式冥想、瑜伽练习"三类技术。

正念并不试图改变一个人的想法或感受，而是去觉察这些想法和感受的流动，并且不对它们做出反应。它需要我们注意自己的感觉、想法和情绪，其最终目的是让我们更好地理解自己的大脑所习惯的模式。

二、大学生不良情绪的调适技巧

（一）觉察并接纳自己的情绪

当我们有情绪时，我们首先要觉察自己的情绪，体验到自己的感受，然后去接纳自己的情绪。其实每一种情绪都是非常自然的反应状态，都是我们内心最真实的感受，或者说每一种情绪都会给我们一些信号，让我们及时调整自己，尤其是消极情绪，对我们同样具有很重要的作用。比如恐惧是提醒我们要远离伤害；愤怒是让我们在受到侵犯时吓退敌人或者争取生存的空间。

我们不仅要觉察自己的情绪，而且要接纳自己的情绪。例如有一个三四岁的小朋友，妈妈第一次带她去海边玩。她不敢下水，非常害怕。后来就在岸上玩，没有下水。但是过了一会，小女孩非常兴奋地跟妈妈说："妈妈我害怕，我害怕，哈哈我害怕。"此时她觉察到了自己的情绪，不仅接纳自己的情绪，还觉得自己的情绪很好玩。这就是对待情绪的一个非常好的态度。其实情绪本身不是问题，但是如果不接纳自己的情绪，甚至去评判自己的情绪就会带来问题。例如，很多人觉察到自己有恐惧情绪时，就想方设法压抑它，或者否定它，甚至还经常评判它，害怕别人觉得自己是个胆小鬼，觉得自己很懦弱，害怕别人会瞧不起自己，所以就拼命地去压抑自己的情绪，适得其反，结果反而越来越恐惧了。

（二）合理宣泄，而非压抑自己的情绪

宣泄法就是通过适当地释放和合适地发泄让消极情绪得以排解。当我们有情绪时，要合理地宣泄，而不是把情绪压抑起来。如果一个人压抑自己的情绪，实际上这个情绪并没有消失，而是被我们压抑或者隔离在内心深处了。就像一个人家里如果有垃圾，最好把这个垃圾清扫出去，这是个宣泄的过程。但是如果总是压抑情绪，就相当于把垃圾藏起来或者扫到床底下，表面上看起来没有情绪了，但是实际上情绪还是存在的。时间长了，藏起来的垃圾也会发霉发臭，导致家里很臭，但是找不到臭的原因在哪里。如果长期压抑自己的情绪，时间长了自己也会非常不开心，但是具体不开心的原因是什么自己都说不清楚了。有一些大学生处于这种状态，开心不起来，但是不知道自己为什么不开心。所以我们要及时觉察并且合理地宣泄自己的情绪，而不是总是压抑起来，越积越多。

大学生常用的宣泄方式包括以下几种。

1. 倾诉 很多大学生有情绪时会找朋友或者亲人倾诉自己的烦恼，倾诉能够让压抑的情绪得到宣泄和释放，紧张的情绪得到缓解。情绪就相当于身体里储存的一些能量，倾诉出来，就相当于把能量释放出来，内心就通畅了。否则憋在心里，就会堵着，非常不舒服。但是大学生也要注意，当朋友向自己倾诉时，不仅要接纳对方，倾听对方，还要适当地去理解对方，与对方共情。在生活中，我们看到很多大学生有一些错误的方式，例如当朋友向自己倾诉烦恼时，自己只是讲道理，并没有去理解对方。甚至不去关注对方的情绪，只是简单安慰对方"想开点吧，别难过了"，实际上这种方法不仅起不到安慰的作用，而且还让对方缺乏了倾诉的空间。

2. 哭泣 哭泣也是情绪宣泄的一种非常好的方式。人们遇到悲伤的事情时，如果能放声大哭一场，心情往往会好很多。这是因为眼泪能把有机体在应激反应过程中产生的某些毒素排出去。但是也要注意，哭可以作为宣泄情绪的方式，但是不能作为解决问题的方式。比如有些大学生遇到困难和挫折就哭，希望别人来同情自己，帮助自己解决问题，这是不为自己负责的一种表现。

3. 寻找替代 可以将不良的情绪发泄到没有生命的物体上，如击打沙袋、捏皮球、击打宣泄人、到发泄吧砸东西、撕纸等。

（三）调整认知，学会正确理解情绪

20世纪60年代，美国心理学家沙赫特（Schachter）提出了情绪的认知理论，认为情绪的产生是受认知过程、环境刺激、生理反应3种因素所制约，其中认知因素对情绪的产生起关键作用。也就是说你产生什么样的情绪，很大程度上受到你对这件事情认知评价的影响。例如有一个小男孩做了一个飞机模型，准备到学校参加比赛。当他路过一个公园时，发现路边有十元钱，于是小男孩就把飞机模型放在路边的长椅子上，去捡了这十元钱。可是当他捡起来之后，发现有一个中年男人一屁股坐在了长椅子上，把飞机模型坐烂了。这时小男孩特别地愤怒。可是他又仔细一看，这个中年男人是个盲人，于是虽然小男孩仍然很心疼，觉得惋惜，但是愤怒的情绪却消失了。这个故事告诉我们，不同情绪体验的产生，关键在于你对这件事情有什么样的不同的认知。

美国的心理学家阿尔伯特·埃利斯（Albert Ellis）在20世纪50年代创立了理性情绪疗法（简称RET），又称为合理情绪疗法或者ABC理论。ABC来自3个英语单词的首字母，代表三种不同的含义。其中A是指诱发性事件（Activating event）；B是指个体在遇到诱发事件之后产生的信念（Beliefs），也就是他对这一事件的观念、看法或者解释、评价；C是指结果（Consequences），指的是个体的情绪和行为。ABC理论认为情绪不是由某一诱发事件本身引起的，而是由经历了这一事件的个体对这一事件的解释和评价引起的。也就是说决定情绪C的不是A这件事本身，而是取决于你有什么样的信念B。

埃利斯认为我们的信念B可以分为两种：合理的信念和不合理的信念。合理的信念导致合理的情绪，不合理的信念导致不合理的情绪。比如同样在餐厅把饭卡丢了，有些大学生认为是自己粗心大意造成的，下次要注意一点，就不会产生太多的负面情绪。这属于合理的信念引发的合理的情绪。有的则认为是自己倒霉，如果最近又经历几次倒霉的事情，可能整个人都会郁郁寡欢，怨天尤人。这就属于不合理的信念导致了不合理的情绪。在大学生的恋爱中，我们也经常看到，有些同学失恋之后就归结为因为自己不够好、不够优秀，所以对方跟自己分手了，导致自己情绪低落。这也是一种不合理的信念的归因。常见的不合理信念主要包括以下几个特征。

1. 绝对化的要求　绝对化的要求是指个体以自己的意愿为出发点，认为某一事物必定会发生或不会发生的信念。通常与"必须""应该"等这类词语联系在一起。比如"我必须成功""别人必须对我好""这次考试必须考第一名"等。这种绝对化的要求通常是不可能实现的，因为客观事物的发展有其自身的规律，不可能依个人意志而转移。

2. 过分概括化　过分概括化是一种以偏概全的不合理的思维方式。它是个体对自己或别人不合理的评价，其典型特征是以某一件或某几件事来评价自身或他人的整体价值。例如一些人面对失败的结果常常认为自己"一无是处"或"毫无价值"。这种片面的自我否定往往会导致自责自罪、自卑自弃的心理以及焦虑和抑郁等情绪。而一旦将这种评价转向他人，就会一味地责怪他人，并产生愤怒和敌意的情绪。针对这类不合理信念，合理情绪疗法强调世上没有一个人能达到十全十美的境地，每一个人都应接受人是有可能犯错误的。因此应以评价一个人的具体行为和表现来代替对整个人的评价，也就是说"评价一个人的行为而不是去评价一个人"。例如我们在生活中经常用某件事来评定一个人，有时候我们会说"你这个人就是个笨蛋，什么事情都做不好"，实际上是这个人这件事情没做好。再如有些妈妈看到孩子玩手机，忍不住指责："整天玩手机，也不知道学习。"孩子就很委屈："我昨天都学了一天了。"所以我们要就事论事，而不是以偏概全。

3. 糟糕透顶　糟糕透顶是一种把事物的可能后果想象、推论到非常可怕、非常糟糕，甚至是灾难性结果的非理性信念。例如有些人高考失败，就认为"高考考上不大学，我这辈子就完了"；还有些人

失恋了，就认为"我以后再也不会幸福了"；有些人想不开，甚至想结束自己的生命。对任何一件事情来说都可能有比之更坏的情况发生，因此没有一种事情可以被定义为百分之百的糟糕透顶。当人们坚持这样的信念，遇到了他认为糟糕透顶的事情发生时，就会陷入极度的负性情绪体验中。针对这种信念，合理情绪疗法认为虽然非常不好的事情确实可能发生，人们也有很多理由不希望它发生，但人们却没有理由说它不该发生。因此，面对不好的事情，人们应该努力接受现实，在可能的情况下去改变这种状态，而在不能改变时，去学会如何在这种状态下生活下去。

所以，当大学生面对自己的情绪时，要及时觉察自己的认知，从而改善自己的情绪。同时也要经常自我反思，对自己做出正确的评价，调整对自己和他人的认知，合理对待自己的优点和缺点，真正做到了解自我，悦纳自我。

（四）深入理解情绪，看到情绪背后的需要

需要是情绪的基础，当我们产生情绪时，我们不仅要觉察自己的情绪，认识自己的情绪，更需要去深入理解自己的情绪，看到情绪背后的需要是什么。其实每一种情绪都不是单独存在的，它是向我们传递了某种信号，都代表了我们的某种未被满足的需要或者期待、愿望。所以，如果我们想更好地了解自己，就需要理解情绪背后的需要。

美国最具影响力的首席心理治疗大师维琴尼亚·萨提亚（Virginia Satir）提出了著名的萨提亚冰山理论，也代表以维琴尼亚·萨提亚名字命名的一种成长模式。这个理论实际上是一个隐喻，它指一个人的"自我"就像一座冰山一样，我们能看到的只是表面很少的一部分行为，而更大一部分的内在世界却藏在更深层次，不为人所见，恰如冰山。揭开冰山的秘密，我们会看到生命中的需要、期待、观点和感受（情绪），看到情绪与需要之间的关系，更好地去理解我们的情绪。

萨提亚冰山理论共分成七个层次，依次是行为、应对方式、感受（情绪）、认知（想法）、期待、需要（渴望）、自我。当我们看待一个人的行为时，就不再仅仅停留在表面，而同时看到这一切后面的心理需求与成因。第一层行为，指的是一个人的语言、行为、表情等。例如一个人在静静地读书，一个人在打游戏等。第二层应对方式，是指人们在压力下，应对他人、环境及自己的一种行为模式，具体分讨好、指责、超理智、打岔、表里一致五种。第三层感受（情绪），指的是一个人的感受或者情绪，例如喜悦、兴奋、着迷、愤怒、伤害、恐惧、悲伤等。第四层观点（认知），指的是一个人的信念价值观系统。每个人都有自己的思想和观点，或者对某些事情的看法。例如有人认为"男儿有泪不轻弹""骄傲使人退步"等。第五层期待，就是指一种具体的需求，包括对自己的、对他人的，或来自他人的一些期待。例如"老师期待学生上课认真听讲""家长期待自己的孩子学习好""工作人员期待工作上有成就"等，每个人的期待也有所不同。第六层需要（渴望），指的是人类共有的深层的共性需求。例如每个人都有被爱、被接纳、理解、安全、赞美、肯定、尊重、有价值的、重视等的需要。第七层自我，指的是一种生命的真实状态。也可以称之为生命力、精神、灵性、核心、本质等。一般来说，我们看见的都只是冰山一角，那就是外在行为的呈现，但在下面还蕴藏着情绪、感受、期待、需要等。

当我们出现情绪时，我们不仅仅要看到情绪，还要看到背后的期待、需要或者渴望等。例如下班了，丈夫回来兴冲冲地告诉妻子："老婆，我告诉你一个好消息啊！我升职加薪了，怎么样？"作为妻子，看到丈夫在呈现一座怎样的"内在冰山"呢？丈夫兴冲冲地的行为言语后面，其感受是兴奋和开心。其想法是：升职意味着我事业的进步，是我能力的体现。其期待是：我要和家人分享这一喜悦，让他们也高兴。其需要是：渴望得到家人的认可和赞美。那一刻丈夫呈现了一种高能量的生命状态。自我价值感迅速提升。丈夫无非期待妻子说："你真棒！你是我的骄傲！看到你取得的成绩，我们全家都感

到高兴！"但妻子如果表现出来的行为是爱理不理，或者毫无反应，或者冷嘲热讽，或长期对老公的冰山视而不见，彼此关系就会渐行渐远，也极易会引发家庭冲突。

（五）疗愈情绪背后的心理创伤

有些情绪是由于错误的认知导致的，有些情绪是因为未被满足的需要引起的。但是也有很多情绪是跟童年的心理创伤有密切的关系。这就需要专业的心理咨询了。例如有一位大学生在大学里担任了学生会的重要干部，经常会做一些演讲的工作。可是每次只要一演讲，他就非常地紧张。后来他处理情绪的办法就是压抑自己的紧张，告诉自己不能紧张，结果发现越压抑自己越紧张，导致自己连词都忘记了。为什么呢？因为假如人的大脑的精力是一定的，在演讲时，我们有一部分精力是在处理演讲这个事情。这个时候，如果我们感到了紧张，那么我们大脑的精力就分成了两部分。一部分仍然在处理演讲这个事情。但是还有一部分精力是在感受紧张这个情绪。但是如果我们去压制自己的紧张，此时不仅没有解决问题，而且大脑还出现了一个压制紧张的一股能量。这就相当于我们大脑的精力其实分为了三个部分：一个部分管演讲，一个部分感受到紧张的情绪，还有一个部分去压制紧张的情绪。这样我们用于演讲的精力就更少了。所以当我们有情绪时，我们首先要做的是接纳自己的情绪，而不是压制自己的情绪，要学会观察情绪背后的认知和需要。

在上述例子当中，这个大学生也产生了很多不合理的信念，比如"我演讲都这么紧张，多么丢人啊！大家会怎么看待我啊！"等。也体现了这个学生的很多的需要，比如"需要获得同学们的认可。我希望我演讲得非常好，大家认可我的能力。如果我太紧张，就会很丢人，大家也会嘲笑我的。"

后来在与这个学生交流的过程中，咨询师发现这个学生之所以一上台演讲就紧张跟童年的心理创伤有很大的关系。学生说："我小的时候家里特别穷，我们村是贫困村，我们家是贫困村的贫困户。所以从小到大我几乎没有穿过新衣服，衣服都是很破旧的，而且还带着补丁。穿的鞋子有时候还露脚趾头。后来上了初中，到镇子上去上学，发现有很多学生穿得都很好，唯独自己穿得很破旧，于是非常自卑。有一次，老师让自己上台回答问题，当时自己的衣服很破，很多同学看到自己之后，忍不住笑出声来。自己当时也觉得非常尴尬和羞耻，一紧张，脑子一团懵，也不知道如何回答问题了。而且当时没有回答上来还被老师批评了一顿，自己更是无地自容，恨不得找个地洞钻进去。后来就留下了心理阴影，不敢在大庭广众之下讲话了。"这就是由于童年心理创伤而造成了情绪问题，所以需要借助专业的心理咨询师来处理过去的创伤事件，才能彻底解决这个问题。

（六）学会放松训练

通过练习身体放松技术，可以有效地消除紧张、焦虑情绪。常用的放松法有肌肉放松法、呼吸放松法和想象放松法。

1. 肌肉放松法 美国生理学家雅各布森（Edmund Jacobson）于 20 世纪 20 年代创立了一种由局部到全身、由紧张到松弛的肌肉放松训练。肌肉放松训法强调，放松要循序渐进地进行，要求被试者在放松之前先使肌肉收缩，继而进行放松。通过让身体某一部分的肌肉先绷紧，然后再有意识地放松，体会放松的感觉。当身体的各个部都得到放松时，个体的心态也会变得舒缓平静。具体按照下列部位的顺序进行放松：优势的手、前臂和肱二头肌，非优势的手、前臂和肱二头肌、前额、眼、颈和咽喉部、肩背部、胸、腹、臀部、大腿、小腿、脚。

以手部和臂部的放松为例，具体做法是：伸出右手，用力弯曲前臂，握紧拳头，用力紧握，再紧握，用力将前臂收紧，再收紧，体验肌肉紧张的感觉，让紧张向上延伸到整个手臂，注意感受右手的紧张，坚持一下……再坚持一下……现在放松右手手臂，仔细体会放松后松软、无力、温暖的感觉，比较紧张和放松之间的不同。伸出左手，重复上述步骤。最后双臂伸直，重复上述步骤。

2. 呼吸放松法　人在情绪激动时，常常会呼吸短促，如果试着做几个深呼吸，通常有助于情绪的控制，使激动的情绪趋于平静，消除紧张状态。呼吸放松法的特点是见效快并且容易做。

（1）清肺呼吸法　具体做法是：首先，深深地吸气，非常夸张地吸气，然后屏住呼吸，慢慢从一数到五，最后，把所有的空气非常缓慢地呼出去，直到呼尽为止。

（2）腹式呼吸法　腹式呼吸法是有利于放松、集中注意力的方法。具体做法是：开始时采用一种舒服的姿势，或坐在椅子上，或自然站立，轻轻闭上双眼或半睁双眼；先把气从口和鼻子慢慢吐出，边吐边使腹部凹进去。待空气完全吐出后，闭上嘴，从鼻子慢慢吸进空气，把腹部渐渐鼓起来。吸足了气之后暂停呼吸。然后再一边从鼻孔里轻轻地把气吐出来，一边让腹部凹进。

3. 想象放松法　想象放松法是指人们通过想象的方法，想象安全、宁静、惬意的场景，使自己产生一些平静的、放松的视觉形象。人们常常选择的场景是树林、海滨或湖泊。想象温暖的阳光照在自己身上，微风轻轻吹拂，赤脚走在轻柔的海滩上，或静静地躺在软绵绵的草地上等。在进行想象放松时，需要先把自己置于比较舒服的位置，想象尽量真实，试着去感觉，尽量找到真正处于这个场景的感觉。这样想象可以帮助我们达到躯体放松、调适不良情绪的效果。

（七）转移注意力，缓解情绪

当我们觉察到自己的情绪不佳时，可以选择自己喜欢的事情来做，或者做一些能让自己专心投入的事情来分散注意力。比如去吃一顿美食，去看一本自己喜欢的书，或者听音乐、看电影、睡觉、购物等。

人的情绪是人的一种主观体验，尤其是经历负面的情绪时，我们会产生一种不舒服的体验。此时，可以通过转移注意力的方法，暂时缓解自己的情绪。比如吃美食，听音乐等都可以暂时离开这个矛盾和冲突。当我们吃美食时，我们感觉非常美好，有一种好的体验。所以转移注意力实际上是暂时离开了不好的体验，转移到了一种美好的体验上，或者暂时离开了这种让人不舒服的体验。

（八）建立良好的社会支持系统

每个人在社会上都离不开与他人的相互配合，共同发展。人与人之间的亲密互动、相互支持是社会支持的本质。来自他人的社会支持包括物质和心理上的双重支持，其中心理方面的支持是最重要的。良好的社会支持使我们内心不再感到孤独和无助，让我们的内心更有安全感，可以帮助我们缓解不良情绪，从而提高身心健康指数。

在社会支持系统中，家庭占据很重要的地位。父母、兄弟、姐妹、亲属等的支持，这是个体最基本最重要的社会支持。另外，朋友、同学和老师的支持也是非常重要的支撑力量。尤其是大学生，离家在外，远离家人，当遇到困难、心情不愉快时，周围的知心朋友、老师和同学会提供最及时有效的帮助。当然，最好的社会支持还是自己，只有自己内心强大才能承受挫折和压力。

（九）寻求专业的心理咨询

大学生遇到情绪问题或者其他自己解决不了的心理问题时，可以寻求专业的心理咨询的帮助。当前，心理咨询正逐步走进人们的生活，医院、学校开设心理咨询机构，不少电台、杂志也开设了心理咨询栏目，专为有心理困惑或危机的人提供心理援助。心理咨询是解决大学生心理问题、疏导心理障碍、预防和治疗心理疾病的有效途径。大学生常常在面对生活、学习中的各种挫折和压力时，出现焦虑、抑郁、恐惧等不良的情绪，通过心理咨询可以调节这种情绪，提升大学生的心理素质。

目标检测

答案解析

一、选择题

（一）A 型题

1. 情感的特点是（　　）。

    A. 有情景性　　　　　B. 短时存在　　　　　C. 较稳定　　　　　D. 表面现象

2. 短暂的、猛烈的、爆发的情绪状态是（　　）。

    A. 心境　　　　　　　B. 激情　　　　　　　C. 应激　　　　　　D. 冲动

3. 人对内外信息的态度体验以及相应的行为和身体反应是指（　　）。

    A. 情绪　　　　　　　B. 意志　　　　　　　C. 焦虑　　　　　　D. 需要

4. 个体对当前或预感到的挫折产生的一种紧张、不安而兼有恐惧的情绪状态，是指（　　）。

    A. 自卑　　　　　　　B. 焦虑　　　　　　　C. 抑郁　　　　　　D. 嫉妒

5. 美国心理学家沙赫特（Schachter）提出了情绪的认知理论，认为情绪的产生是受认知过程、环境刺激、生理反应 3 种因素所制约，其中（　　）对情绪的产生起关键作用。

    A. 认知过程　　　　　B. 环境刺激　　　　　C. 生理反应　　　　D. 综合因素

（二）B 型题

[1~2]

    A. 喜悦　　　　　　　B. 愤怒　　　　　　　C. 悲哀　　　　　　D. 恐惧

1. 由于干扰目标的实现受到阻碍，从而逐渐累积紧张而产生的情绪体验是（　　）。

2. 个体企图摆脱、逃避某种危险但是又无能为力时的情绪体验是（　　）。

[3~4]

    A. 绝对化的要求　　　B. 过分概括化　　　　C. 糟糕透顶　　　　D. 辩论

3. 个体以自己的意愿为出发点，认为某一事物必定会发生或不会发生的信念。通常与"必须""应该"等这类词语联系在一起，这属于（　　）。

4. 个体对自己或别人不合理的评价，其典型特征是以某一件或某几件事来评价自身或他人的整体价值，这属于（　　）。

[5~6]

    A. 嫉妒　　　　　　　B. 冷漠　　　　　　　C. 焦虑　　　　　　D. 自卑

5. 人们低估自己的能力，并且认为自己各方面不如别人。一般来说，就是表现为对自己的能力、品质评价过低，而且还伴有害羞、不安、内疚、忧郁、失望等情绪，这属于（　　）。

6. 与他人比较，发现自己在才能、名誉、地位或境遇等方面不如别人，而产生的一种由羞愧、愤怒、怨恨等组成的复杂的情绪状态，这属于（　　）。

（三）X 型题

1. 情绪的基本成分包括（　　）。

    A. 主观体验　　　　　B. 生理唤醒　　　　　C. 外显表情　　　　D. 面部表情

2. 关于情绪和情感说法正确的是（　　　）。

　　A. 情绪是人和动物共有的　　　　　　B. 情感是人所特有的

　　C. 情绪是由生理需要产生的　　　　　D. 情感是由社会需要产生的

3. 常用的放松法有（　　　）。

　　A. 肌肉放松法　　　　B. 呼吸放松法　　　C. 想象放松法　　　D. 听音乐

4. 埃利斯认为不合理信念的特征包括（　　　）。

　　A. 绝对化的要求　　　B. 过分概括化　　　C. 糟糕透顶　　　D. 辩论

5. 大学生的情绪特点有（　　　）。

　　A. 丰富性和复杂性　　B. 稳定性与爆发性　　C. 波动性与两极性　　D. 内隐性与掩饰性

二、综合问答题

1. 按照情绪状态可以把情绪分为哪几类？

2. 大学生良好情绪的培养途径有哪些？

3. 大学生不良情绪形成的因素有哪些？

4. 美国心理学家马斯洛提出的健康情绪的六个特征是什么？

5. 如何理解情绪和情感的区别与联系？

书网融合……

知识回顾　　　　微课　　　　习题

（李静静）

第七章　知己知彼——构架人际桥梁

学习引导

人是处于社会中的人，人际交往旨在构建和谐的人际关系，现实生活中的大学生离不开人际交往和人际关系的构建，这对在校期间的学习和生活有着重要的影响，也是大学生成长、成才的重要保障。然而，经过一段时间的集体生活，有的同学人际关系和谐，精神振奋，而有的同学人际关系糟糕，影响学习和生活。不难发现，导致人际关系不良的原因包括个性特点、认知风格的差异，或者缺乏人际交往的经验和技巧。那么，大学生该如何构建和谐的人际关系？在人际交往中，怎样提高自己的交往能力呢？

本单元主要介绍人际交往的含义、类型、交往特点、交往原则、交往能力，帮助大学生学会交往，构建和谐的人际关系，开启美好校园时光。

📖 学习目标

1. **掌握**　大学生人际交往的原则；大学生建立良好人际关系的途径。
2. **熟悉**　大学生人际交往中存在的不良心理；大学生人际交往的影响因素。
3. **了解**　人际交往的含义、特点和类型。

正常的人际交往，可以满足个体对于友谊、归属感和安全的需要，生动地体会到自己在群体中的价值，并产生对他人的亲密感和依恋感，从而充实个体内在的精神世界，促进身心健康的全面发展。

大学生处在人生特定的阶段，由于性别、年龄、性格以及地域不同，使得大学生的人际交往具有各自不同的特征。他们在交往过程中也存在诸多问题及障碍，如角色问题、沟通技巧问题等。

大学生群体是社会发展前进的中坚力量，其人际交往的素质不但影响个体自身的成长和发展，更关系到国家人才培养的质量和现代化建设的成就。在大学生发展的关键时期，我们应重视大学生群体的人际关系状态，培养其人际交往的能力和技巧，促进他们更快更好地适应当前的社会发展。

第一节　人际关系概述

一、人际关系的含义

（一）人际交往与人际关系

人际交往，也称人际沟通，指人们在社会活动过程中，人与人之间传递信息、交流思想、表达情感和需要的过程，包括物质和精神两个层面的交往。简而言之，人际交往是人与人之间最基本的交往活动，是个体与周围人之间的一种心理和行为沟通的过程，人与人之间用言语、行动及其他方式与他人发生相互作用，从而达到物质需求和精神需求的满足状态。

人际关系是指在人与人交往的过程中形成和发展的心理关系，人际关系影射着个体与他人之间的心理距离或行为倾向。没有人的沟通和传播，即人际关系，就没有人类的一切。可以说，每个人都不能脱离社会，都必须在一定的人际关系中生存、发展，人生自我价值的实现，也都是在一定的人际关系的发展中完成的。

人际交往是人际关系实现的前提基础，是一个动态的过程，而人际关系具有相对的稳定性，是人际交往的起点和依据。人际交往是实现人际关系的途径，人际关系的变化和发展是人际交往的结果，而人际关系的程度又反过来影响和制约人际交往的深度，并决定着交往的内容和性质。

（二）人际关系与心理健康

著名的心理学家罗杰斯强调人际关系和人际交往对个体成长的意义。他创立了自己的人际关系理论，并将人际关系上升为一种哲学。他认为，人们不仅可以交流思想，而且可以分享许多隐私的情感、对未来的梦想、内心的感受，通过沟通，可以相互启迪，促进个人的健康成长。

1. 良好的人际关系有利于促进个体的心理健康成长　人际交往是提高社会适应能力和人格发展成熟的重要途径，大学生正处于身心巨变、情感丰富的关键时期，非常渴望情感的交流，与他人讨论人生和理想，倾诉各自的喜怒哀乐。大学生通过人际交往建立良好的人际关系，获取各种信息，认识所处的社会环境和世界环境。同时，在一个人际关系和谐、有向心力和凝聚力的群体中，个体会感到心情舒畅，学习效率也会提高，更易形成积极的态度和良好的品质。总之，良好的人际关系能使大学生的精神生活更加积极丰富，能使大学生在遇到困难和挫折时得到更多的帮助和支持，从而有助于他们心理健康成长。

2. 不良的人际关系阻碍个体的心理健康成长　获得亲密感和归属感是人类的基本需要，每个人内心都渴望得到他人的认可和接纳。如果在集体中，由于缺乏人际交往技巧或者是因为其他问题导致人际关系不良，那么相应的心理需要得不到满足，容易形成精神上和心理上的巨大压力，引发内心的矛盾与冲突，情感上的压抑、敏感、心理防卫过强等特点就会经常出现，从而导致一系列不良的情绪反应。严重的还可能导致心理问题，如果得不到及时的疏导和处理，可影响身心健康。因此，不良的人际关系会阻碍大学生心理健康成长，要积极引导大学生学会与人交往的技巧，建立良好的人际关系。

即学即练

单项选择题：人际交往良好的大学生会有什么样的表现？（　　　）

答案解析

A. 自尊自信　　　　B. 行为孤僻　　　　C. 猜忌多疑　　　　D. 沉迷网络游戏

二、人际交往的类型

（一）按人际交往形成的途径划分

按人际交往形成的途径划分，人际交往可分为不可选择型和可选择型。

1. 不可选择型　不可选择型人际关系主要由血缘和其他社会因素决定的，比如父子关系。这种交往是交际主体不可自主选择交际对象，由不可抗的因素而决定的人际关系，其中家庭关系和亲戚关系是最典型的不可选择型的人际关系。

2. 可选择型 可选择型人际关系是指交际主体可自主选择交际对象，形成相应的人际关系，比如夫妻关系。在人际交往中，大部分的人际关系属于可选择型的人际交往，交际主体可根据自己的需要选择交际对象，从而在物质上或精神上取得满足。

（二）按人际交往的主动性、支配性来划分

按人际交往的主动性、支配性来划分，人际交往可分为主动型－被动型、领袖型－依从型、严谨型－随意型、开放型－闭锁型四组八种类型。

1. 主动型－被动型 主动型的个体喜欢主动出击，他们在人际交往上并不喜欢被动地等待别人来接纳自己，而是掌握交往的主动权。在现实生活中，主动型的人哪怕在人际交往中遇到一些困难和误会，他们也会乐观对待，主动寻求解决的办法，所以主动型的人在交往中适应能力很强，容易与人相处，适合于需要顺利处理人与人之间复杂的情绪或行为问题的职业。与主动型的个体相反，被动型的人在人际交往上倾向于采取消极的、被动的方式，总是习惯于等别人主动与他们交往。他们只愿意做交往的回应者，而不愿意做主动的一方。被动型的人一般不会主动说出自己的想法，他们喜欢默默地观察对方，如果觉得对方不符合自己的期待，就会表现冷淡，退缩。

2. 领袖型－依从型 领袖型的个体表现出自信、强大、控制力强的特点。他们在交往中会表现出不愿按部就班、循规蹈矩，常常喜欢发表意见，体现出自己的能力。在群体中领袖型的个体喜欢打破常规，交际面广泛，并有强烈的控制欲望。很多企业、单位的领导等表现出此类风格。而依从型的人比较谦逊、温顺，惯于服从、随和，自控比较好，想象力较差，喜欢稳定、有秩序的环境。在交往中他们独立性较差，不喜欢支配和控制别人。他们愿意从事那些比较简单而又比较刻板的职业，办公室职员、仓库管理员是此类交往类型的典型代表。

3. 严谨型－随意型 严谨型的个体表现为忠诚、坚韧、有毅力，通常还有较强的社会责任感和追求完美的特征。他们在交往中往往细心周到，对异性朋友通常是抱着严谨态度，工作勤奋，是非善恶分明，乐于结交努力的朋友，常受到周围人的好评。随意型的个体行为表现与严谨型刚好相反，他们在交往中的行为往往比较随意，缺乏一定的责任感和理智感，想一出是一出，不守规则。

4. 开放型－闭锁型 开放型的人比较好相处，性格随和不固执。他们有较强的安全感，容易轻信他人，不习惯猜忌怀疑。在人际交往中开放型的人容易合作，态度宽容，在相处中善于体贴他人，讲信用，不会为一点小事而破坏友谊，对他人持开放接纳的态度。而闭锁型的人安全感比较差，在相处中他们对人戒心较强，所以也不容易受到欺骗。闭锁型的个体在群体中喜欢与他人保持一定的距离，有时会缺乏必要的合作精神，固执己见。还有可能会表现出嫉妒心、爱计较、不太顾及别人的利益。

（三）按人际交往的目的划分

按人际交往的目的划分，人际交往可分为情感型、工具型和混合型。

1. 情感型 情感型是指人际交往为了满足交往双方相互间的情感交流，达到一种心灵上的契合感和愉悦感的一种人际交往类型，生活中我们提到的友谊、爱情就属于这种类型的人际交往。

2. 工具型 工具型则是指人际交往双方是基于满足某一明确的功利性的需要而建立起的一种人际交往的类型，工具型的交往目的并非为了情感交流，更多的是一种物质需要。生活中见到的客户交往或是工作中的上下级交往等就属于此种。

3. 混合型 混合型是指在人际交往中交往双方并不是因为满足某一单纯的目的而进行交往，交往中不仅满足一定的情感需求，还会有一些功利性，而且这种目的无法完全区分开来。在现实生活中，纯粹的情感型与工具型的交往并不多见，绝大多数个体都表现出两者兼具的混合型。在人际交往过程中既有功利需求又有情感渗透的交往类型是一种比较稳固持久的人际交往，当然我们在人际交往过程中还是要警惕过于功利的势利之交，这种把人与人之间的交往完全建立在相互利用的基础之上，必会利尽则散，维持不了多少时日。

（四）按人际交往的紧密程度划分

按人际交往的紧密程度划分，人际交往可分为亲密合作型、对抗竞争型、妥协型、分离回避型。

1. 亲密合作型 亲密合作型的个体在交往中能够互相支持，他们习惯于为对方考虑，在交流中尊重、关心、体谅对方，并不太过于计较个人的得失，常常表现为热情、奉献、谦让。遇到问题能为他人着想，考虑问题比较细致。

2. 对抗竞争型 对抗竞争型的个体在交往中往往会因为双方观点不一致而造成争吵、攻击。在相处过程中，他们视对方为竞争对手，喜欢在观点或者其他方面互相比较，力求赢得对方。所以在交往过程中往往会对立、封锁信息。如果出现恶性竞争，为了显示自己超过他人，甚至可能不择手段。

3. 妥协型 妥协型的个体在交往中更强调双方的共同点，愿意求同存异获得双赢。交往双方并不是完全的利益一致和亲密无间，但为了共同的目的，主动了解双方的各自需求，分享双方的信息，共同寻求对双方都有利的方案，在一些问题上愿意做出妥协。

4. 分离回避型 分离回避型的个体在人际交往中被动和回避，不爱与人交流，个性上偏向冷漠，行为反应迟钝，疏远他人。即使被卷入到人际关系中，他们也不会主动发表意见，或显示出自己内心真正的想法，只想远离群体，安静独处，有时甚至根本不作回应。

（五）按人际交往的性格类型划分

按人际交往的性格类型划分，人际交往可分为社交理智型、社交态度型、社交感情型和社交情绪型。

1. 社交理智型 社交理智型的主要特征是时刻保持理智感。在人际交往中他们认真权衡利弊、得失，才会展开交往活动，建立人际关系。主要表现为：这种类型的个体喜欢掌握主动权，而且重视人际关系；在交往动机方面，理智型的人交往目的明确，即试图从交往中获利；在交往对象方面，有特定的交往对象和特定的交往范围；在交往方式方面，经过考虑后选择有利或有效的交往方式，出于交往的目的，能够容忍对方的缺点；在交往进程上，能自觉调控交情的发展，出于有意的隐藏，其真实的思想情感不易被对方了解。

2. 社交态度型 社交态度型的主要特征是人际交往的展开和人际关系的建立主要是以个体对待生活、对待他人和集体、对待自己的积极态度为基础。主要表现为：在交往意识方面，这类型的个体比较随遇而安，不太喜欢为了达到某一需求而主动交往；在交往动机方面，社交态度型的个体没有特别的或明确的交往目的，他们会因为自己为人处世的积极态度和自身魅力而赢得对方的好感，从而建立起人际关系；交往对象主要是对自己有好感或喜欢自己的人，能够比较顺利地扩大交往范围；在交往方式方面，不会特意去选择交往的方式，在交往中处事大方自然、积极乐观、宽容，乐于助人；在交往进程上，喜欢真实地展露自己，表现自己的思想情感。

3. 社交感情型 社交感情型的主要特征是交往双方看重的是相互之间的感情交流和心灵沟通。主要表现为：在交往意识方面，这类型的个体往往不愿或不积极参加社会交往活动，在日常生活中表现冷淡，更喜欢独处；交往动机主要是出于情感上的需要；交往对象主要是能在情感上产生共鸣的人，固定且保持交往的时间长久，但交往范围狭窄；交往方式带有强烈的感情色彩，侧重于情感的表达，重视感情；在交往进程上，交往初期因为感情基础薄弱容易感到压抑或羞怯，交情的发展缓慢，但能够随交往的深入而持久深厚；其真实的思想情感在交往初期比较隐蔽，但随交往的深入会逐渐袒露。

4. 社交情绪型 社交情绪型的主要特征是这种类型个体的人际交往主要受到情绪体验的支配，所以社交行为经常会有情绪化的表现。主要表现为：在交往意识方面，这类型个体在交往中会相对更加消极被动；交往动机和交往对象主要受情绪影响而具有多变的特点；在交往过程中，社交情绪型的个体更多表现出敏感多疑、自卑的特点；不容易原谅对方的过失和缺点，交情易受破坏，交往中易受挫折，不易建立起持久和谐的人际关系。

第二节　大学生人际交往中的不良心理

一、大学生人际交往的意义

（一）有助于大学生树立正确的人生观和价值观

价值观是指一个人对周围的客观事物（包括人、事、物）的意义、重要性的总评价和总看法。一个人价值观的形成很大程度上受到周围环境的影响，大学生的人生观、价值观很大程度上是在和家长、同学、老师的交往中形成的。正确的人生观、价值观和世界观的形成，都要通过人际交往途径和教育来实现，大学生可以从同学之间的相互帮助、相互促进、相互合作等互动及师生之间的教学相长、情感沟通中得到评价，从而促进自我认识，形成独立的价值取向。因此，和谐的人际交往有助于大学生形成正确的人生观、价值观，形成正确的判断事物的标准。

（二）有助于大学生获取信息和提升个人能力

信息在现代经济生活中的作用越来越大，已经成为市场竞争的重要手段。对于个体来说，信息的重要性更是不言而喻，谁占有的信息多、掌握的信息准确，谁就有了权威，有了制胜的先机。人际交往的过程常伴随着信息、知识、经验、思想的交流，在科学技术飞速发展的今天，知识需要不断地补充和更新。而一个人的精力能力是有限的，获得的知识也是有限的，就需要一个活跃的社会交往环境，用以弥补自身的不足。在大学这样一个丰富的、快速的、反应灵活的信息环境里，大学生可以迅速、广泛而深入地进行信息的交流，紧跟时代的步伐，促进思想观念的更新以及知识结构和思维方式的不断调整与完善，激发个体的潜能。

（三）有助于大学生社会经验的积累

大学生作为一个特殊群体，离不开和谐的社会和人际关系，个体社会化的重要途径是个人与社会的互动。使想法和行动归属于群体和社会规范，注重社会经验的不断积累，逐步调整思想和行为，摆脱以自我为中心的错误思想，有强烈的集体意识，意识到自己的责任，并学会相处，平等竞争的人，才能更好地适应社会。这些社会化的技能和生活是个体无法独立完成的，必须依靠人际交往。而良好的人际关系能使大学生在家人、同学、朋友、老师的交往中积累深化社会经验，学到社会生活所必需的知识、技能、文化，意识到自我在社会中的地位与责任。

（四）有助于大学生身心健康水平的提高

大学生正常的人际交往可以满足他们在信息沟通、情感交流上的需求，在交往中获得友谊、尊重、关心和信任。大学生正处于积极交友的年龄阶段，他们对于人际交往的需求特别强烈，如果在大学期间能建立一个良好的人际关系，将有助于他们的身心健康，如果人际关系不和谐，甚至经常出现人际冲突，则不仅不利于大学期间学习和生活的继续，也容易造成心理创伤。

📖 **知识链接**

"人际剥夺"试验

美国心理学家沙赫特曾做过一个"人际剥夺"试验：他高薪招募被试者到他所创设的一个房间里去居住，居住的时间越长，得到的报酬越多。这个房间完全与外界隔绝，没有报纸，没有电话，不准写信，听不到外界的声音，更找不到人聊天，每天只供应饮食等必需品。先后有5人应聘参加了这个试验。

试验的结果是：1个人在房间里待了2个小时，3个人待了2天，1个人待了8天。这个待了8天的人出来以后说："如果在里面再待1分钟，我就要疯了。"所有参与试验的个体在回归到现实生活中都需要3天左右的恢复时间。

这个试验充分地验证了作为社会性的人，离不开人际交往，这是人的一种必然需要。良好的人际关系是人生存和发展的基础和条件。

二、大学生人际交往的特点和影响因素

（一）大学生人际交往的特点

时代在不断地发展和进步，当代大学生的人际交往也与时俱进，体现出各种丰富多彩的特点。由于大学生在年龄、心理等方面处于一个相对特殊的时期，同时他们来源于不同的家庭、地区，伴随着明显不同的生活习惯、民族习惯和思维方式，每个人表现出来的状况也是千差万别。但是不管有何种差异，分析大学生群体在人际交往方面的特点，还是能够看到很多共同特点。

1. 交往的手段和交往方式多样化 伴随网络在各个领域的迅猛发展，我们的学习、生活及工作都受到相当大的影响。大学生们的交往方式不再局限于传统的聚会、书信、电话等，手机上网、电脑网络等新颖的方式和手段，已然成为当代大学生人际交往的主要手段。当然，还有许多大学生依然倾向于外出聚会、参加社团活动、体育活动等线下的人际交往手段。总之，时代的发展和进步为当代大学生的人际交往提供了更广阔的天地，使当代大学生交往的手段和方式呈多样化趋势。

2. 交往的范围日益扩大 进入高校的大学生们离开了高中时期单一的学习生活的环境，对人生目标有了更高的追求，他们也有了相对更多更自由的时间和空间可以支配。生活在一个校园里的同学可以凭借兴趣、爱好、专业等因素互相交往，而随着思想交流和感情沟通的加深，交往对象已不再局限于同班同学或宿舍室友，就会出现跨年级、跨专业、跨院系、跨学校、跨地区的交往，且交往对象也会从同学到老师扩展到从校内到校外。这样范围不断扩大的人际交往有利于大学生拓展知识视野、积累经验，提高适应社会的能力。

3. 交往的内容日益丰富 大学生正处于精力旺盛、兴趣广泛、思维活跃的年纪，在大学生活里，

他们希望交到真心的朋友，得到老师和同学的青睐。随着大学生知识水平及个人阅历的增加，交往的内容也不再局限于学习，在经济、政治、文学、娱乐、时尚等领域也广有涉猎。大学生群体往往是在自己与他人大量的交往和交流中完成他们对社会的更多认识和理解，比如学生参加各种社团、沙龙、论坛等。这些不仅使当代大学生与社会的接触日益扩大，有利于大学生提升自我，而且为大学生日后走向社会奠定了坚实的基础。

4. 交往意识日益增强　进入大学校园之后，与高中相比少了学习的重压，大学生放下了常年应考的压力，开始追逐自己的理想、兴趣爱好和自由，希望开阔视野，迫切需要交到新朋友。此时他们也离开了家长的时刻关注和管束，有了真正意义上的第一次独立自主的集体生活，他们需要自己安排学习、生活，自主面对生活和学习中所遇到的各类问题。尤其大一新生初次远离家乡和亲人，常常在入学初期会产生孤独感和无助感，因此他们更渴望通过人际交往获得友谊，融入集体环境。

▶▶ **实例分析 7 - 1**

　　实例　小刘是一名护理专业的新生，最近感到异常苦恼。所在寝室中共有6人，其中同学小A家中的经济条件、兴趣爱好等与自己相似，两人关系更为亲密；寝室中小C和小F的家庭经济情况比较困难，特别节俭，经常邀约一起做兼职。另外两名同学小D和小E家中经济条件优越，二人的性格外向，生活中经常开玩笑没有分寸，常常伤害到家庭经济困难的小C和小F，然后引发争吵。小刘希望可以改变寝室的现状，但在几次的劝和中大家却将矛头调向自己，小刘感到十分委屈，也很困扰，她感到自己的寝室现在特别压抑，不愿回到寝室，可内心十分渴望大家能恢复到之前和睦融洽的关系中。

　　问题　1. 小刘寝室内的人际关系出现了什么问题？
　　　　　　2. 小刘该如何打破目前的困境？

答案解析

（二）大学生人际交往的影响因素

1. 认知因素　对自己和他人持自信、积极的态度会有利于人际交往。对人际交往的不良认知，是引起大学生人际关系困惑和障碍的重要原因之一，如果一个人不能正确地认识自我和认识他人，看不到自己和别人的优缺点，就会产生自卑或者自傲心理，不论是自卑还是自傲的态度，这都不利于正常的人际交往。另外，我们对人际交往本身的认识也容易出现认知偏差。一般来说，交往双方希望能够满足彼此的各种精神或者物质需要，但如果在交往过程中只考虑满足自身的需要而忽略对方的需要，将会给我们的人际交往带来巨大的阻碍。

2. 情绪因素　情绪因素始终也是影响人际关系的一个重要方面。一个健康正常的情绪应该表现出稳定、反应适度，并且与客观现实相呼应。一般而言，个体的情感有积极和消极之分，积极正向的情感能促进人际关系的构建，而过分消极的情感则会阻碍正常的人际交往。此外，有时个体会有一些过于强烈的情绪反应，比如不分场合和对象恣意纵情，会给人一种不可靠、不稳定的感觉；但如果情绪反应太过于冷淡和消极，则会给人麻木不仁、无情无义的印象。这些不良的情绪表现均会影响我们的人际交往。

3. 人格因素

（1）能力　大学生常见的人际交往障碍的原因之一就是交往能力的欠缺。高校大学生来自全国各地，在高中期间，他们的主要任务是学习，所在学校往往忽略了他们的人际交往需求和交往能力的训练。所以，如果学生本身交往能力较强，愿意主动结交朋友，他们就获得了更多的锻炼机会，交往能力得到了进一步的提升，这是一种良性循环。而对于那些交往能力本来就欠缺的学生来说，虽然能够意识到人际交往的重要性，但由于他们自身个性特点的差异，或者缺少人际交往的一些基本技能，或者不愿主动与人交往，或者在交往中常常受到挫折，这就逐渐使他们的人际交往进入困境。

（2）个性品质　在人际交往中，性格因素有着至关重要的作用。我们经常会在生活中看到这样的现象，性格善良、温和、宽容的人更容易在人际交往中受欢迎，而性格暴躁、冲动、阴郁的人则往往会碰到人际困扰。其实性格有优劣好坏之分，在人际交往中极具关键作用，所以不良的性格特征较容易给人们留下不良的印象和不愉快的感受，进而会影响人际交往。我们与不同个体进行交往时，明显会有这样的感觉，嫉妒心强、猜疑心重或是过分自卑、骄傲自满等人格特征的个体，我们会不愿与之交往互动。

4. 外貌因素　生理特点对大学生的人际交往具有一定影响，如有的个体觉得自己的相貌有缺陷而在人际交往中感到自卑，或有些男生由于身高偏矮在人际交往中缺少自信。当然，也有因为自身的生理条件优越而产生较高自信的同学，但不论是自卑还是自信，都会对我们的人际关系产生影响。

5. 客体因素

（1）家庭教育　家庭是一个人成长的最初、最重要的场所，也是走向社会的第一站，家庭环境、家庭教育的好坏直接影响到一个人的成长，对大学生的人际交往以及将来走向社会都会产生影响。因此，家庭环境对大学生的成长来说是非常重要的。如果父母长辈溺爱子女、对子女的要求有求必应，让子女在以其为中心的家庭环境中成长，学不会谦让和为他人着想，这种家庭环境下的个体更多在人际交往中会出现自我为中心的情况，且较少会去换位思考，一定程度上会给其人际交往带来较大的阻碍；相反，家庭结构较好、教育方式科学合理、家庭人员相处和谐平等的家庭环境中成长的子女往往更富有人际交往的经验和技巧。

（2）学校环境　人的一生有近二十年的时间都要在学校度过，学校所处的地理位置、学术水平、师资力量、学风校风以及师生和学生之间的情谊及相处方式都会对学生的人际交往产生影响。师者不仅授业解惑，还是人类灵魂的工程师，他造就学生的品行，培养学生的交往能力。在实际的师生关系中，由于老师往往占主导位置，同学由于惧怕或是自卑心理，会回避与老师的正面接触与交往，在这种情况下，老师需要投入较多的情感和耐心去关心学生、去与学生进行交流和沟通，才能形成良好的师生关系，从而促进学生的人际交往。

（3）经济、文化和社会环境　当代的大学生较之以往的大学生不仅所受的教育有所不同，更重要的是面临的社会环境也发生了巨大的变化，这就使得大学生的人际交往也发生了变化。虽然身处校园的大学生较少能够与社会产生直接的接触，但是每个人或多或少还是会受到社会环境的影响。社会其实就是一个历练的熔炉，在这里充满了竞争、机遇还有挑战，社会环境对大学生人际交往的影响表现为社会经济文化、科技发展和社会风气等方面。在校园里生活的学生看待周围事物比较理想化，而在进入社会以后会遇到更多有关现实利益关系的人际交往形式，这些对校园中所呈现的理想化的认识是个较大的冲击，需要大学生不断地调适状态。

6. 人际吸引因素

（1）互补性　每个人都有长有短，既有优点也有不足，当我们意识到自己有某种不足时，常常会羡慕具有这种特点或能力的人，并愿意与其接近，以便在彼此的交往中，通过取长补短，使双方的需要都得到满足。

（2）相似性　人与人之间若有共同的理想、信念、价值观或兴趣爱好等，就容易引起人际吸引，在交往中双方会发现彼此在思想和行为上更为同步，从而形成密切的关系。俗话说"物以类聚，人以群分"，"人以群分"的基础就在于他们对事物是否有相同的态度，"相见恨晚"，就是态度相似性在交往上的表现。两个有共同目标的人，即使以前不是好朋友也可以成为学习上共同勉励的好朋友。

（3）交往频率　交往频率是指人们在单位时间内相互接触的次数。有实验证明，在一定程度之内，双方的交往频率越高，越容易互相产生好感，更容易产生人际吸引，即交往频率与人际关系的密切程度成正比例关系。反之长久不交往，关系就逐渐疏远。当然交往的内容也不能忽视，如交往只是互相应酬，即使频率再高，也难以形成真正的友谊。

（4）空间距离　俗话说"远亲不如近邻"。通常人与人之间在地理位置上越接近者，交往机会越多，容易形成较密切的关系。同在一地居住，同在一个学校读书，同在一个单位工作，同在一栋楼房生活，彼此容易认识和了解，感情上也容易接近。

三、大学生人际交往中的不良心理

（一）人际交往中出现的心理效应 e 微课

我们生活在万千世界，客观外界给予我们种种刺激。例如说一句话，其中就有喜怒哀乐等诸因素的影响和体现；紧握一下手，就会给大脑带来不同的冲击。在人类的心理过程中，认知是基础，直接影响和决定着人类的情感与意志，在整个人际交往过程中，对交往的对象和关系的态度与看法将会直接影响着彼此互动关系的发展和进行。因此，客观公正、准确地认知交往的对象就显得尤为重要。由于大学生群体一直生活在校园环境中，社会阅历明显较少，经验不丰富，知识储备量也不足，信息加工的能力也极其有限，所以在人际交往认知过程中往往欠缺准确性，在认知信息的选择上会出现极大的偏差。日常人际交往中常见的心理效应有以下几种情况。

1. 首因效应　首因效应也常常被称为"第一印象"，是指交往双方形成的第一次印象对今后交往关系的影响，良好的第一印象是相互间进一步交往的基础。如果对方对你的第一印象良好，就会产生进一步沟通的兴趣，个体也较容易由第一印象的好坏来决定日后的人际交往的程度。首因效应所获得的信息往往是片面的、肤浅的，具有以偏概全的特点，影响我们最深、最难以改变的信息，需要较长时间来转化。

打造良好的第一印象需要几个步骤。我们首先要穿着得体。这并不是说必须穿戴时尚和昂贵，而是知道穿什么最合适，并自信地穿戴。其次，要充满自信。这样不仅会使自己对自己感觉更好，还会给别人留下良好的印象。再次，我们在交流时，不能回避对方别人的眼神。这不仅使人觉得你专注而自信，也更能容易吸引对方的注意力。最后，清楚、自信地表达你的意思。

2. 近因效应　首因效应一般在陌生人的知觉中起重要作用，而近因效应一般发生在熟人之间，是指新近获得信息比先前所获得的信息影响更大的现象。近因效应的影响程度远不如首因效应这样突出，它的产生多是由于在形成印象的过程中不断有足够吸引人的信息提供，或者说是原来的印象已经随着时间的增长而逐渐淡忘了。在经常接触、长期共事的人中，彼此之间往往都将对方的最后一次印象作为关系评价的依据，并对彼此的人际交往产生意想不到的影响。

在日常生活中我们经常发现，有些朋友之间只是因为一点小矛盾便不欢而散，多年的交情到此为止，这便是近因效应的作用。因此，我们交往中要充分认识到近因效应是如何发挥作用的，在与熟人打交道时，应表现出应有的热情，注重每一次交流。近因效应与首因效应看起来似乎有些矛盾，其实这是一个问题的两个方面，两者都发挥着各自的作用。人们在相互交往和认识过程中第一印象很重要，而最后的或最近的印象也很重要。所以大学生在人际交往中有好的开头也要有好的结尾。

3. 晕轮效应　晕轮效应又被称为"光环效应"，是指个体依据已知的信息或是某一部分的特点，推及认知对象未知的其他方面特征，从而形成的对知觉对象不准确的完整印象。晕轮效应的正面作用是可以快速地帮助个体通过某一方面建立有关别人的印象，以最快速度应对多变的外部世界；但是其消极的方面也十分明显，容易"一叶障目，不见泰山"，说好就全部肯定，说坏就全部否定。

在日常生活中，晕轮效应常常悄无声息的发挥着作用，影响着我们的人际交往。大学生在交往过程中也不可避免地常出现这种认知偏差，常见的情况是以偏概全，我们认为一个人是不错的，那么他就什么都好，对其显而易见的缺点与不足有时都会看不见，或者把缺点当成了优点来看待。相反，如果我们认为这个人是"坏"的，便会以为所有全部都是不可取的，会将其身上的优点屏蔽掉而不愿与之交往。现在大学生群体中的偶像崇拜就较容易出现此种偏差。

4. 刻板效应　刻板效应又称为"刻板印象"，是指个体对某人或某一类人产生的一种比较固定的、类化的、笼统的看法。刻板印象的形成，主要是由于社会生活、地理环境、经济条件、政治地位、文化道德等原因，这一部分人往往具有某些相近或相类似的特征，因此就具有了一些共同的心理特征，所以社会上就逐步对这部分人产生了上述比较固定的看法。

刻板效应有积极的一面，它使认识他人的过程简化，有利对某一类人作出概括性的反应。比如我们如果知道某人是一名教师，就会想象他可能有爱护学生、口齿伶俐、认真敬业等特点。但它的消极作用更为明显，因为刻板效应的产生往往是根据个人经验、他人经验以及社会宣传得出的，缺乏充分的客观认知和科学分析。如果我们将已形成的对某一类人的固定看法套用在某个具体的人身上，往往是不恰当的。例如认为南方同学小心眼儿，北方同学冲动；认为农村来的同学小家子气、自卑、孤僻、不善交往，城市来的同学自傲、挥霍、虚荣。这种偏见有可能妨碍人际关系的正常进行。

5. 投射效应　投射效应是指以己度人，将自己的感情、意志和认知投射到其他人身上的倾向。这种强加于人，以为他人亦如此的做法，往往会对他人的情感、意向作出错误评价，歪曲他人，造成交往障碍。"以小人之心度君子之腹"就是一种典型的投射效应。当别人的行为与我们的不同时，我们习惯用自己的标准去衡量人的行为，认为别人的行为违反常规；喜欢嫉妒的人常常将别人行为的动机归纳为嫉妒，如果别人对他稍不恭敬，他便觉得别人在嫉妒自己。

📖 **知识链接** ··

酷似佛祖

有一天，佛印禅师教苏东坡坐禅。打坐了一个时辰，苏东坡忍不住问佛印禅师："禅师，你看我坐禅的样子如何？""像一尊佛！"佛印答道。

苏东坡心里很是得意。这时，佛印也问东坡："你看我的坐姿如何？"苏东坡想打趣他，讽道："像一堆牛粪。"佛印并不动气，只是置之一笑。

回家后东坡告诉了自己的妹妹苏小妹，然而苏小妹听后却道："哥哥，禅师的心中有佛，所以才看你如佛；你心中有粪，所以才视禅师为粪。"苏东坡闻此一言，才恍然大悟，内心惭愧不已。

人常常不自觉地把自己的个性、好恶、欲望、观念、情绪等移加到别人身上，认为别人也具有同样的特点。如自己喜欢说谎，就认为别人总是在骗自己。心理学家称这种心理现象为"投射效应"。

（二）人际交往中出现的不良心理

心理健康状况对大学生行为和人际交往会产生重大影响。根据一项对大学生心理健康状况的调查表明，目前大学生人际交往中存在各种各样的问题亟待解决，如角色问题、沟通技巧问题以及不同程度的情绪障碍等。

1. 自我中心和自我封闭　大学生在人际交往中容易以自我为中心，一些大学生在与别人交往时，常常表现为更多地顾及自我的需求或自我利益，而较少考虑他人的立场和情绪。而且随着独生子女越来越多，大学生中不乏一些只在乎自身利益、只站在自己立场考虑问题的人，这类人不在乎其他人的想法，常常以自我为中心。人与人之间的交往是建立在平等友爱、互相尊重的基础上，这类人必然会在人际交往中受到挫折。还有一些大学生则表现为不愿意别人了解自己，总喜欢把自己的真实思想、情绪和需要掩盖起来，在他人看来异常高冷和难以捉摸。这种封闭的处世态度，只注重自己内心的感受和体验，在人际交往中人为地制造隔阂，不与他人坦诚地交流和沟通。

2. 功利色彩明显　人际交往本是一个互益的过程，或者为了交流信息、沟通感情，或者为了满足心理或生理的某种需求，但随着市场经济的发展，有些大学生在人际交往过程中具有过强的社会功利性。大学生的人际交往目的展现出情感和功利性并存的特点，他们希望通过彼此的交往，能够使自己在一些方面得到利益和好处，而不愿意与那些没有明显"价值"的同学交往。以自利为特征的功利主义作为人际交往的基础，其必然会导致个人主义，不利于良好人际关系的维系。现实生活中，大学生的人际交往不仅局限在增进友谊、促进沟通的目的上，还存在着现实主义、实用性的特点，如有的同学更多地去结交家庭环境优越的同学，或主动和那些成绩优秀、表现突出的同学增进来往。

3. 人际关系的虚拟化　网络的发展，使社会产生了巨大的变化，在一定程度上促进了社会人际关系的发展，改变了人与人之间的沟通、交流方式，拓展了人际交往的空间，使人们足不出户便可以同朋友、老师、同学以及陌生人进行交流并建立新的人际关系。大学生作为易感人群，虚拟人际交往给他们的生活带来了前所未有的改变，他们中一些人沉迷其中，甚至形成了离开网络就无法生活的局面。与此同时，长时间的网络依赖也对大学生的现实人际交往造成一定的冲击，毕竟网络交流不能取代现实中的人际关系，这使得很多大学生面对现实社会产生了不信任感，不敢与现实生活中的人交往，这种人际交往技能的缺乏容易导致他们形成自我封闭的性格，造成了现实中对周围人和事失去兴趣，表现出自私、不负责任的交往态度。

4. 自卑　自卑是一种自我评价过低，一种在认知上的偏差，认为自己无能软弱。自卑的人认为自己比不上别人，总会认为自己的能力不行，什么事情都做不了。他们在人际交往中过于敏感，消极被动，容易形成自卑、焦虑的性格。自卑感的产生，与自我认识的不足、家庭经济因素以及个人性格等因素有关。人际交往中，自卑的个体经常存在一些认知偏差，比如认识不到自身的优点，或者夸大了别人的优点和自己的缺点，并且喜欢把自己的不足和他人的长处相比较，这样就越来越自卑。另一方面，自卑的个体往往比较内向，胆子较小，不敢在公开场合表达自己的想法和意见，这样会导致一些消极情绪和不愉快的体验难以排解掉。

5. 羞怯　羞怯心理会使个体在生活中失去许多与人交往的机会。羞怯的个体在陌生人面前，总会感到有一种无形的压力，面红耳赤，特别难为情，然后心里发慌，前言不搭后语，表达起来结结巴巴，他们不善于直接地发表个人意见或评论，常感到自卑，在学习和生活中往往不是考虑如何取得成功，而更多的是考虑不要失败。在人际交往中过于羞怯的人，其实根源在于不自信，他们不敢大胆地表达自己的思想和情感。羞怯心理可以细分为自卑性羞怯、敏感性羞怯、挫折性羞怯和习惯性羞怯。自卑性羞怯的人对自己的现状感到悲观，总觉得自己不如别人，特别害怕其他人看低自己；敏感性羞怯的人对细节特别关注，一到人群中就觉得紧张不安，总担心自己被别人否定；挫折性羞怯表现为受到一些社交上的挫折时，之后再遇到类似情形就有一种羞怯感，和陌生人交往中曾碰到过尴尬情况后，与所有陌生人打交道就会出现紧张的演化性羞怯；习惯性羞怯一般是由于孩提时代羞怯形成的习惯。

6. 嫉妒　嫉妒是因为他人的优点或成就而感到自己受到威胁，从而产生的一种不愉快的情感，俗称"红眼病"。嫉妒往往在竞争和比较中出现，导致大学生出现嫉妒心理的原因主要有以下几类：外貌、成绩、能力、经济条件、恋人、运气等。那些自尊心过强、虚荣心过盛、自信心不足、以自我为中心的大学生更易产生嫉妒心理。"明明我们进校时成绩差不多，为什么你现在这么优秀，真受不了！"嫉妒心理的产生会让个体本身陷入一种复杂的情绪体验之中，这一现象的主要特征就是将他人的优点、长处视为对自身的威胁，并由此感到不满、愤怒、怨恨等，进而借助其他的手段来摆脱这种让个体痛苦的情绪。在大学生中我们有时可以看到因为某种荣誉或是利益而相互攻击、相互伤害的情况。而嫉妒的产生主要是由于两种认知错误：首先是认为他人的成绩比自己好，我就是一个失败者，成功者只能有一个。其次就是认为别人的成功是对自己的一种威胁，会损害到自己的利益。因此有嫉妒心理的个体在生理和心理上均承受着巨大的痛苦和担忧，势必对自己的精神状态产生影响，进而严重影响到我们个体的人际交往。

7. 多疑　多疑建立在猜疑的基础之上的，往往缺乏事实依据，在许多时候也缺乏合理的思维逻辑。喜欢猜疑的人往往十分敏感多疑，比如看到同学悄悄地在说话，便会疑心他们在讲自己的坏话；如果哪一天看到某个同学与自己迎面而过却没与自己打招呼，便猜疑该同学对自己有意见或不喜欢自己等。在猜疑心理的作用下，人会陷入焦虑痛苦和自我怀疑当中，反复地猜测和否定，却不太愿意直接询问和面质。在猜疑心理的笼罩下，被猜疑者的一言一行都会带可疑色彩。一个人之所以出现猜疑心理，一方面是过分关心自己，常以自己的利益为中心，总担心别人伤害自己；另一方面猜疑者可能以前在人际交往中吃过亏或受过损害，所以一朝被蛇咬，十年怕井绳。猜疑会导致人际关系紧张，伤害他人感情，无事生非，同时也使自己处于不良的心态之下。

8. 社交恐惧　大学生这个年龄阶段大部分都渴望友谊，希望在学校期间广交朋友。但有些大学生对人际交往却感到不适和敏感，生活中极力回避与人接触，在不得不与人交流时则出现脸红紧张、心跳加快、手抖出汗的现象。为此，他们常常陷入焦虑和痛苦中。如果严重影响到身心健康和日常的学习和生活，则称为社交恐惧症。社交恐惧症一般分为两种情况：一是有些大学生在以前的交往过程中经常遭遇挫折，就会形成一种心理上的惧怕感，害怕再次失败，在情绪上产生种种不愉快的、甚至痛苦的体验，久而久之，就会不自觉地形成一种紧张、不安、焦虑的情绪状态。这种状态定型下来，形成固定心理结构，在以后遇到新的类似刺激情境时，便会旧病复发，心生恐惧。二是有些人看到别人或听到别人在某种交往情境中受挫，陷入窘境，或受到难堪的讥笑、拒绝，自己也会感到痛苦、害怕，甚至通过媒体等途径也会传染。他们会不自觉来预测自己会在特定的社交场合遭受令人难堪的对待，于是紧张不安、焦虑、恐惧。

第三节　人际交往能力的提升

一、大学生人际交往的原则

每一个成长中的大学生，都希望能够在大学期间建立起和谐的人际关系，保持良好的人际交往状态，使自己能够适应大学生活及今后的社会发展。大学生们在人际交往中必须遵循一定的原则，这样才能拥有和谐、友爱、互助的人际关系。

（一）平等相待

这是一条最基本的原则。尽管由于主观、客观因素影响，大家在气质、性格、能力、知识等方面存在着某些差异，但在人格上却是平等的。在交往过程中，如果一方居高临下，那么他很快便会遭到孤立。坚持平等相待的交往原则，就要正确估价自己，不要光看自己的优点而盛气凌人，也不要只见自身的弱点而盲目自卑。只有坚持平等的交往原则，才不会在交往过程中出现认知偏差，过分地高估自己或高估他人，做到真正的不卑不亢和人格平等。

（二）诚实守信

诚实是中华民族的传统美德。我们从小到大受到的教育都要求我们为人处世真诚可靠，以诚待人，这是人际交往的双方必须坚持的态度。信用是无形的资产，是人与人交往过程中的看不见的资本。以诚待人、讲求信义是人际交往得以延续和深化的保证。在交往中，只有彼此抱着心诚意善的动机和态度，才能相互理解、接纳、信任，在感情上引起共鸣，使交往关系巩固和发展。诚实守信原则要求大学生在人际交往中要说真话，言必行，行必果，答应做到的事情不管有多难，也要千方百计、不遗余力地办到。

（三）互惠互利

人际交往的过程，是双方互相满足需要的过程，人际关系以能否满足交往双方的需要为基础。当各自的需求与对方具备的条件正好成为互补关系时，就会产生强烈的吸引。因此，交往双方要本着互助互利的原则相互帮助、相互扶持。当一方有难时，另一方需及时"拔刀相助"，所谓"千里送鹅毛，所重以其人也"。坚持互助互利原则，就要破除极端个人主义，与人为善，乐于助人。同时，又要善于求助别人。别人帮助你克服了困难，他也会感到愉快，这也可以进一步增进双方的情感交流。

（四）求同存异

人际交往过程中并不是只有一种意见，人与人之间会因为不同的意见引发冲突，如果有意见分歧，求同存异是解决冲突的首要原则。个人应该严格要求自己，即个人修养的重要性，必须有宽容别人的想法，要能沟通，懂得换位思考，设身处地为对方着想，容纳、接纳他人，以积极健康的心态，宽容地与别人友善交流。在生活中，我们每个人的性格、生活习惯、价值观、人生观都不相同，这就要求我们必须相互宽容，求同存异，和谐发展。

我们每个人都是自己生活的主宰，人际关系的好坏其实是我们人际交往能力的体现，坚持以上四个原则有利于帮助我们在人际交往中找到自己的方向，从而提高自己的交际能力，度过愉快的大学时光。

> **实例分析 7-2**
>
> **实例** 小雨是一名寝室长，最近有一些苦恼。原本寝室内大家相处和谐，但最近小雨将寝室内的值日表排出来后，有室友认为小雨安排的值日表并不合理，不愿意遵守，也有室友提出应合理安排一天集体进行大扫除，小雨认为提议合理，便在值日表中进行了修改，这时又有室友提出"卫生应该划片区分别承担，我们只需要做好自己负责区域的卫生就可以了"。尽管意见不合，小雨还是

在其坚持下按照值日表轮流值日，开始大家还能遵守值日表，可是好景不长，小雨听到室友之间彼此抱怨，值日完成得也较差。看着室友之间的关系越来越紧张，小雨感到力不从心，于是前往咨询中心请求帮助。

问题　1. 为什么室友对小雨的安排感到不满意？
　　　　2. 小雨如何打破目前困境？

答案解析

二、大学生建立良好人际关系的途径

大学生都希望在学校期间建立起良好的人际关系，但在实际交往过程中，生活习惯、性格差异、情绪问题都可能会导致人际交往中出现困难，人际交往不良在不同的程度上都会给个体带来一定的困扰，甚至造成大学生人际交往的心理障碍，而心理障碍的存在势必会给和谐的人际关系建立带来阻碍。为了能够在大学期间建立良好的人际关系，大学生们有必要掌握一些人际交往心理障碍的调适方法和建立良好人际关系的技巧。

（一）人际交往心理障碍的调适方法

1. 端正认知　人生活在社会中，都会产生对自我、对他人以及对各种自然实体及其关系的认知。在人际接触中，如果不能正确地认知就会出现认知偏差，认知偏差主要有对自我认知的偏差和对他人认知的偏差两种。

随着大学生自我意识的分化，"主体我"和"客体我"、"理想自我"和"现实自我"的矛盾冲突开始加剧。"理想自我"总是完美的，而"现实自我"总是与"理想自我"有一定的距离，并且还时常成为实现"理想自我"的障碍与阻力。他们对自我的评价时常是矛盾的，时而客观地评价自己，时而又高估自己或低估自己；时而感到自己很成熟，时而又感到自己很幼稚；时而对自己充满信心，时而又对自己不满等。总之他们对自我的认知存在有偏差。在人际交往中，除了正确认识自己之外，还要正确认识他人。

要建立良好的人际关系，首先，要正确认识自我。通过将自己的现实与自己的过去相比，知道自己是进步了还是退步了，抑或是原地不动；通过将自己的现实与自己的未来目标相比，从中发现自己存在的差距；通过与社会上和自己地位、条件相类似的人相比来认识自己，在比较中认清自己的优势和劣势，长处和短处，达到取长补短、缩小差距的目的。其次，要积极悦纳自己。悦纳自己就是要无条件地接受自己的一切：优点和缺点，好的和坏的，成功的和失败的。实事求是地承认自身的价值，能够维护自己的自尊心，充分调动积极因素，发挥自己的潜能。而实事求是地承认自己的弱点和缺点，不仅不会降低自己的自信心、伤害自己的自尊心，而且会使自己的自信心和自尊心建立在坚实的基础上，有利于克服自身的消极因素，减少对潜能的自我消耗，使自我力量充分展示出来，进一步增强自信心，提高自我的价值和地位。再次，要综合、客观地评价他人，要发展地看人。

2. 调适不良情绪　由于人际交往强调的是人与人之间的情感关系及心理距离的远近，所以情绪情感成分是人际交往中的主要部分，并会影响到认知和行为。常见的情绪情感障碍有：愤怒、自卑、嫉妒、自负、恐惧、冷漠等。心理学家认为，人在愤怒时，体内调动了所有的能量储备，能发出比平时大得多的生理和心理能量，在这种冲动的情绪状态下，人的意识范围缩小，对自己的行为控制能力下降，常做出不明智的举动，这就导致了人际关系紧张、不和谐。自卑的人对自己的能力或品质评价过低，轻视或看不起自己。为了掩饰自己的自卑，常常会夸耀自己的作为，表现出较强的虚荣心，在人际交往中容易让人感到不够真诚，很虚伪，引起交往障碍。当人们在交往中发现自己在才能、名誉、地位或境遇等方面不如别人时，就会产生一种不悦、自惭、怨恨、恼怒甚至带有破坏性的复杂情感，这就是嫉妒。嫉妒实际上是用别人的成绩进行自我折磨，别人却不会有任何逊色。自负在交往中表现出居高临下，自夸自大，只强调自己的感受而忽视他人的感受，影响了交往双方的正常沟通。冷漠是一种个体对挫折环境的自我逃避式的退缩性心理反应。表面冷漠的人事实上内心很痛苦、很寂寞，具有强烈的压抑感。

控制人际交往中的不良情绪是大学生心理成熟和健康的重要标志。首先，应强化大学生品德和文化修养，培养高尚的情操，形成内在的理智力量，提升情感世界。其次，应调控对他人的期望值。每个人都不是完美无缺的，在个性、行为习惯、价值观念和情绪状态等各方面都可能会有优点或不足。如果对他人、对事物所抱期望值过高，势必在需求难以满足时产生不好的情绪反应。在人际交往中，每个大学生都应当正确处理对他人的期望问题，不要求全责备，以免产生失落和不良情绪。第三，大学生还必须具有各种良好的交往品质。如真诚、信任、克制、自信、热情等。

3. 完善人格　所谓人格，是指人在各种心理过程中经常地、稳定地表现出来的心理特征，包括性格、气质、能力、兴趣、爱好等成分。气质俗称"脾气"，主要指由于先天遗传，加上后天影响形成的特征，是情绪和活动发生的速度、强度、持久性、灵活性和指向性等动力方面特点的综合。如情绪体验的快慢、强弱以及动作反应的敏感迟钝，就属于气质范畴。性格表现在人的态度和行为方面的特征，主要由于后天学习和生活锻炼而形成的，是人格的重要组成部分。当代大学生是家庭和学校的"宠儿"，在人生的道路上还没有经历过大的起伏和挫折，因此，许多大学生自命清高、眼里容不下他人；遇到困难意志薄弱，爱感情用事；对人和事爱斤斤计较，心胸狭隘。这些不良的性格特征不仅容易造成人际交往的障碍，而且还会影响到大学生的身心健康。

要培养良好的人格，还要优化自我性格。性格的可塑性较大，有好坏善恶之分。大学生应当积极塑造良好性格，以适应社会的需要。当代大学生的良好性格应该是：温和亲切，谦虚热情；心胸豁达，宽以待人；耿直正派，坦荡真诚等。良好的性格是成功交往的基础，可以通过以下几种途径优化自我性格：一是通过博览群书使少教者变得有教养，使骄傲者变得谦虚，使自卑者变得自信，使心胸狭隘者变得豁达等。二是通过交往发现别人性格的优劣，并从中找到与自己的相似之处，从而调整和改正自己。三是从小事做起。许多人所具有的开朗、正直、坚韧、细致等优良性格都是坚持锻炼的结果，是慢慢形成的，因此，我们要从我做起，从小事做起。

（二）建立良好人际关系的技巧

大学生在人际交往过程中，除了调整自身的认知及情绪调适，同时也离不开一些外在行为上可以灵活运用的交际技巧，主要包含以下几个方面。

1. 学会语言的艺术　在人际交往中，我们不仅要将自己的想法表达清楚，还要思考自己的表达对方是否感兴趣并能理解，这就要求我们在交流时使用一定的文字表达技巧，注意讲话的场合和分寸，增进人际吸引。"良言一句三冬暖，恶语伤人六月寒。"这两句话告诉我们交往时要注意运用语言的艺术。语言艺术运用得好，就能优化人际交往。相反，如果不注意语言艺术，往往在无意间就出口伤人，产生矛盾。

（1）学会交谈　交谈中首先要有恰当得体的称呼，使人能获得一种心理满足，使对方感到亲切，交往便有了良好的心理气氛。其次要注意话题的选择，这是顺畅交流的开端，要选择双方都感兴趣的一些话题。在交流过程中，不能随便打断别人的谈话，扰乱他人思路，也不能对他人的提问、话题漫不经心，不着边际。另外，还要注意正确运用语言，表达清楚、生动、准确、有感染力、逻辑性强，少用土语和方言，切忌平平淡淡、滥用词藻、含含糊糊、干巴枯燥；语音、语调、语速要恰当，要根据谈话的内容和场合，采取相应的语音、语调和语速；讲笑话要注意对象、场合、分寸，以免笑话讲得不得体，伤害他人的自尊心。

（2）善于倾听　了解他人最好的方式是倾听，是否善于倾听则体现了一个人的同理心和修养水平，倾听是对他人的尊重和理解，能提高对方的自尊，加深双方的感情，更是一种美德。倾听意味着要有耐心，对方可能话还没说完，但我们已经理解了对方的意思，但此时还需要耐心地听下去，如果随意地打断对方那意味着你在告诉对方他的话已经没有价值；交谈时若有一些疑虑，需要礼貌地提出自己的看法，并且表达出对对方的尊重，这样既能表达自己的观点，也不伤害双方的情感。

（3）真诚赞美　心理学家认为真诚的赞美能够释放出个体身上的正能量，调动个体的积极性。任何人的内心深处都渴望被他人赞美，在人与人之间的相处中，多说一些赞美的话，少讲一些批评的话，多说一些鼓励的话，会赢得对方的好感，增进人际交往，因为赞扬能让人身心愉悦，还能激发自豪感，所以我们不要吝啬我们的赞美之语，这不仅是帮助他人，更是在帮助我们自己铺平人际交往的道路。

✐ 课堂活动

活动：优点大轰炸。

目的：通过活动，借助成员的力量来获取个人的自信心，同时小组成员在活动中体验并学习夸赞对方的快乐。

操作：

1. 把班级的同学分成若干个小组，每组人员控制在 8 人以下。

2. 小组内的成员依次对每一个人进行情感交流优点轰炸。（注意事宜：本环节中每个人的赞美及优点描述必须是发自内心的且是真诚的；夸赞的话语不可以重复）

3. 被"优点轰炸"的成员必须认真听取并做好记录。

4. 小组成员在全班同学面前分享个人感受和体验。（思考分享的内容可以从以下几个问题切入：当别人赞美你时，你的感觉如何？你赞美别人的时候，通常会赞美哪些方面呢？你在赞美别人时，感到自然吗？）

5. 最后完成活动的总结。

---

2. 学会非语言的技巧

（1）善于运用肢体语言　有研究显示，在面对面的交流中，超过五成的信息是由非语言线索提供的，比如人的眼神、表情、姿态、手势等。由此可见肢体语言在人际沟通中的重要作用，所以大学生在人际交往中不仅要注意自己的肢体语言所传递的信息，还要善于观察对方的肢体语言，以便做出合适的应对。

真诚、发自内心的微笑是人与人之间最直接的表达，也是传达感情最直接的方式。微笑的力量是巨大的，大学生在人际交往中应该多给他人一份微笑。人的一举一动，都在人际沟通中体现出特定的含义，身体靠近对方，表达热情和感兴趣；身体后仰则体现出保持距离和轻视对方。另外，在交流过程中，眼神的接触也很重要，要避免直接打量或者凝视对方，这会给对方造成压迫感，适宜的时候有一些眼神的接触即可，不要紧盯着对方看。

（2）掌握合适的人际距离　人际距离又称交往空间，是指人与人之间的间隔。在人际交往过程中，恰当合适的人际距离会给对方带来愉悦舒适的感觉，如果距离过近则会给对方带来压迫感，如果距离过远则会给交往带来阻碍。那么在人际交往中，应该保持怎样的人际距离呢？提供一组可以参考的依据，第一是亲密距离（大约0.6米），这是拥抱或者说悄悄话的距离，通常属于情侣之间亲密的距离；第二是个人距离（0.6~1.2米），这是一般交谈的距离，多是正常环境中朋友、熟人、亲戚之间的交谈距离；第三是社会距离（1.2~3.5米），这是团体讨论或是宴会的交往距离，通常是在谈生意、会晤来访者等交谈形式中所保持的距离范围；最后是公共距离（3.5~7.5米），这是途中打招呼、演讲等距离，在日常生活中出现这种距离多是路途较远的招呼，或是教师给学生上课，以及领导或名人等开设的公众讲座所保持的距离范围。

一个没有人际交往能力的个体，就如无帆的船，无法在茫茫海洋中寻找到前行的方向，心理健康的大学生应当首先能够建立良好的人际关系，在人际交往中掌握基本的交往技巧和沟通能力，才能在自身的发展过程之中正确、客观、全面地认识自己，了解自己，完善自己，才能成为一名出色的大学生。

目标检测

答案解析

一、选择题

（一）A型题

1. 人际交往中最基本的原则是（　　）。

    A. 热情　　　　　　　B. 尊重　　　　　　　C. 平等　　　　　　　D. 互惠互利

2. 自我评价过低，在认知上有偏差，认为自己比不上别人，能力不行，做什么事情都做不了的心理是（　　）。

    A. 嫉妒　　　　　　　B. 愤怒　　　　　　　C. 自我封闭　　　　　D. 自卑

3. 最简单、最直接表示对他人友好的一种方式是（　　）。

    A. 微笑　　　　　　　B. 打招呼　　　　　　C. 点头　　　　　　　D. 鞠躬

4. 新近获得信息比先前所获得的信息影响更大的现象是指（　　）。

    A. 晕轮效应　　　　　B. 近因效应　　　　　C. 首因效应　　　　　D. 刻板印象

5. 人际交往中，属于亲密距离的是（　　）。

    A. 0.6米以内　　　　B. 0.6~1.2米　　　　C. 1.2~3.5米　　　　D. 3.5~7.5米

（二）B型题

[1~2]

    A. 空间距离　　　　　B. 人际传播　　　　　C. 传递信息　　　　　D. 心理关系

1. 人际关系是指在人与人交往的过程中形成和发展的（　　）。

2. 人际交往的作用有（　　）。

[3~4]

    A. 社交理智型　　　　B. 社交态度型　　　　C. 社交感情型　　　　D. 社交情绪型

3. 基于相互间一定程度的感情共鸣而产生并持续进行的人际交往类型是（　　）。

4. 在交往过程中往往敏感多疑，不容易原谅对方的过失和缺点，交往中易受挫折的类型是（　　）。

[5~6]

  A. 首因效应   B. 近因效应   C. 刻板效应   D. 投射效应

5. 个体对某人或某一类人产生的一种比较固定的、类化的、笼统的看法是指（ ）。

6. 以己度人，将自己的感情、意志和认知投射到其他人身上的倾向被称为（ ）。

（三）X 型题

1. 大学生人际交往的原则有（ ）。

  A. 平等   B. 诚实   C. 求同存异   D. 互惠互利

2. 建立良好的人际关系，大学生应做到（ ）。

  A. 善于倾听   B. 自我中心   C. 眼神回避   D. 真诚赞美

3. 人际交往心理障碍的调适方法有哪些（ ）。

  A. 锻炼身体   B. 端正认知   C. 调整情绪   D. 完善人格

4. 对于晕轮效应说法正确的有（ ）。

  A. 也叫"光环效应"   B. 依据已知的信息未知的其他方面特征

  C. 没有积极作用   D. 消极作用不明显

5. 大学生人际交往的影响因素有（ ）。

  A. 认知因素   B. 外貌因素   C. 情绪因素   D. 性格因素

二、综合问答题

1. 什么是人际关系？

2. 大学生人际交往的特点有哪些？

3. 大学生人际交往的原则是什么？

4. 大学生建立良好人际关系的技巧有哪些？

5. 人际交往中常见的不良心理有哪些？

书网融合……

    知识回顾   微课   习题

（钱　景）

PPT

学习引导

进入高校以后，大学生往往会陷入很多"甜蜜的烦恼"，如面对心仪的异性，不知道到底该不该表白；不清楚好感和爱情是不是一回事；面对突如其来的告白时，不明白怎样回应才最妥帖；爱与性究竟是怎样一种关系。那么，大学生恋爱和性心理的困惑应该如何解决？大学生正确的恋爱观包括哪些方面？

本单元主要介绍大学生性心理困惑和恋爱心理困扰的调适方法，大学生正确的恋爱观，大学生恋爱与性心理的发展特点，大学生恋爱与性心理常见困扰，爱与性，爱情和喜欢、友情的区别。

学习目标

1. **掌握**　大学生性心理困惑和恋爱心理困扰的调适方法；大学生正确的恋爱观。
2. **熟悉**　大学生恋爱与性心理的发展特点；大学生恋爱与性心理常见困扰。
3. **了解**　爱与性；爱情和喜欢、友情的区别。

第一节　恋爱与性心理概述

一、爱的本质与属性

（一）爱情的本质

《现代汉语词典》中，爱的定义是对人或事物有很深的感情。爱情的定义为男女相爱的感情。从生理学上说起，人在遇到符合交配条件的异性时，会分泌相应的激素，使人进入亢奋状态，之后再次遇到或想到该异性时，都会分泌激素，反复进入亢奋状态。这种感觉被称为"爱情"。许多哲学家、心理学家也对爱情有自己独到的见解。在柏拉图看来，"爱情是没有肉体接触的灵魂的融合，是一种超个人情感的爱的具体体现。"休谟说："爱情是由美貌、性欲和好感这三种印象或情感结合而发生的。"马克思主义的爱情观认为，男女之间建立于性爱基础上的情感之所以成为爱情，是由人的社会属性决定的，因此男女之间真挚的爱情，不仅是自然生理需求的冲动和相互需要，更是志趣的相投和心灵的相通。从本质上讲，爱情是一对男女基于一定的客观物质基础和共同的生活理想，在各自内心形成对对方的最真挚的仰慕，并渴望对方成为自己终身伴侣的最强烈的、稳定的、专一的感情。爱情的本质，是人的社会属性与人的自然属性相结合的异性间的崇高感情。

（二）爱情的属性

1. 爱情的自然属性　指人类源于生理需求的性爱，它是属于感官与肉体层面的。千万年以来，人类生理结构和器官特征的变化微乎其微，爱情的自然属性也都大同小异。

2. 爱情的社会属性　由于人类社会是不断发展的，这就必然使得爱情的社会属性也在不断发展演变。都说"爱情是文学永恒的主题"，在历史的不同时代背景下，爱情的社会属性却大相径庭。爱情的社会属性内涵丰富，主要表现在七个方面。

（1）爱情包含着理性而目的明确的交往　爱情是个体身心发展到相对成熟的阶段时产生的情感体验。它是一种高级情感，不是低级情绪。动物身上只有条件反射，而人具有在劳动和社会关系中合乎规律地发展起来的意识，人能够根据一定的原则和准则来权衡并且调整自己的行为，这就使复杂的性关系具有崇高的目的。人类的爱情是有意识的，没有意识就没有爱情。这一点表现为预见、认识和按一定目的调整自己的行动，而且表现为憧憬和思慕爱情，希望藉由爱情得到人生的幸福。爱情从来既是令人怦然心动的回忆，又是明确的未来图景。

（2）爱情体现道德意识　一旦爱上一个人，就意味着尊重爱情的神圣性，珍惜爱情，并且善尽爱情中的责任和义务；当一个人体会到真正的爱情时，就会表现出崇高的奉献精神，甚至会为爱侣牺牲生命。

（3）爱情是作为在男女关系上的一种特殊的审美感而发展起来的，爱情创造了美，使人对美有了新的领悟　爱情创造的美丽带着永恒性，我们常说的"情人眼里出西施"正是爱情特殊的审美趋向。在恋人眼中，对方身上所具有的魅力是自己无法抵挡，也是旁人无法理解的。爱情所产生的美，不仅在于外表的吸引，更是发自肺腑的，使恋人沉迷之中，如饮醇醪，不觉自醉。

（4）爱情包括生理的力量与精神的力量　爱情引导一对男女去建立牢固的共同生活，去建立婚姻和家庭形式的关系。"参与爱情的只有两个人，要诞生新的生命"。爱情以生理力量为基础，但其精神力量才是爱情中永恒与不竭的动力源，特别是当热恋的激情退却后，真正的爱情在平实生活中靠的是爱情双方精神的力量维系，使之在平凡的生活中依旧熠熠生辉。

（5）爱情的思想内容和社会－心理内容决定于社会发展的水平　男女之间的相互作用不仅是生物作用，而且是精神作用：志同道合曾经是革命年代崇高爱情的代名词。当时代发展到今天的时候，随着社会文化的不断发展，爱情价值观愈发趋向多元化，如同眼下流行的"不在乎天长地久，只在乎曾经拥有"，就只注重爱情的即时性而忽视了爱情的神圣性。

（6）爱情的社会成分自然也存在于选择性的欲求对象的过程中　这里包括两个方面：一方面是指爱情的产生、维系和发展必然受到社会伦理、法律、经济条件与责任义务等的规范与约束；另一方面是指建立在爱情基础上的婚姻和家庭，特别是爱情的终极目标——婚姻，将爱情从私人的空间转移到社会大环境下，组建家庭，构成社会，繁衍后代，这就构成了爱情的社会属性，这也是人们对于婚姻社会性的必然要求。

爱情有生理基础，包括性爱因素，不是纯粹的精神上的依恋。选择的标准不单是生物性的，而且是社会－心理的，在选择对象时，无论男女，都不仅仅会注意到由遗传决定的生物特点（眼睛、头发、体态、气质等），而且兼顾考虑对方的纯社会评价（社会地位、物质条件、教育程度、道德水准、志向等）。如果说爱情最初的迷醉是从生物特点开始的话，那么持久的爱情靠的是社会评价。人类的爱情更多的依靠理性的选择，即在生物学基础之上的更多的社会标准的审视。

（7）调节两性关系的手段是动物所不具备的羞耻感　与美感相对应的是，人类爱情的社会性有其特有的羞耻感，既表现在爱情表达方式与性行为的选择上，也表现在爱情受挫后引起的心理反应。特别是单相思与失恋、羞耻感经常是爱情的伴生物。

（三）爱情的特征

从心理学角度而言，爱情是人际吸引最强烈的形式，是身心成熟到一定程度的个体对异性个体产生的有浪漫色彩的高级情感。爱情是世界上最复杂的情感现象，其特点如下。

1. 爱情的专一性　这是爱情最为显著的特征，处在恋爱关系中的男女，必须忠于对方，心无旁骛，绝对不可以朝三暮四、见异思迁。伟大的教育家陶行知形象地说过：爱情之酒甜而苦，两人喝是甘露，三人喝是酸醋，随便喝要中毒。爱情一般是在异性之间产生的，狭义的爱情专指异性恋，不含同性恋。

2. 爱情的持久性　爱情贯穿于恋爱、婚姻、家庭及生命的全过程，真正的爱情非环境所能改变，也非时间所能磨灭。爱情的持久性正是建立和保持婚姻关系的基础。俗话说"愿得一人心，白首不分离"，这形象地说明了爱情的持久性。

3. 爱情的自主性　爱情是在男女双方两情相悦的基础之上产生的，充分反映当事人的意志，不是被迫或盲从的结果。

4. 爱情的平等性　爱情的平等性并非现实生活中经济、地位等方面的势均力敌，而是在双方人格独立的基础之上，相互尊重和理解对方，并能发自肺腑地为对方奉献和付出。

（四）爱情与喜欢、友情的区别

1. 喜欢不等于爱情　在实际生活中，与爱情最容易混淆的一种人际吸引形式是喜欢。社会心理学家鲁宾（Z. Rubin）对爱情和喜欢的关系进行了系统的研究，他发现爱情不是喜欢的一种特殊形式，爱情与喜欢是两种不同的情感。确实，生活中"我喜欢他（她），但不爱他（她）""我爱他（她），但不喜欢他（她）"的现象经常发生。爱情与喜欢的区别主要表现在三个方面。

（1）依恋　卷入爱情的双方在感到孤独时，会高度特异性地去寻找对方来伴同和宽慰，而喜欢的对象不会有同样的作用。

（2）利他　恋爱中的人会高度关怀对方的情感状态，觉得让对方快乐和幸福是自己义不容辞的责任。在对方有不足时，也会表现出高度的宽容。最自我中心、自私自利的人，在恋爱中也会表现出某种理解、宽容、关怀和无私。

（3）亲密　恋爱的双方不仅对对方有高度的情感依赖，而且会有身体接触的需求。通常情况下，社会化水平比较高的成年人能区别喜欢和爱情，但个别成年人，特别是相当部分的青少年，不能很好的区分依赖、尊重、喜欢与爱情。

2. 友情不等于爱情　友情是爱情的基础与前提；爱情是友情的发展和质变。两者有联系，亦有质和量的区别。友情可以发展为爱情，亦可永远发展不成爱情。日本一位心理学者提出了区分友情与爱情的五个指标，可供参考。

（1）支柱不同　友情的支柱是"理解"，爱情则是"感情"。友情最重要的支柱是彼此的相互了解，不仅是对方的长处优点，就是短处缺点也要充分认清，只有这样才能产生友情。爱情则不然，它是对对方的美化，视作理想后产生了恋爱，贯穿其间的全过程的是感情。

（2）地位不同　友情的地位"平等"，爱情却要"一体化"。朋友之间立场相同，地位平等。爱情则不然，它具有一体感，身体虽二，心却为一，两者不是互相碰击，而是互相融合。

（3）体系不同　友情是"开放的"，爱情则是"关闭的"。两个人有坚固的友情，当人生观与志趣相同的第三者、第四者想加入的话，大家都会欢迎。爱情则不然，两人在恋爱，如果第三者从旁加入，便生嫉妒心理和排除异己的行为。

（4）基础不同　友情的基础是"信赖"，爱情则是纠缠着"不安"。一份真诚的友情，建立于双方坚如磐石的信任和了解的基础之上。而恋爱中的一对男女，则可能对彼此的关系患得患失，欠缺安全感，这种不安的感觉有可能贯穿整个恋爱全过程。

（5）心境不同　友情充满"充足感"，爱情则充满"欠缺感"。当两个人是亲密的好朋友时，彼此都有满足的心境。但当两个人一旦成为恋人时，虽然初期会有一时的充足感，可不久之后就会产生不满足感，总希望有更强烈的爱情保证，经常有一种"莫名的欠缺"尾随着，有着某种着急的感觉。

爱情不是欲望的满足，一般地说，每个人在交往中依据上述五个指标仔细地观察、反省，并作综合分析，对友情与爱情是可以正确地辨别的，在友情和爱情的岔路口可以准确定向。

二、爱与性

爱情一直是哲学、宗教、心理学、美学、文学与社会学中引起激烈争论的话题。唯心主义者常常把爱情的自然因素和社会属性分开，如柏拉图倡导的"精神恋爱"，片面强调爱的因素，鄙视世俗的爱欲，把人们引向抽象的爱情；另一种是"泛性论"者，代表人物是弗洛伊德、叔本华等，只强调性的因素，用性本能来定义爱情。爱是什么？爱的动力源是什么？科学的理解是，爱与性是相辅相成、互相统一的。不存在着无爱的性，也不存在着无性的爱。

（一）性的概念及作用

性是一种复杂的人类现象，要了解性的丰富内涵，可以从生理、心理、社会文化三个层面来分析。

1. 生理层面的性　主要包括性器官及其发育、性行为的生理特征以及生育现象。

2. 心理层面的性　主要包括青春期的性意识、择偶与恋爱心理、性行为的心理特征、性倾向及性偏好等伴随性活动的一系列心理现象或过程。

3. 社会文化层面的性　主要包括性交往活动、制定性规范的活动、性教育活动、性审美活动及其相关的文化产品。

生理属性是性活动的物质基础，心理属性是区别于动物的特性，而社会属性则是人类性的本质属性。性生理因素的正常与否是人类性活动的前提，它为性心理因素的健全提供了可靠的物质基础；同时，性心理因素的健康发展又有赖于性社会因素的作用。所以，在人类性的三个因素中，起决定作用的是性的社会因素。简单而言，人类的性是指以生物繁衍的机能为基础，受特定的社会关系影响和人的心理因素支配的性活动（既包括人自身、人与人之间的性行为活动，也包括人的性心理活动）。人类的性是由生理-心理-社会因素形成的一个整体。作为生命延续的手段，性帮助人类完成种族繁衍；作为两性结合的方式，性维系每个家庭的夫妻关系；作为人类欢愉的一种形式，性使千千万万的男女获得生理和心理的满足；作为青少年异性交往的引力，塑造着健全的人格和性别角色；作为两性联系的纽带，性使许许多多的男女徜徉在爱河之中；作为衡量文明的标准，性还体现着社会的文明程度。总之，性本是很自然的、美好的、健康的和高尚的。

（二）斯腾伯格爱情三因论 🄴 微课

斯腾伯格（R. Sternberg, 1988）认为，爱情是由亲密（重视彼此的喜欢、理解与期待）、激情（魅力与性吸引）以及承诺（决定发展稳定的关系）三因素组成的三角形（图 8-1）。

亲密是以彼此的信任为基础的情感表现，包括热情、理解、交流、支持及分享等特点。激情则必然伴随有彼此间性的吸引，以身体的欲望激起为特征。激情的形式常常是对性的渴望，但是从伴侣处得到满足的任何强烈的情感都属于这一类别。承诺是内化为个体心灵需求的一种责任和约定，包括将自己投身于一份感情的决定及维持感情的努力。承诺主要是认知的，亲密是感情性的，而激情是动机性的。这三个成分程度的不同会出现不同的结果。

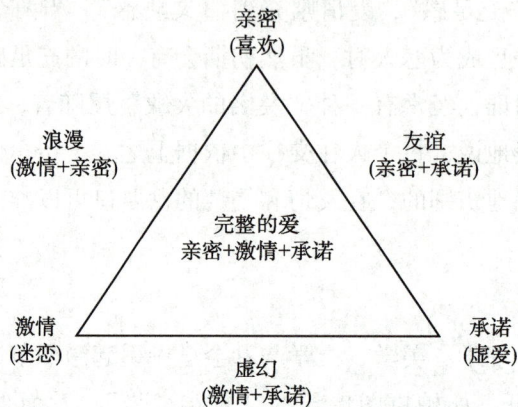

图 8-1 斯滕伯格爱情三因论示意图

根据这三种元素的不同组合情况，斯滕伯格将爱情分为八种。

1. 无爱 如果亲密、激情和承诺都缺失，爱就不存在。则两个人也许仅仅是熟人，而不是朋友。彼此的关系是随便的、肤浅的、没有承诺的。

2. 喜欢 当亲密程度高但激情和承诺非常低的时候，会产生喜爱。喜爱发生在有着真正的亲近和温暖的友情中，但不会激发激情和你会与之共度余生的预期。

3. 迷恋 迷恋中有着强烈的激情，但缺乏亲密和承诺，当人们被不太熟悉的人激起欲望时会有这种体验。它只有热情因素。

4. 空爱 即空洞的爱，没有亲密或激情的承诺就是空爱。它只有承诺因素。

5. 浪漫之爱 当程度高的亲密和激情一起发生时，人们体验的就是浪漫的爱。亲密和热情两因素的结合。

6. 伴侣之爱 亲密和承诺结合形成对亲密伴侣的爱，可以成为伴侣的爱。虽然年轻时的激情已经退却，但是彼此的关系已经升华为亲情式的信任和依赖，常见于白头偕老的夫妻。

7. 虚幻之爱 缺乏亲密的激情和承诺会产生一种愚蠢的体验，叫作虚幻的爱。它是热情和承诺两因素的结合。

8. 圆满之爱 最后，当亲密、激情和承诺都以相当的程度同时存在时，人们的体验的是"完全的"，或称作"圆满的爱"。它是亲密、热情和承诺三因素的结合。

（三）爱与性相辅相成，密不可分

从心理学角度看，真正的爱情具有稳定的心理结构，一般来说，爱情的心理结构具有性爱和情爱两个层次，即建立在性欲之上的对异性具有倾慕怜惜之情的性爱和由异性的依恋感及理想、情操、个性追求（义务感、道德感）等复杂因素混合而成的情爱。性爱具有较强烈的生物本能特征，在较大程度上属自然属性，但它又不完全是为了追求性欲的满足，而是生理需要与心理需要结合的一种社会现象。人类的爱情与动物的性爱最根本区别在于人类的爱情具有社会性，它是有在双方的思想感情、志向理想、人生态度统一而和谐的共鸣中产生和发展的，它是理性的，崇高的。

性爱和情爱都是爱情的基本成分。情爱是人类社会发展的结果，更强调精神的重要性。所以社会舆论和大多数文学作品都有意无意地抬高赞颂情爱而贬低性爱。其中最有代表性的是哲学家柏拉图宣扬精神之恋，但这种做法是片面的。性爱与情爱同等重要。恋爱的一个根本目的是释放性能量，发展性意识。没有了性就无所谓恋。性欲是人类诞生以来就存在的本能冲动，而情爱必须在自我意识的基础上产生。以情爱压抑性爱是病理的表现，完全只谈性不谈情又不是爱情。情爱与性爱相辅相成，密不可分。只有二者并重，才能构成完整的爱情。完整的爱情具有以下特点。

1. 双方互为性爱对象 在性吸引的基础上，互为性爱对象的唯一选择，表现为性意向、性行为和性感受的一致，情有独钟，忠贞不渝，生理的吸引和相互的性爱，使双方身体上的刺激和不同层次的欲望得到全面满足。

2. 双方互为情爱对象 将对象放进自己的内心空间，使对方的音容笑貌留在自己的脑海之中。时刻感到自己是对方，对方是自己，自己与对方已经融为一体，心心相印，无法分离。爱情中的情爱，可以包含朋友的友情、男女之间的恋情以及亲人之间的亲情等。互为累积的情感越多越浓，爱情也就越丰沛完整。尤其是亲情和爱情的累积，更是建立最美满爱情的必需条件。

3. 性爱和情爱的融合 真正的爱情就是性爱和情爱的有机融合，肉体上的满足和精神追求的相互统一。唯性欲论片面强调肉体欲望的满足，唯精神论则只强调心理需求的满足，该理论认为爱情是情感上的依恋、心灵上的共振以及精神上的享受，谓之"精神恋爱"。

4. 性爱和情爱的互动和发展 真正的爱情不仅是相爱双方性爱和情爱的结合，而且是一种互动，即性爱促进感情的升温，感情又促进性爱的快感，互相促进，持续提升，让爱情不断发展。人们常认为"婚姻是爱情的坟墓"，婚后生活"平平淡淡才是真"，这是错的，否定了爱情的发展性。

5. 爱情是激情体验，也是理智的心理活动，在感性和理性的互动中发展 爱情是感情体验和理智认识的统一。爱情体现为美好而又复杂的情感，产生的是亢奋、欢愉、依恋、思慕、紧张、激动、痴狂之情，以及美感和道德感、责任感。然而，爱情又包涵着理智的行为和意识的调节，反映出人的思想境界、理想追求、价值观念、审美标准等，表现在恋爱双方的认识、了解和对恋爱活动的意识支配之中。爱情不是单一的感情上的冲动，必须有理性的调节，并在感性和理性的相互作用中不断促进和发展。爱情中的情感体验是美妙绝伦的，无与伦比的，许多时候也是理性无法控制的。

6. 节制与旁涉 节制就是要使感情和爱情的行为顺其自然地发展，不要一味贪求不合乎感情发展的性行为。旁涉，就是不要用爱情来代替生活的全部，而要用生活（事业、学习）来充实爱情。

第二节 大学生常见的恋爱与性心理困扰

一、大学生性心理发展特点和困惑

大学时期是一个人的心理从幼稚走向成熟的重要时期，也是大学生性心理、性道德的确立时期。当前，大学生正处在性生理已经成熟，但性心理尚未成熟的时期。在我国由于受传统伦理观念的影响，性的问题一直被蒙上神秘的面纱，许多大学生对性知识缺乏系统的认识，使得他们的性心理的发展处于矛盾之中，一些大学生甚至因为这些矛盾而影响了身心的健康发展。因此，了解性心理方面的基本知识，掌握性发展规律，形成正确的性观念，是大学生身心健康发展的必然需要。

（一）性心理的发展阶段及心理过程

1. 性心理 是指在性生理的基础上，与性特征、性欲望、性行为有关的心理状态与心理过程，也包括了与他人交往和婚恋等心理状态。主要包括性感知、性意识、性情感、性意志等。性感知是指个体在带有性感性质的刺激物作用下所产生的一种对异性的性征的认识和了解的心理过程；性意识是指个人对男女之异的两性需求及可能形成的种种相互交往关系的感知和认识，具体指性差别、性身份、性别角色和性冲动在心理觉察层次上的反映；性情感是性需要的主观反映，是人对两性互补价值关系的主观反映，其客观目的在于建立、维持和发展两性之间的生殖合作、生产合作和消费合作关系；性意志就是指在性欲被激发的状态下，个人对性行为的自我控制能力。

2. 青春期性心理的发展阶段　根据弗洛伊德的理论，青春期（又称青少年期）是儿童期至成年期的过渡时期，是个体性功能逐渐发育成熟的时期。女性青春期一般从 11～12 周岁到 17～18 周岁，男性青春期一般从 13～14 周岁到 18～20 周岁，大学生多数处于青春后期，我国心理学家认为，青春期性心理的发展大体分为四个阶段。

（1）异性疏远期　指刚进入青少年的青年人，由于身体的迅速发育，引起了男女性别的不同生理和心理的急剧变化。尤其第二性特征的出现和性意识的觉醒，使得对异性之间的性别差异非常敏感，和同性朋友相处比较自然，在异性面前时常会感到羞怯和不安。因此，此阶段中，男女之间往往界限分明，彼此疏远、相互回避，容易表现出不自然的状态，而内心潜藏着对异性的好奇感和神秘感。

（2）异性接近期　随着性生理上的发育成熟，性心理开始发展，男女情窦初开，相互吸引，彼此有希望进一步接触的意愿。处于此阶段的青年男女，开始特别注意自己的容貌和风度，希望引起异性的注意和兴趣，博得他（她）们的好感和青睐。生活中，开始关心周边的恋爱动向，喜欢谈论恋爱话题，对影视文学作品中的爱情描写充满兴趣，甚至个别学生已经向心仪目标表达爱意。但是，这一时期的青年男女由于生理和自我意识的不成熟性，他们向往的异性对象基本上是泛化的、不稳定的、缺乏专一性的，是一种不成熟的恋爱心理，所以有人又称此阶段为泛爱期。

（3）向往成熟长者时期　此时期的男女，尤其是女性，觉得与自己同龄的异性太幼稚、太单纯，而把爱慕对象转向成熟的、自己敬佩的长者，如中学时代的学生单恋或暗恋有风度、有能力的老师。当然，随着青少年性心理发展趋向成熟，此一阶段持续时间不长。

（4）恋爱择偶期　在这一阶段，男女青年性心理已逐步成熟，社会阅历在不断丰富，恋爱观开始形成，性心理发展也逐步稳定，对异性的向往逐渐专一，开始相互寻求和选择自己的配偶对象，建立和培育双方的爱情，进入成熟的恋爱心理。目前的高校大学生，年龄一般在十七到二十三四岁，正是处于"异性向往期"向"恋爱择偶期"的过渡时期，也正是一个人的恋爱心理开始形成和逐步走向成熟的重要时期。

（二）大学生性心理的发展特点

大学生是青年中的一个独特的群体，从生理上说，他们已经发育完全，然而他们还没有走上社会，在心理上尚未成熟，其性心理有以下几个特征。

1. 关注性生理变化，自我认知易偏差　青少年进入青春期之后，在生理上发生了一系列的变化，这些变化不仅将男性和女性区分开来，还是显示生殖系统开始运转的信号和两性相互吸引的重要根源。在青少年进入大学之后，性生理功能和性体征的发展基本都已完成，许多人都会不同程度地出现自我欣赏，男生希望自己身材高大、体魄强壮、音调浑厚，拥有男性魅力；女生则希望自己容貌美丽、体型苗条、乳房丰满、音调柔和，通过这些方面来展示女性美。每个人都希望自己能对异性产生极大的吸引力，可是如果自己的性生理发展并不如己意，就出现各种各样的烦恼与焦虑，如体像烦恼。体像是个体对于自己外表美丑的主观评价，是个体由于对自我体像失望所引起的心理烦恼，主要包括形体烦恼、性别烦恼、性器官烦恼和容貌烦恼四个方面。一方面，青春期的生理变化会引起体型改变，引起烦恼和焦虑；另一方面，由于对自己体像过高的自我期望，从而陷入认知偏差，无法正确、客观地认识自己。如果这种烦恼和焦虑不能得到及时的矫正，进一步可能发展为体像障碍，从而对青少年学生的生理、心理的正常发展造成极大的危害，进而影响其健康心理的形成。

2. 性意识萌芽，渴求性知识 在第二性征发育之后，首次遗精与初潮现象的出现使个体对自身性角色的认识发生了质的变化。个体的性角色基本定位并产生两性分化。伴随着性生理的变化，青少年普遍产生了对性知识的强烈渴求。他们非常关心自己和周围同伴的发育变化，对性知识既好奇又敏感。他们心目中有很多疑惑等待找到答案，他们想知道发生在自己身上的变化是否正常。所以他们常常会有意识地通过一些渠道来寻求性知识，如阅读医学书刊、观赏艺术电影、收听情感类广播节目等方式来获取更多的性知识。

3. 对异性产生爱慕，产生交往需求 与异性交往的心理从刚进入青春期时就开始萌发，对异性的兴趣–和异性交往的渴求–恋爱–结婚，这是一个人人必然经历的生理、心理和社会行为的发展变化过程。"少男钟情，少女怀春"这是青春期性心理的正常表现。进入大学以后，青年们逐渐进入了性爱恋期。大学生们渴望与异性交往的愿望非常强烈。此时，他们已经不再满足于那种朦胧的好感，会明显地流露出想和异性相处的意愿，在行为上也会表现出一些去主动接近异性的举动，在共同活动中相互结识、相互接近、建立好感，最后形成单独接触。这种心理和行为都是很正常的，这是以后建立美满婚姻生活的基础。

4. 性需求与性压抑 大学生正处于青春期，在这一阶段，由于性生理的成熟和性需求的出现，往往会产生不同程度的性冲动。性冲动是指在性激素和内外刺激的共同作用下，对性行为的渴望与冲动。性冲动不局限于性器官，还连接整个身体及心灵。由于受我国传统保守的思想影响，很多青年人羞于谈性，无法以正确的角度去审视和认识性，甚至觉得想到性的内容都是肮脏的、龌龊的。在这样错误观念的支配下，有些青少年强迫自己否认、回避性需求，长期处于紧张、焦虑的负性情绪作用下，形成严重的性压抑。应当说，对人类而言，适当地压抑性欲是符合社会安定和发展需要的，是人类文明的需要。为了适应社会行为规范，对成熟性欲的适当压抑是合理的，对未成熟性欲的压抑也是必需的。适当地抑制自己的性冲动，是符合现实处境的理性表现，但长期严重的性压抑，则对当事人有着不良的影响。因为当事人的性能量无法转化或升华，可能会导致性扭曲。性压抑是青春期相当普遍的一种性心理现象，既有合理、必要的一方面，也有有害的一方面。一个社会化的人，应当学会适当地压抑自己的性欲，掌握科学的方法，运用意识的力量，使压抑性欲造成的心理不平衡降到最低程度。这种压抑虽与性本能相抵触，但不论对社会还是对本人健康都是有益的，而且，其本身也是纠正性偏离的一种有力措施。大学生作为青少年中的一个特殊群体，性压抑的现象带有一定的普遍性，因性压抑带来的生理心理上的不适也在一定程度上存在。

（三）大学生性心理发展过程中的困惑

个体在进入青春期后，伴随着生理的发育成熟，性意识也开始觉醒。大学生的性意识常见的有被异性吸引、性幻想及性梦等。这些性心理活动在大学生中十分普遍，大多数同学也能正确对待，但对于一部分大学生来说，性心理活动却成了困扰其心理、行为的不良因素，并且发生率极高。

1. 与异性交往的不适 大学生基本处于青年初期和青年中期，随着大学生性生理和性心理的逐渐发育成熟，与异性交往的需求与日俱增。而其中很多人虽有强烈的交往愿望，却并不知道如何恰当把握与异性交往，产生了种种困惑，影响了日常的学习和生活。由于传统的"男女授受不亲"传统性观念的影响，由于缺乏与异性交往的方法，许多人羞于与异性交往，常常拒异性于千里之外。在异性面前表现得非常紧张、拘谨、不安，严重影响了与异性的正常交往和自身的心理健康。其主要表现是与异性接触时脸红、心跳加快、呼吸急促、语言不连贯等，严重影响了异性之间的正常交往。还有部分大学生由于分不清友谊与爱情的区别，从而产生"爱情错觉"，将同学之间正常而纯洁的友谊，如学习、生活、课外活动上的互相帮助和合作等误认为是对方对自己的特殊好感。这种单方面的主观感受给他们的生活、学习带来不少困扰，影响了正常的男女学生之间的交往。虽然大部分大学生都能够正确认识并区分异性友谊与爱情，但也有少部分大学生对异性友谊与爱情存在认识误区，错误地认为"男女之间有好感，一定是爱情"。这种错误的观念，不但容易让双方的纯洁友情难以维系，而且会给双方带来尴尬和困扰。

2. 自慰性行为的困扰 无论男女，到了青春期后，由于体内的生理变化会产生性冲动和性欲，对性满怀憧憬、好奇和幻想，部分大学生会存在自慰行为，亦即手淫现象。正常的性欲是人类成熟和繁衍后代的基本要求，是正常的生理现象。手淫是一种性冲动的发泄方式，一种性的补偿行为，但大学生中有许多人对手淫持有不正确的认识。调查发现很多大学生认为手淫有伤身体，会导致性功能障碍；有的大学生认为手淫的行为是龌龊下流的，对此会产生羞耻甚至是罪恶感。受"手淫有害"观念的影响，又由于它的普遍性，手淫成了困扰大学生的主要性心理问题之一，我国曾发生过多起大学生因陷入手淫不能自拔，精神负担过重而自杀的事件。事实上，适度手淫并不带来害处，不影响性功能，也不影响未来的生育功能。手淫的危害不在于手淫本身，而在于对手淫的担忧、恐惧、羞愧和罪恶感。但是，手淫无罪无害，并不意味着手淫必须，更不是说手淫可无度。"纵欲伤身"，过度手淫对身体也会造成一些不良影响。如对生殖器的过度刺激可能会习惯性地形成局部的感觉麻痹，使少数人性唤起难度增大。此外，有的大学生手淫时不注意卫生、方法，还容易导致性器官感染或受损，给未来正常性生活埋下隐患。

3. 性幻想和性梦的困惑

（1）**性幻想的困惑** 性幻想又称性梦幻、性想象，是性心理发育的产物，它是指人在清醒状态下对不能实现的与性有关事件的想象，内容可以不着边际，也可以是具体的人或者事物，如幻想在日常生活中不能满足的与异性一起约会、接吻、拥抱、性交等性活动。性幻想的本质是性生理成熟后一种排解性冲动的方式，可以宣泄内心的压抑，对人类性心理的发展也具有一定积极作用。处于青春期的少男少女，对异性的爱慕和渴望会很强烈，当大学生与异性交往强烈的渴求不能径直实现时，性幻想就有可能发生。这是青春期常见的一种自慰行为，是一种正常的普遍的心理反应。这种白日梦可以导致生理上的性兴奋，偶尔也会出现性高潮。性幻想在入睡前及睡醒后卧床的那一段时间，以及闲暇时较多出现。过多性幻想会分散人的精力，要适当克制与收敛，把它控制在最低限度。如果成天沉溺其中，甚至把幻想当成现实，那就会成为病态，就会有碍于青年的健康成长。

（2）**性梦的困惑** 性的白日梦是人为的幻想，而性梦则是真正的梦。性梦是指在睡眠状态中所做的以性内容为主的梦。性梦的内容十分广泛，包括当众、以及其他种种清醒时在精神和肉体两方面都做不出来的性行为。青春期开始前后，人体内的性激素迅速增加，大脑中调节性活动的神经中枢日渐成熟，性梦就是伴随着此时性心理活动的增多而产生的。处于青春期的男女，做性梦是很正常的，人们通过梦的方式部分达到自己白天被社会规范限制的性冲动的满足，从而缓解性紧张。根据崔以泰等人的调查显示：有85%的男生和51%的女生做过性梦。有些同学在自己脑子里出现一些与性相关的想法、念头时，会带来很大的自责和焦虑，但事实上无须这样，上述研究及调查结果告诉我们，这是正常的生理、心理现象，大部分同学都有过类似的经历，只不过大家都无法说出口罢了。

4. 性行为失当的困惑

（1）身体亲密代替心理亲密　过多的身体亲昵，会加剧性冲动，有时会使自己的行为失去控制。大学生对恋爱中亲昵程度的限度认识情况是：超过半数的人认为可以有拥抱和接吻。男生中仅有26%左右、女生中仅有7%的人认可恋爱中可有更亲密的举动甚至性交。这说明大学生中的主流对于恋爱中发生亲昵行为的态度还是严肃的。

（2）婚前性行为　当大学生处在热恋时，难免会产生进一步亲密接触的欲望。对于婚前性行为，有些大学生认为，这是自然而然的事情，只要双方自愿就可以发生。甚至受到一些错误思潮的影响，认为身体由自己做主，婚前性行为是可以接受的。但是他们常常没有责任意识和自我保护意识，甚至对一些基本的生理常识也似懂非懂，有的女生因婚前性行为多次做人工流产，给身心都带来无可挽救的创伤。

5. 性心理障碍
由于个人的经历及家庭社会的影响，大学生中有少数人存在着较严重的性心理障碍。性心理障碍一般分为性指向障碍、性偏好障碍和性身份障碍。

（1）性指向障碍　性指向障碍指的是其性欲对象与常人相异，如同性恋（对同性产生性爱或性行为者）。

（2）性偏好障碍　性偏好障碍指的是性心理和性行为都带有儿童性活动的特点，即以幼年的方式求得性满足，如易装癖（以穿着异性服装和戴异性饰物来激起性兴奋获得性满足），露阴癖（在不适当的场合裸露自己的生殖器），窥阴癖（窥视异性的裸体和他人的性活动）。

（3）性身份障碍　性身份障碍指的是从心理上否认自己的生理性别和服饰，强烈希望转换成异性，即异性癖。

如果出现了上述任何一种症状，将会严重影响到大学生的生活和学习，影响今后的发展，所以应当及时向有关人员进行咨询，予以治疗。

二、大学生恋爱心理发展特点和困惑

（一）大学生的恋爱心理特点

恋爱是以爱情为中心的社会心理行为。目前，大学生的恋爱具有以下特点。

1. 恋爱现象普遍化
以前大学生的恋爱现象多出现在高年级时期，即大三、大四阶段，而且并不普遍，人数不多。当前大学生的恋爱，呈现低年级化，人数呈上升趋势。"入学即恋爱"的现象日趋普遍，一些学生进入大学后认为大学生活无聊，成天无事可做，想通过谈恋爱来打发时间。而大二、大三时期恋爱的更是屡见不鲜。

2. 恋爱行为公开化
近年来，随着社会的不断发展和西方文化的冲击，大学生的恋爱表达方式也日趋奔放化、公开化。抛开了矜持和含蓄，开放程度令人咋舌。随着恋爱现象的普遍化，大学生恋人在校园内公然牵手、拥抱已经是家常便饭，更有甚者，在教学楼、食堂、公寓等公共场合抚摸接吻，完全无视外界的眼光。他们认为"这是情到浓时的自然反应""别人太迂腐，嫉妒心作祟"。目前，这种公开化的恋爱行为逐渐向低年级蔓延。

3. 恋爱动机多元化
大学生经过多年寒窗苦读，进入高校后，周围环境的监控约束力减小，自我意识增强了，情感需求迫切需要得到满足。恋爱本来是严肃的事情，但很多学生的恋爱出发点非常盲目，有的为了排遣寂寞、打发时间，有的为了满足所谓的虚荣心，有的是跟风行动，从众心理作祟，还有的认为"大学不谈恋爱会留下很多遗憾",有的甚至是为了积累恋爱经验,还美其名曰是"避免将来为情所伤"。爱情的基本倾向是奉献,而现在的很多大学生受社会上一些不良风气的影响,利己主义当头,把恋爱当成了一项各取所需的交易,你看中我的姣好外貌,我喜欢你的出手阔绰,将纯洁的恋爱变得庸俗化、功利化。还有的大学生"一切从实际出发",过分追求物质条件,"宁愿坐在宝马车里哭,也不愿坐在自行车后面笑",将原本圣洁美好的爱情沾染了铜臭之气。

4. 恋爱观念开放化 不少大学生认为恋爱和婚姻并无因果联系,因而行为比较开放。有的大学生把谈恋爱作为寻求刺激和新鲜感的一种方式,甚至通过频繁换交往对象来寻求自我满足感;有的学生单纯追求感官刺激和物质享受,以满足性欲望为目的的与异性同学交往、恋爱;有的把恋爱当作娱乐,逢场作戏、玩弄异性。这些学生只注重异性的外表,追求感官上的愉悦,而忽视或无视爱情内涵中应有的伦理因素。认为"我的身体我做主""没有性的恋爱不是真正的恋爱",不待感情成熟,便早早地"偷吃禁果",这无疑是一种不健康的恋爱类型。这种草率而不负责任的行为,对于恋爱双方,特别是女性一方,势必会造成严重的不良后果。整日沉溺其中,不仅荒废了学业,更容易酿成恋爱悲剧。值得一提的是,当出现干扰恋爱双方的外在力量时,彼此之间的喜欢程度反而会大大加强,恋爱关系也会更加牢固,即产生"罗密欧与朱丽叶效应"。众所周知,在莎士比亚的经典名作《罗密欧与朱丽叶》中,两人倾心相爱,但由于家族间的世仇,遭到了极力阻碍。但压迫并没有使他们分手,反而情比金坚,直到双双殉情。这是因为在外力强制的条件下,人们很容易引起对立情绪,越是限制、禁忌的东西,越显得神秘、有趣、充满诱惑,也越能激发人的叛逆心和反抗性。限制人们的自由,会使他们产生不愉快的感觉,而只有从事被禁止的行为反而会消除这种不悦,甚至"冒天下之大不韪"。

5. 恋爱成功率较低 大学生由于社会阅历浅,思想单纯,很多人对于自己的人生目标和需要还不明确,造成对待恋爱的态度简单、幼稚和情绪化。在恋爱方式上,他们往往重形式,轻内容;在恋爱行为中,往往重过程,轻结果;在恋爱动机上,往往重享乐,轻责任。这种心理的不成熟性,加之他们经济上尚未独立,极易造成恋爱的周期性中断,或对恋爱对象的选择漂泊不定,恋爱的成功率很低,毕业后双方能步入结婚殿堂的少之又少。

即学即练

多项选择题:"圆满之爱"应该具备以下哪些因素?(　　　　)

A. 亲密　　　　B. 激情　　　　C. 信任　　　　D. 承诺

答案解析

知识链接

吊桥实验

心理学家阿瑟·阿伦做过一个著名的"吊桥实验",实验中研究者找到一位漂亮的女性作为研究助手,由她到一些大学男生中去做一个调查。首先让这些男生完成一个简单的问卷,然后根据一张图片编一个小故事。参加实验的大学生被分为三组,调查发生在三个不同的地点。第一组在一个安静的公园,第二组在一座坚固而低矮的石桥上,最后一组的地点是一座危险的吊桥。这位漂亮的女性在对所有的男大学生进行完简短的调查之后,把自己的名字和电话号码都告诉了每一个参加实验的男大学生,如果他们想进一步了解实验或者跟她联系,则可以给她打电话。研究者所要探讨的问题是:大学生们会编出什么样的故事,谁会在实验后给漂亮的女助手打电话?参加实验的大学生编撰的故事千差万别，再次打给女助手电话的人也是各不相同。实验结果最有趣的发现是：与其他两组相比，在危险的吊桥上参加实验的男大学生给女调查者打电话的人数最多，而他们所编撰的故事中，也更多含有情爱的色彩。

（二）大学生恋爱过程中常见的心理困惑及调适

1. 单相思的苦恼及其调适　当两性之间的关系，在爱情的三因素中只有亲密因素时，相处的双方在交往中会感觉亲切、轻松，有很强的信赖感，表现在生活中就是两性之间真诚的友谊。当然，这种关系的稳定会因为二者中任何一方情感因素微妙的变化而发生改变，由此产生单相思。

单相思即单恋，是一方对另一方的一厢情愿和热爱为特点的非正常"恋爱"，甚至知道对方不爱自己还要一味追求。单相思往往会出现关注、亲物、幻想、错觉等心理倾向。单恋分无感单恋和有感单恋。无感单恋，是对方并不知道你在爱他（她）。另一种是有感单恋，即对方明知你爱他（她），而他（她）根本不爱你。爱情错觉是单相思的另一种形式，是指在异性间的接触往来关系中，一方错误地认为对方对自己"有意"，或者把双方正常的交往和友谊误认为是爱情的来临。单相思与爱情错觉都是恋爱心理的一种认知和情感的失误，容易使当事人产生烦恼、痛苦等不良情绪体验，甚至引起心理疾病的产生。因此，一旦出现单相思的情况，一定要立刻止步，可以用以下方法调适。

（1）**勇敢表白**　如果是无感单恋，不妨直抒胸臆，向对方大胆表白。可以用深情的注视传递爱意，也可以凭笺寄情，将要说的话诉诸笔端。总之，要让对方充分了解到你的想法，即使对方没有接受，至少自己已经表白心迹，没有留下遗憾。

（2）**要分清"爱情"和"友谊"的界限**　"爱情错觉"往往是自己爱上对方，而对方也从言行上表示出对你好感的趋势时才会产生，但对方对你的好感，也仅仅是好感，或者仅仅是一种友谊的表现，虽然好感和友谊在一定条件下能发展成爱情，但它绝不是爱情本身。其实，好感和友谊是有着明显特征的，如果你冷静地观察和分析一下，是不会将它们与爱情弄混的。

（3）**要给自己的"感觉"打问号**　感觉只是人们认识客观事物中的一种初级形式，它所反映的只是事物的个别属性，因此对事物的看法不一定全面。单相思者往往由于对倾慕的对象一往情深，极度渴望对方予以爱情，在这种心理支配下，常常会把对方的言行举止纳入自己主观需要的轨道来理解，造成对对方认知的偏差，误会对方也折磨自己。这种产生在"感觉"基础上的"爱情"与真正的理性的爱情不可同日而论。所以，当你感觉到某一位异性的温情时，一定要多进行冷静的思考，切莫过分沉湎于自己的感觉，以免作茧自缚。由此可见，所谓的"一见钟情"并不一定是爱神丘比特之箭射中的结果，也可能是受到了当时情境的影响，从而影响了自己对对方的判断。

（4）**要急流勇退**　一旦发现对方对自己并无爱意，就应该当机立断，果断从单恋的角色中抽离。绝不可以拖泥带水，任由自己沉湎在虚幻的爱情泡影里。要借助理智的力量，"挥剑斩情丝"，从而获得情感的解放，避免受到进一步的伤害。行为上更要注意减少或避免与对方的接触，以免触景生情，再次走入单恋的死胡同。反之，明知不可为而为之，一厢情愿地单恋到底，苦苦纠缠，不仅会降低自己的人格，使对方感到尴尬和困扰，也会使自己越陷越深，不能自拔，甚至出现严重的心理问题。

（5）**倾诉**　与其被单恋折磨得愁肠百结，不妨将自己的困惑、痛苦向老师、家长或知心好友尽情倾诉。可把单恋的缘由、经过、幻想和压力徐徐道来，让他们从客观的角度冷静分析。常言道，当局者迷旁观者清，他们给予的安慰、劝导，往往会收到"一语惊醒梦中人"的效果，有利于单恋者摆脱执迷，整理心情，重拾自我。

（6）转移环境 将注意力转移到学业中去，培养丰富多彩的兴趣爱好。多多参加有益的集体活动或校园文化生活，新鲜的环境会产生新鲜的刺激，对于缓解当事人的郁积情绪有很大帮助。通过注意力的转移和分散，当事人会逐步从单恋的迷思中清醒过来，回归正常的生活中去。

2. 失恋的痛苦及其调适 失恋是指恋爱对象否认或中断恋爱关系的行为给当事人的大挫折。失恋是一种独特的挫折，它失去了对方的爱，而这种爱是其他感情不能代替的。失恋引起的主要情绪反应是痛苦与烦恼，大多数人能正确对待和处理这种恋爱受挫现象，愉快地走向新生活，然而也有一些人不能及时排除这种强烈情绪，导致心理失衡，性格反常，甚至会出现精神病症状。

失恋的痛苦是深沉而剧烈的，它给工作、生活、学习带来许多不良影响。许多就是因为恋爱受挫而丧失了对人生的兴趣。这不仅反映了现在的大学生意志薄弱、抗挫折能力差，也反映了一些大学生缺乏责任感，包括对己、对人、对父母的责任感。当出现失恋的情况时，可以用以下方法进行调适。

（1）正视现实，理智分析 爱情是很重要的，但失恋并不意味人生的失败或幸福的毁灭，它毕竟不是生活的一切，人生还有些重要的事情值得期待，比如对理想、事业的追求；何况这次虽然失恋了，随着时间的推移，以后还会有属于自己的感情生活，还会找到称心的恋人。同时也要知道，有恋爱必有失恋或单相思，你只是单恋者、失恋者中的一员，不必加大自己的不幸，倒是可以趁此反省一番遭挫折的缘由，并从中获得启迪。

（2）敞开心扉，适当宣泄 若失恋的痛苦、忧伤闷在心中，势必引起不良后果，找你的朋友、家人宣泄你心中的怨恨、不满、苦恼，他们的劝慰和支持会纾解你的压抑和痛苦，使你的心情逐渐平复。或者干脆闭门痛哭一场，因为痛哭作为纯真感情的爆发，是一种自我保护性反应，能释放积聚的负能量，排除体内的毒素，调整机体的平衡。另外，体育锻炼和文化娱乐活动也能消除内心郁结，有助于消除失恋带来的心理压力，及时恢复心理平衡。当然，宣泄必须合理，无休止的喋喋不休，反而会使自己沉溺于消极情绪中。

（3）反向思考，自我安慰 有时，也可以适当运用挫折合理化心理做感情转移。一种是"酸葡萄"型，即为了缩小或否定个人求而不得的目标，而说其目标有各种缺点。"吃不到葡萄，就说它是酸的"，否定对方的好处，尽力寻找对方的缺点，以冷却心中的热情，如"她并不温柔，也不美丽"等方式来获得内心的平衡。另一是"甜柠檬"型，即不是把目标好处缩小，而是把目前的境况的好处扩大化，比如失恋了，却说"还好没和她恋爱，否则现在学业会很糟"。这两种方法可使一个人暂时延缓对于不愉快事情的真相的接受，直至心理准备完毕，能够正视现实时为止。当然，自我安慰只是一种消极的方法，如果失恋后听任这两种心理支配，不能接受自己，接受现实，那就会妨碍下一次恋爱的成功。

（4）积极转移，分散精力 一是环境转移，尽可能离你痴心所爱的人远一点，眼不见为好，空间距离的变大会使感情淡忘。恩格斯也曾因失恋而一度心灰意冷过，后来他去阿尔卑斯山旅行。峻伟的山川，广阔的原野，使恩格斯大为感慨，世界如此宏大，生活如此美好，自己的痛苦不过是沧海一粟而已。二是感情转移，对方不爱你，就别再为对方而痛苦了，把感情转移到别的事物上，如转到工作、帮助别人上。但失恋者切忌马上恋爱别的对象，因为失恋时，很急于摆脱痛苦，此时渴求感情寄托，往往感情用事，很可能导致不当的选择，而造成另一次爱情的失败。要通过适当的情绪调节、宣泄和转移，来减轻痛苦。

（5）升华情感，自我增值 不要把爱情看得过重。爱情固然是人生不可缺少的一部分，但并非人生的全部意义所在。人生如同一条长河，当你回望时，就会发现爱情不过是长河中的几朵浪花，不过是人生某一阶段邂逅的路边风景。当你失恋时，应该用理智战胜痛苦，把感情、精力放到事业、学业和对生活的热爱上去，力求用事业、学业的成功实现自身价值，获得心理的快慰，促使感情升华。其实，升华也是一种转移，是一种更高层次、更有价值的转移。人活着不只是为了追求爱情，人生中除了爱情，还有许多值得珍惜的美好的事物和情感。德国大文豪歌德在青年时代，曾经屡次遭遇爱情的挫折，而他并没有一蹶不振，更没有像一位朋友一样因失恋而悲观弃世，而是选择将爱情的失意付诸笔端，写下了轰动文坛的《少年维特之烦恼》，取得了事业上的巨大成功；"乐圣"贝多芬，31 岁时深深爱上了一位少女，恰恰他这时听力失聪，无法娶他心爱的姑娘。两年后姑娘出嫁了，病痛的折磨和爱情的失意，一度使贝多芬痛不欲生。但贝多芬并未被痛苦所压倒，他热爱生活，热爱音乐事业，从音乐中得到了感情的寄托。就在初次失恋之后，贝多芬创作了著名的《第一交响乐》。一个人能够理智地从失恋中解脱出来，往往会使自己变得更成熟、更强大。

（6）以己度人，慷慨无私 无私就是为对方着想，以对方幸福为快乐的源泉。诗人普希金也曾失恋过，但从他的诗中却能看到他无私的情怀。"我曾经爱过你，爱情，也许在我的心里还没有完全消亡，但愿它不会再打扰你；我也不想再使你难过悲伤。我曾经默默无语地、毫无指望地爱过你，我既忍受着羞怯，又忍受着嫉妒的折磨；我曾经那样真诚、那样温柔地爱过你，但愿上帝保佑你，另一个人也会像我爱你一样。"这种完全为对方幸福着想的无私，是极其崇高的情操。能做到这一点，心理便能很快恢复平衡，痛苦也就自然减少。

实例分析

实例 2020 年 11 月 29 日，某某学院的女生宿舍里，发生了一起恶性伤人事件。受害人李某某（女，某学院大三学生）与犯罪嫌疑人马某某（另一学校大一学生）系男女朋友关系，案发前日马某某混入李某某学校，趁其宿舍管理人员不备，窜至李某某寝室，二人因是否继续恋爱关系发生争执，马某某抄起宿舍一长约 12 厘米的家用尖头剪刀，将受害人杀害后跳楼身亡。

问题 1. 为什么一次不成功的感情经历，却酿成了如此惨痛的悲剧？

2. 应该如何降低失恋给双方造成的不良反应？

答案解析

第三节 爱的能力的培养

一、大学生性心理调适方法

（一）性心理健康的定义和标准

世界卫生组织对性心理健康下的定义是：通过丰富和完善的人格、人际交往和爱情方式，达到性行为在肉体、感情、理智和社会诸方面的圆满和协调。

根据我国大学生性心理发展状况，个体性心理健康标准主要有五个方面：①有正常的性需求和性欲望。包括两层含义：性欲望的对象是成熟的、健康的异性，不是同性、物品或未成年人；性欲望适度，不是性狂热或性冷淡。②对自己的生理性别的认同与悦纳。即男性应具有男性意识，女性应具有女性意识，无性别认同紊乱，不怨恨自己的性别。③伴随性器官和生理的成熟，有与年龄变化相一致的性欲望和性反应，并能进行有理智的情感实现与控制。④能与异性保持和谐的人际关系。⑤性行为遵守良好的性道德规范。正常的性需要和性欲望是心理健康的物质基础，科学的性认识是性心理健康的自我调节机制，正当的性行为是符合道德，法律规则的行为。只有在以上几方面做到协调通顺，才具备健康的性心理。

大学生应该掌握性心理调适方法，维护身心健康，塑造良好人格。

（二）性心理调适的具体办法

1. 自觉掌握科学的性知识　性是一门综合性的科学，它包括性生理学、性心理学、性社会学、性伦理学、性美学等。众多研究和事例均表明，缺乏科学的性知识是大学生出现各类性心理障碍的主要原因所在，掌握科学的性知识，能帮助大学生以理性审慎的态度面对性问题。大学生应掌握性生理和性心理的相关知识，了解性发展规律，正确对待性生理和性心理发展过程中出现的各种生理心理现象，消除性神秘、性愚昧和性无知，免受忧郁、焦虑、恐惧等不良情绪的干扰。要自觉远离不健康性文化的侵蚀和毒害，维护身心和谐健康。

2. 提高性道德修养　性道德是用特定的伦理道德原则去指导、规范个体的性行为。要提高性道德修养，应从以下三个方面入手。

（1）提高性道德认识水平。大学生一方面要掌握性道德的相关知识，一方面要按照性道德的要求正确合理地处理与异性的关系，为将来走入社会、承担起成年人的角色做准备。

（2）发展健康的性道德情感。学生正值青春年华，情感充沛细腻，对于爱情有着美好的憧憬，然而随着情感世界的发展以及理想与现实的差距，大学生在人际交往中又会产生一些困惑和苦闷。消极的情感以及与客观实际相脱离的情感，往往是导致大学生困惑和苦闷的原因。所以，大学生要发展健康的道德情感，驱逐那些不必要的烦恼，让积极健康的道德情感成为鼓舞青春勃发的力量。

（3）培养良好的性道德行为习惯。青春期性道德教育的目的，就是要培养大学生形成良好的性道德行为习惯。正确的性道德认识以及良好的性道德情感，都必须通过性道德行为才能够得以体现。然而，任何一种习惯的养成都不是一蹴而就的，都需要从小事培养，逐渐形成。

3. 悦纳自我性别　性别角色认同是指获得真正的性别角色，即根据社会文化对男性、女性的期望而形成相应的动机、态度、价值观和行为，并发展为性格方面的男女特征，亦即所谓的男子气（男性气质）和女子气（女性气质）。性别角色认同是一个人社会化成熟与否的重要体现，是心理健康的重要标志，也是青少年社会化的一个重要指标。由于"男主外，女主内"的传统性别观念和"重男轻女"的封建思想，女生对自己的性别认同度比男生差。按照埃里克森的同一性理论，如果一个青少年对自己的性别不认同，一方面可能会使自己的自信心、自尊感降低，产生自卑、沮丧等不良情绪体验；另一方面可能会影响自己社会角色的承担，形成社会适应不良。因此，大学生应该接纳和欣赏自己的性别角色，进行合乎科学、合乎道德、合乎时代要求的全面角色认同。

4. 增强自制力，合理调节性冲动

（1）代偿转移，淡化注意力　当性欲望产生时，不要过分关注身体变化，要将注意转移到其他方面，随着大脑皮层其他中枢的兴奋，性兴奋中枢就会出现抑制，欲望也会随之消失。适当的压抑并不会影响大学生的心理健康，是个体对待自己性欲的传统、普遍的对应方式。热恋中的大学生应尽量避免两人单独相处的局面，尤其是两人单独在卧室内谈心；避免去一些情侣密集且公开拥抱亲吻的娱乐场所。男性对恋人要有责任心，不要轻易提出不合理的性要求；女性要自尊自重，尽量避免穿过分暴露的衣服，言谈举止要大方，不要用言语和行为挑逗对方。

（2）**抵制诱惑，净化刺激源**　青春期的青少年要避免看或听有性刺激的书刊、音像，净化身边的刺激源。业余时间不妨多读一些自然科学、社会科学或与学习有关的书籍，自然心思就不会走岔。当出现性冲动时，可以到户外打打球、跑跑步，或者游游泳、跳跳舞，当过剩的精力得以宣泄，性冲动自然消失。还要自觉抵制刺激源的诱惑，将精力转移到学业、工作、提高自身素质修养方面。

（3）**严守底线，强化自制力**　一般来讲，一个矜持理智、自制力强的人往往性格开朗，兴趣广泛，积极向上，具有良好的道德素养和比较好的生活规律、习惯，所以即使这些男孩女孩产生性冲动，他们也会守住底线，用自制力将其抑制。男生应该尊重异性，克制性冲动，不向对方提出越轨的要求；女生要格外自重自爱，懂得拒绝，要守住原则，守住底线。

5. 文明适度地进行异性交往　文明适度地进行异性交往，可以满足青年期性心理的需求，缓解性压抑，益于大学生身心健康成长。异性交往有益于扩大信息、完善自我，对个人的恋爱婚姻及个人的成才发展具有重要的作用。但大学生在异性交往时要把握分寸，注意场合，规范行为，处理好"友情"与"恋爱"的关系。在交往过程中，要互相理解、互相信任、互相尊重。一举一动都要大方得体，尽量不要单独相处。女同学要自尊、自重，男生要有自制力。只要把握与异性交往尺度，诚恳对人，热情大方，自尊自重，便能处理好与异性的关系，赢得异性的尊重和友情。

6. 正确认识婚前性行为及其危害　婚前性行为是指男女双方在恋爱期间发生的性交行为。其特点是双方自愿进行，不存在暴力逼迫，没有法律保证，不存在夫妻之间应有的义务和责任，容易产生一些纠纷和严重后果。当今社会对大学生恋爱过程中的婚前同居、婚前性行为现象众说纷纭，尽管社会的宽容度在增加，但婚前性行为毕竟是有悖于社会道德规范的行为，而女生在发生婚前性行为后，往往产生不洁感、羞耻感，甚至留下心理阴影。更严重的是，婚前性行为稍有不慎，女生就会意外怀孕，不得不进行人工流产。有的女生术后留下生殖系统方面的后遗症，导致生育能力受损；有的女生多次人流手术后，造成终身不育。同时，科学表明，过早性生活和流产还会导致宫颈癌发病率的上升。因此，要尽量避免婚前性行为。爱情具有神圣性和严肃性，那种打着"恋爱自由"的幌子，到处山盟海誓、表示忠诚，但是动机不纯的，是极不道德的行为。相反，认为两人一旦发生性行为就必须结婚的思想也是错误的，也是对恋爱神圣性和严肃性的歪曲理解，如果两人经过一段时间的恋爱，感觉并不合适，就应该坦诚相对、理性分手。无伤原则指两人之间的性行为不伤害对方或他人的幸福，不给社会带来不良影响。在性行为过程中，要讲究性卫生，不损害自己或对方的身心健康。

7. 加强自我保护，预防性病与艾滋病　不洁性接触，容易引起性病和艾滋病病毒的传播。近年来，性病和艾滋病病毒感染者呈现年轻化的趋势，高校成为艾滋病传播的重灾区。为了预防艾滋病，大学生除掌握有关艾滋病知识外，还应做到：洁身自爱，不去非法采血站卖血，不涉足色情场所，不要轻率地进出某些娱乐场所；任何场合都应保持强烈的预防艾滋病意识；不要存在任何侥幸心理；不要因好奇心理而尝试吸毒。了解艾滋病有关知识，增强自身防范意识，预防艾滋病，关注身心健康，是每个大学生义不容辞的责任和义务。

二、大学生健康恋爱观和择偶观的培养

（一）树立正确的恋爱观

所谓恋爱观是指对待择偶和爱情的基本看法和态度。恋爱观是一定社会条件下的经济关系和道德关系的产物，具有时代特点。大学生要提倡树立科学的、健康的恋爱观。恋爱是一男一女以两性结合为目

标的一系列情感和行为的互动过程，高尚的情操和健康的交往是恋爱中的另一重要方面。恋爱并不必然导致两性的婚姻结合，但从发展上看，恋爱确实是孕育着婚姻和家庭的温床，因此，大学生有责任、有义务培养健康的恋爱观和择偶观。

1. 理解爱的真谛 恋爱是人生成长成熟的经历，是人生美好生活的一部分，它既不是全部，也无法替代生活的其他内容。爱他人的基础和前提是自爱，自爱体现着一种自我维护和自我控制的能力。爱情是互爱的统一，双方在恋爱过程中，既不能完全依附对方，丧失自我意识，也不能以爱为名去占有和控制对方。有些大学生恋爱后，整天如胶似漆地黏在一起，将原本的学习计划和工作安排统统抛诸脑后，久而久之，会使双方都陷入无所事事、浑浑噩噩的泥潭，从而迷失了理想目标和追求。恋爱相处，既有卿卿我我耳鬓厮磨，又要有原则底线红线，要懂得拒绝，敢于说"不"。有一些恋爱中的大学生，为了对方失去了处世原则和是非观念，所谓的"爱情"也往往因为现实的严峻而匆匆而终。乔治·桑曾经说过，"那种用美好的感情和思想使我们升华并赋予我们力量的爱情，才能算是一种高尚的热情；而使我们自私自利，胆小怯懦，使我们流于盲目本能的下流的爱情，应该算是一种邪恶的热情。"因此，青年人一定要先理解爱的真谛，保持清醒理性的头脑，才能开启一段真正的爱情。

2. 摆正爱情的位置 学生的首要任务是学习，应该把学业、事业放在首位，摆正爱情与学业、事业的关系，不能把宝贵的时间都用于谈情说爱而放松了自身的学习和事业的提升，因为事业是价值感的主要支柱。当把爱情视为生命的唯一时，爱情就是一株温室中的花朵，娇弱美丽却经不起任何的打击。当爱情成为一个人唯一的存在价值时，他本人就会失去人格的独立和魅力，也很容易失去被爱的理由。爱情是美好的，它是人生内容的重要组成部分，但不是人生的全部，它应该服从于事业，促进事业的发展。没有事业的爱情如同在沙漠中播种，缺乏坚实的根基和土壤，迟早会枯萎。只有爱情同事业的结合，爱情才有旺盛和持久的生命力。鲁迅先生曾经说过，不能"只为了爱——盲目的爱，而将别的人生的要义全盘疏忽了"。可见，爱情与学业、事业并不是矛盾和对立的，不但可以共存，而是可以互相促进、互相提升的，因此，我们一定要摆正爱情与学业、事业的关系，求得爱情与学业、事业之间的平衡，让灿烂的爱情之花在坚实丰美的事业土壤上绽放。

3. 在爱中成长 大学生正处于青春发展的重要时期，由于生理、心理的发展，使他们对婚恋的关注和对恋爱甚至性的尝试成了大学生生活中的一个重要部分。但由于大学生的人生观、道德观、婚恋观、性爱观等还不成熟，加上社会上各种错误思潮的影响，使一些大学生形成了错误的爱情认知，在不同程度上忽略了爱情中应尽的责任，导致种种不负责任的行为出现，给当事人自己或对方的生理、心理造成了严重的伤害。因此，培养大学生爱情责任意识，也是大学生身心健康发展与成才的现实需要。

大学生爱情责任意识是指大学生在承担爱情责任、履行爱情职责的过程中产生，并指导以后责任行为的道德意识。爱情责任感和责任心是构成爱情责任意识的两种要素，其中责任心是爱情责任意识中的认知因素，它是大学生作为责任主体对自己在爱情中所要承担的责任的一种认识，也可以称为爱情责任观。责任感是大学生爱情责任意识中的情感因素，是大学生在承担责任、履行义务的恋爱过程中产生的自觉意识和情感体验。大学生爱情责任意识通过其恋爱行为体现出来，而恋爱行为的过程与结果对责任意识的发展同样会产生重大的影响。明晰的责任意识是爱情升华的保证。恋爱双方如果有了爱，就应当担负爱情的责任。

在爱情中具备责任意识，是恋爱双方感情得以持久的重要保障。苏霍姆林斯基说："真正的爱情能向感情注入道德的力量……只有当感情和思想融合成人对人的道德责任感，爱情才会是高尚的。"爱情之所以高尚而伟大，不仅表现在两人之间真挚纯洁的爱，还表现在能为所爱的人做出牺牲。大学生一旦进入爱的王国，就必须具有强烈的责任感和奉献精神，才能获得崇高的爱情。自愿地为对方承担责任，是爱情本质的体现。爱一个人或接受一个人的爱，就要自觉地为对方承担责任。责任常常体现在生活的点滴之中，责任的担当是需要见诸行动的自觉。

4. 双方在爱中进步　席勒曾经说过，"真正的爱情是专一的，爱情的领域非常狭小，它狭小到只能容下两个人生存；如果同时爱上几个人，那便不能称做爱情，它只是感情上的游戏。"恋爱不是儿戏，双方要真诚相待，实事求是地对待自己，彼此不互相欺骗，做到胸襟坦荡，光明磊落，把自己的各方面情况实事求是地告诉对方，以便对方全面衡量。若只在对方面前展示自己的优点和长处，而把自己的缺点和短处以及身上的缺陷都隐瞒起来，这也是一种欺骗的不道德行为。无数事实证明，没有以诚相待的爱情，是不会幸福的。尊重恋人的人格和感情，男女双方首先应彼此尊重对方的情感、意志，在当事人确立恋爱关系时，必须出于双方共同的意愿，彼此相爱。任何一方都不能强迫或诱骗另一方接受自己的爱，即使这种爱慕是纯洁的，也不能强求对方违心地接受。另外，爱情是一个男性与一个女性之间的爱慕关系。这种关系包括自己特有的感情和义务，它只能存在于恋爱者两人之间，不容许第三者介入。双方一旦建立了恋爱关系，就要忠贞专一，一心一意；不能朝秦暮楚、见异思迁。任何一个人搞三角恋爱、多角恋爱的行为都是不道德的。

5. 互信是相爱的基石　当爱情没有以信任为基础的亲密因素时，仿佛大厦没有坚实的地基，是虚幻的空中楼阁，随时有坍塌的可能。这种爱会发生在旋风般的求爱中，一开始就注定了风险。在两性交往过程中，人一般都有掩盖缺点、表现优点的倾向，特别是热恋时，由于性激素水平的影响，会产生一种"情人眼里出西施"的心理效应。对方的优点被无限放大，缺点却被无限缩小或忽略不计。而随着时间的推移，热恋的激情退去，对方身上的缺点开始变得明显起来，不禁开始怀疑当初的选择是否正确。这个时候，不要拿自身的优点去比较对方的不足，以此炫耀抬高自己，戏弄贬低对方。也不宜想方设法考验对方或摆架子，要清楚地认识到：金无足赤，人无完人，没有人是完美无缺的。换而言之，当你意识到对方的缺点时，自身的缺点也已经暴露给对方。这时，如果双方还想继续维持恋爱关系的话，需要双方互相体谅，理解包容，坦诚沟通，即使某一方的缺点令对方无法接受，也应该尊重对方选择，果断为恋爱划上休止符。真正的完美爱情应该以信任为基石，以欣赏和理解为催化剂，以承诺为约束。这样的爱情既具有相对的稳定性，又充满热情和活力。

（二）健康的恋爱行为

男女双方在恋爱关系确定后，无疑要通过较多的交往来发展爱情。恋爱双方的交往应当文明端庄，持之以度。恋爱过程中男女双方如何正确把握交往的尺度，是经常被提到的话题。其实，进入恋爱期的男女，随着性意识的萌发，对异性产生好感、爱慕，并渴望与之接近、交往，是极为正常的心理。正确对待并妥善处理相互之间的交往，可以对男女双方起到事业上互助、情感上互慰、个性上互补、活动中互激的作用，对自我的发展是十分有益的。

1. 掌握沟通要领，讲究语言艺术　良好的沟通，可以增进双方的感情。需要注意的是，交流时，态度要诚恳、坦率、自然，既不能扭扭捏捏，也不能装腔作势，矫揉造作；恋爱中要讲究语言艺术，要注意措辞文明，不能"出口成脏"，甚至将不健康的内容引入话题。一个不懂得如何沟通的人，是无法经营好一份幸福的爱情的。

2. 恋爱举止文明得体　一般来说，男女双方初次恋爱，在开始时常感到羞涩与紧张，随着交往的增加会逐渐自然与大方。这个时期要注意行为举止的检点。有的人感情冲动，情到浓时，不顾场合，就对对方动手动脚，不仅使对方反感，同时对旁人也是一种不良的心理刺激。两情相悦的亲昵动作能发挥爱情的愉悦感和心理效应，而粗俗的亲昵动作往往引起情感分离的消极心理效果。不文明的恋爱举止，不仅有损自身形象，还有损于爱情的纯洁与尊严，影响感情的正常发展。苏霍姆林斯基在《给儿子的信》中谈到："一个人把应当藏在内心深处的、隐秘的、不可侵犯的感情拿出来示众，是一种愚蠢的和下流的行为。"

3. 把握尺度，不越过道德的雷池　爱情是双方建立在共同理想基础上，由相互倾慕到渴望对方成为自己终身伴侣的一种特定的社会关系和强烈专一的情感现象。恋爱是未来寻找志同道合、白头偕老的终身伴侣，而不是为了安慰解闷、寻找刺激，更不是单纯为了性的满足。男女之间难免有进一步亲密接触的冲动，本着负责任的态度，一方面要注意克制和调节，一方面要注意转移和升华。要用理性限制恋爱行为，不逾矩，不出格，避免婚前性行为。切不可使感情的野马越过道德的底线。前苏联教育家苏霍姆林斯基在《给儿子的信》中曾教导儿子："要记住，爱情首先意味着对你的爱侣的命运、前途承担责任。想借爱情寻欢作乐的人，是贪淫好色之徒，是堕落者。爱，首先意味着奉献，把自己的精神力量献给爱侣，为他（她）缔造幸福。"

📝 课堂活动

活动：画说爱情。

目的：让学生思考自己的恋爱观和择偶观，学会调适恋爱中的问题。

操作：

1. 画出心仪的"TA"，另附 TA 的人物说明，尽量细致，使学生明确自己的恋爱标准。

2. 集体思考：假如 TA 是现实中的真人，你是否会向对方表白？根据学生选择，分成"告白组"和"单恋组"。请告白组的同学，现场演绎告白场景。

3. 假设告白组同学全体被拒，成为"失恋组"，和"单恋组"同学一起回答如何调适失恋和单相思造成的挫折感。

（三）树立正确的择偶观

择偶是从众多异性中选择一个作为共同生活的伴侣或专一的性爱对象的过程。人类的择偶不同于动物的性选择，它不仅受生理成熟、性激素分泌等自然条件的制约，还要受社会文化、风俗习惯、道德规范以及个人主观愿望的支配。因此，正确的择偶是决定婚姻美满与否的关键。

然而，金无足赤，人无完人，要寻找一个十全十美的对象既不可能，也不现实。人总是有他的优点和长处，也有他的缺点和短处。这就要求我们辩证地看待现实生活中的每一个人，树立正确的择偶观。

1. 以德为先　择偶的终极目标是进入婚姻殿堂，因此，择偶动机必须纯粹、认真、严肃。一定要选择最适合的人成为伴侣。选择配偶最重要的标准是品德，高尚的爱情不仅仅是异性间的吸引，更重要的是品德、理想的一致与和谐。卢梭曾经强调："我们之所以爱一个人，是由于我们认为那个人具有我们所尊重的品质。"要把对方品德高低作为第一要素，如果追求的是一个品德低下的人，自然也降低了自身的价值。当前，有一些大学生过分强调外貌美，要求未来配偶必须有"高颜值"，这种观念未免失之狭隘。空具一副好看的皮囊，却没有良好的品德和内涵，是没有太大价值可言的。卢梭在指导爱弥儿选择爱人时说："首先引起我们注目的是相貌，然而我们应当放到最后考虑的也是相貌。"还有一些大学生认为，以德为先的择偶观已经过时了，要以对方的经济条件为首要标准。这种想法也是错误的，爱是不可以用金钱、地位和名利衡量的，只有把品德作为择偶的首要条件，双方才能建立正常的恋爱关系，建立起来的爱情才会牢固、持久，才有可能相携终生。马克思和燕妮的崇高爱情就是建立在这样的基础之上，双方都有着高尚的品德，他们的爱情才经受住了艰难困苦的考验，传为佳话。莎士比亚曾说："爱情不是树荫下的甜言，不是桃花源中的蜜语，不是轻绵的眼泪，更不是死硬的强迫，而是建立在共同基础上的心灵沟通。"拥有相同或相近的理想、信念、价值观和兴趣爱好，就会使两个人产生共同语言，在心灵的共鸣中迎接美好爱情的到来。

2. 立足现实　对于未来的另一半，年轻的大学生往往会有各种美好的憧憬。但是一定要树立正确的思想，要立足现实，不能脱离实际，既不能好高骛远，也不能妄自菲薄。费尔巴哈曾经说过："爱就是成为一个人。"真正的爱情并不一定是他人眼中的完美匹配，而是相爱的人彼此心灵的相互契合。不管恋爱双方的气质、性格是相似还是互补，只要能够协调好，就是最佳的组合。

3. 偕爱同行　艾明之曾经说过，"爱情不仅是鲜花、微笑、亲吻和春风。它也是严寒时的青松、黑夜中的火花、长途跋涉中手挽手的搀扶。"在爱的过程中，难免会出现一些不和谐的地方，如果承受和应对能力较强，就能较好地解决问题，否则就有可能造成不良后果。有些大学生一旦陷入热恋之中，往往不善于控制自己的情感，缺乏理智的驾驭能力，对恋爱对象过分依赖，稍有波折就痛苦万分。一旦恋爱受挫，即会情绪失控，无法自拔，对学习和生活造成严重影响。在通往爱情幸福的道路上，总会遇到困难和坎坷，要放松心态，冷静思考，及时分析原因，找出妥善解决的方法和途径，不要轻易退缩和放弃。只要双方有坚定的信念，是可以解决问题，达成共识的，这也有利于双方在爱情中进一步成长。

4. 让爱升华　爱不是一池静水，而是流淌着的蜿蜒曲折的河流。随着时间的推移，双方的爱情会有进一步的变化。培根曾经说过，"爱情就像往银行里存一笔钱，能欣赏对方的优点，就像补充收入；容忍对方缺点，这是节制支出。所谓永恒的爱，是从红颜爱到白发，从花开爱到花残。"当两个人交往一段时间后，彼此的新鲜感消失，缺点和不完美逐渐暴露，这时容易产生审美疲劳和心理倦怠，进入所谓的"爱情倦怠期"。这是对恋爱双方的一个极大的挑战，如果不能顺利度过，可能就会以分手告终。但是，也有人这样形容，"爱情倦怠期就是从爱情转变为亲情的过程，是爱情的升华"，那些携手走过漫漫人生的银发夫妇，虽没有青春时的激情，却具有难以描述的情感深度，是不离不弃的黄金伴侣。这样的爱情，耐得起岁月的变迁，历久弥新，"吹尽狂沙始到金"。这样"愿得一人心，白首不相离"的爱情是所有人憧憬的目标，所以，我们要学会给爱情保鲜，保持爱情蓬勃的生命力。而为爱长久保鲜的法则是"彼此体谅，彼此宽容，彼此约束，彼此奉献"，美国著名诗人惠特曼说："爱，不是一种单纯的行为，而是我们生活中的一种气候，一种需要我们终身学习、发现和不断前进的活动。"经营和维护好一段爱情，这是一个长期的、充满挑战的过程，因此，需要坚定爱情的信念，互相理解、互相包容，让爱升华为彼此幸福的缘由，相扶相知，直至终身。

目标检测

答案解析

一、选择题

（一）A 型题

1. 以下不属于爱情三因论内容的是（　　　）。

    A. 亲密   B. 激情   C. 承诺   D. 道德

2. 在人类性的三个因素中，起决定作用的是性的（   ）。

    A. 心理因素   B. 生理因素   C. 社会因素   D. 道德因素

3. 以下不属于爱情和喜欢的区别的是（   ）。

    A. 依恋   B. 信赖   C. 利他   D. 亲密

4. 当亲密程度高但激情和承诺非常低的时候会产生（   ）。

    A. 喜爱   B. 迷恋   C. 虚幻之爱   D. 伴侣之爱

5. 爱情是身心成熟到一定程度的个体对异性个体产生的有浪漫色彩的（   ）。

    A. 生理需求   B. 高级情感   C. 情感需要   D. 归属需要

（二）B 型题

[1~2]

    A. 有感单恋   B. 无感单恋   C. 爱情错觉   D. 亲密

1. 单相思的另一种形式是（   ）。

2. 对方并不知道你在爱他（她）的是（   ）。

[3~4]

    A. 单相思   B. 友谊   C. 失恋   D. 热情

3. 一方对另一方的一厢情愿和热爱为特点的非正常"恋爱"，这属于（   ）。

4. 恋爱对象否认或中断恋爱关系的行为给当事人带来的挫折，这属于（   ）。

[5~6]

    A. 无爱   B. 伴侣之爱   C. 空洞的爱   D. 圆满的爱

5. 如果亲密、激情和承诺都缺失，这属于（   ）。

6. 当亲密、激情和承诺都以相当的程度同时存在时，人们的体验属于（   ）。

（三）X 型题

1. 爱情的本质，是人的（   ）和（   ）相结合的异性间的崇高感情。

    A. 自然属性   B. 生物属性   C. 社会属性   D. 心理属性

2. 爱情的特征有（   ）。

    A. 专一性   B. 持久性   C. 自主性   D. 平等性

3. 性心理障碍一般分为（   ）。

    A. 性指向障碍   B. 性偏好障碍   C. 性身份障碍   D. 婚前性行为

4. 青春期性心理的发展阶段大体分为（   ）。

    A. 异性疏远期   B. 异性接近期   C. 向往成熟长者时期   D. 恋爱择偶期

5. 性心理是指在性生理的基础上，与（   ）有关的心理状态与心理过程。

    A. 性满足   B. 性特征   C. 性欲望   D. 性行为

二、综合问答题

1. 爱情和喜欢、友情的区别是什么？

2. 爱和性的关系是什么？

3. 大学生性心理和恋爱心理的发展特点有哪些？

4. 大学生如何调适性心理和恋爱心理方面的困惑？

5. 如何培养健康的恋爱观和择偶观？

书网融合……

知识回顾　　　微课　　　习题

（孙　莹）

第九章　逆风飞扬——应对压力挫折

学习引导

大学是人格发展、世界观形成的关键时期，甚至被称为"第三次断乳期"，他们会面临学习、交友、恋爱、就业等一系列重大的人生课题。但由于社会经验尚浅、身心发展尚未完全成熟、自我调适能力也不强，特别是随着知识经济时代的到来，社会发生着前所未有的变革，愈演愈烈的竞争难免使学子们感受到压力，这些压力和挫折使大学生陷入迷茫与痛苦，影响他们的学习与生活。那么大学生所面临的压力与挫折有哪些？如何帮助他们有效走出压力与挫折的困境？

本单元主要介绍常见的压力与挫折产生的原因、影响因素、压力对大学生人生发展的重要意义、大学生中常见的压力与挫折类型、大学生压力与挫折产生的心理基础及有效策略。

学习目标

1. **掌握**　压力与挫折的类型；产生原因；影响因素；面对压力与挫折的心理行为反应。
2. **熟悉**　大学生压力与挫折应对的心理基础；大学生压力与挫折应对的有效策略。
3. **了解**　具备自我心理调适的能力，塑造乐观的人格特征。

近年来，大学生因不堪压力走向颓废甚至轻生的事例逐渐增多，引发了人们对于大学生这一特殊群体的心理问题的关注和思考。大学生正处于从青少年向成年人转变的特殊时期，由于环境的改变、心理的不适应，产生压力和挫折的现象极为常见。他们普遍自我评价高，期望值高，但由于理想色彩浓、社会经历浅，实际的心理状况却不容乐观。他们经常会碰到各种压力和挫折，一些心理问题也随之出现。培养和提高当代大学生的抗挫折能力是学校教育工作的重要内容。

第一节　压力与挫折概述 ⓔ微课

一、压力与挫折及其产生

有一位经验丰富的老船长，当他的货轮卸货后在浩瀚的大海上返航时，突然遭遇到了可怕的风暴。水手们惊慌失措，老船长果断地命令水手们立刻打开货舱，往里面灌水。"船长是不是疯了，往船舱里灌水只会增加船的压力，使船下沉，这不是自寻死路吗？"一个年轻的水手嘟囔。看着船长严厉的脸色，水手们还是照做了。随着货舱里的水位越升越高，随着船一寸一寸地下沉，依旧猛烈的狂风巨浪对船的威胁却一点一点地减少，货轮渐渐平稳了。

船长望着松了一口气的水手们说："百万吨的巨轮很少有被打翻的，被打翻的常常是根基轻的小船。船在负重的时候，是最安全的；空船时，则是最危险的。"这就是"压力效应"。那些得过且过、没有一点压力、做一天和尚撞一天钟的人，像风暴中没有载货的船，往往一场人生的狂风巨浪便会把他们打翻。在大学生活中，压力时刻围绕在我们身边，一场考试、一次竞选、一项奖助评选等，正是这样的压力，使我们不断增强应对问题的能力，在人生的荆棘路上不断获得成功。

（一）压力及其产生

1. 压力的概念

（1）压力　又称应激。压力这一概念最早于 1936 年由加拿大著名的生理学家汉斯·塞里（Hans Seley）提出，他认为压力是表现出某种特殊症状的一种状态，这种状态是由生理系统中因对刺激的反应所引发的非特定性变化所组成的。压力其实就是挫折出现后，个人感觉没有足够的力量来应对这种挫折时产生的紧张、焦虑、压抑、恐惧等心理情绪。压力是个人在面对具有威胁性的情景中引起的生理和心理上的反应模式，它是个体的生理、心理反应和刺激情境之间的交互作用。压力概念至少有三种不同的含义。

第一种指压力是一种主观感受，是一种紧张的心理状态。它是指面对那些使人感到紧张的事件或环境刺激时产生的心理体验。它一般产生于一些比较难处理、有困难和对自己有威胁的情况和事件。

第二种指压力反应。压力指的是一种身心反应，它不是这些情况和事件本身，而是人对该情况的理解和反应。如有人说"我就要去参加面试了，我觉得压力好大"，这里他就用压力来指代他的紧张状态，压力是他对面试这一事件的反应。这种反应包括两个成分：一是心理成分，包括个人的行为、思维以及情绪等主观体验，也就是所谓的"觉得紧张"；另一个是生理成分，包括心跳加速、口干舌燥、胃部紧缩、手心出汗等身体反应。这些身心反应合起来称为压力状态。

第三种指压力是压力源作用的结果。压力是一个过程，这个过程包括引起压力的刺激、压力状态以及情境。根据这种说法，压力不只是刺激或反应，而是一个过程。在这个过程里，个人是一个能通过行为、认知、情绪的策略来改变刺激物带来的冲击的主动行动者。面对同样的事件，每个人经历到的压力状态程度却可以有所不同，就是因为个人对事件的解释不同，应对方式也不同。

（2）压力反应的四个阶段　整体医学的治疗取向，崇尚心理、身体、精神情绪的整合、平衡、和谐，以促进内心世界的平和，在这种模式下，认为压力反应是"战或逃反应"的总和，此反应分为四个阶段：阶段一，来自无关的刺激信息输入到大脑，例如尖叫声、烟味、毒气等。阶段二，大脑对刺激信息进行解读，确定是否具有威胁性，如果刺激被认为不是威胁，反应就到此结束；如果刺激被认为是威胁，大脑便迅速刺激神经和内分泌系统，为防御或逃跑做准备。阶段三，身体保持激活、唤醒状态，直至威胁消失。阶段四，一旦威胁离开，身体恢复体内平衡，即一种生理上的平衡状态。面对压力女性不仅有战或逃的反应，还有另外一种应对方式，称为"友好和关心"，是一种寻求社会支持的特殊方式。

▶▶ 实例分析

实例 有两个观光团到山东半岛旅游，路况很坏，到处都是坑洞。其中一位导游连声抱歉，说路面简直像麻子一样。而另一个导游却诗意盎然地对游客们说："诸位先生女士，我们现在走的这条道路，正是赫赫有名的山东半岛。"换一个角度欣赏世界，华枝春满，天晴月圆。

问题 1. 在相同的岛屿同样的环境中行走，为何会产生不同的压力反应？

2. 换个角度思考问题，对我们的生活可能会产生什么积极影响？

答案解析

2. 压力的种类 压力的产生原因是复杂的，我们将来自外界的适应要求称为应激源，即压力源。生活中的压力源存在于环境中和人们自身中。

（1）按压力的来源分为如下几种。

①生物性压力。阻碍和破坏个体生存与种族延续的事件。一是人格。人格是隐藏在面具背后的一个人的真实本质，它同健康和应对存在着某种程度的联系。面对不同性质的事件，具有不同心理特征的人可能会作出不同的反应。A 型人格性情急躁，缺乏耐性，生活常处于紧张状态，极易导致冠状动脉和高血压。C 型人格逆来顺受，有气往肚子里咽，爱生闷气的性格。C 就是取 cancer（癌）的第一个字母，预示具有这种性格特征的人易患癌症。C 型人格的性格特征是过分压抑负面情绪、行为退缩、感觉无助、无望，具有上述性格特征的人癌症发病率是正常人的 3 倍以上。二是患病。患病是引起心理压力的主要因素之一，患慢性病或不治之症对人的影响最大。久治不愈使人感到很烦恼，给工作、生活和学习带来诸多的不便，做事感到力不从心，无法发挥自己的才能。这些心理活动会导致了心理压力的产生。

②精神性压力。直接阻碍和破坏个体正常精神需求的内在和外在事件。包括错误的认识结构、个体不良经验、道德冲突及长期生活经历造成的不良个性心理特点等。经常跟别人争吵、冷战、背后打小报告、人和人之间不能和睦相处等，是人际关系紧张的表现，会引起一系列的综合反应，如担忧、愤怒、不理解、委屈、报复、弥补和消沉等，这些反应的结果导致了心理压力的产生。

③社会环境性压力。直接阻碍和破坏个体社会需求的事件。一是纯社会性的压力源。多指重大社会变革、重要人际关系破裂，如失恋、父母离异、长期的家庭冲突、战争、被监禁、疫情等。二是由自身的心理障碍、传染病等造成的人际适应问题方面的压力源。当今社会是一个"焦虑的年代"，社会在不断地发生着飞速和巨大的变化，不良的社会环境可以引发人们不良的社会行为，当个体自身的能力水平不能适应外界环境的需求时，便会产生焦虑、抑郁等不良情绪，导致自信心降低。例如：女孩天生爱美，很容易受到来自金钱权利等方面的诱惑，如果要保证自己不受影响，就需要不断提升心理自控水平，这就容易引发各种心理上的压力。三是生活改变。随着社会的进步，90 后、00 后的大学生在价值观和生活结构方面发生很大变化，以前"祖孙三代，四世同堂"同居一个狭小的空间普遍存在，而现代家庭以"空巢家庭"为主流，祖父母辈大都自己独立居住。

（2）按压力的强度分为如下几种。

①一般单一性生活压力。如果个体在某一时间段内，经历着某一种事件并努力去适应它，而且其强度不足以使我们崩溃，那么，我们称这一压力为一般单一性生活压力。单一性生活压力其后效不完全是负面的。在适应这类压力的过程中，虽然付出了许多生理和心理的资源，但是只要在衰竭阶段没有崩溃，并且没有再发生任何事件，那么，承受人在经历过一次压力之后，会提高和改善自身适应能力。以往有许多研究证实，经历过各种压力而未被击垮的人，可以积累许多适应压力的经验，从而有利于其应

对未来的压力，这正像通常所说的"吃一堑，长一智"。

②破坏性压力。又称极端压力，指面临重大的危机事件，包括地震、火灾、人身伤害等灾害时的情绪反应，这对于任何人而言都是异乎寻常的打击，几乎所有的人都会出现反应。情绪方面以沮丧为主，易激惹，同时伴有攻击行为，与亲人变得疏远，对当时的记忆丧失，长期注意力难以集中，回避社会活动，失去安全感等。对破坏性压力造成的后果，心理学干预是必需的。过度的压力就会产生情绪反应，在压力之下可能反映出焦虑、烦躁等症状。当然这种情绪本身就是一种对压力的间接反应。

③叠加性压力。分为同时性叠加压力和继时性叠加压力。一是同时性叠加压力。在同一时间里，有若干构成压力的事件发生，这时，当事者所体验到的压力称为同时性叠加压力，俗称"四面楚歌"。二是继时性叠加压力。指两个以上能构成压力的事件相继发生，前者产生的压力效应尚未消除，后继的压力恰恰发生在第一个压力的第二阶段或第三阶段，此时所体验的压力称为继时性叠加压力，俗称"祸不单行"。叠加压力是极为严重和难以应对的压力，它给人造成的危害很大。有的人可在"四面楚歌"中倒下，有的人在衰竭阶段能被第二组压力冲垮。

（3）按照影响生活的程度分为如下几种。

①急性压力。也称消极生活事件，是指非连续性的、有清晰的起止点、可以观测、明显的生活改变。

②慢性压力。是指日常困扰，可以分为生活小困扰和长期社会事件所带来的烦恼。压力源又称应激源或紧张源，是指任何能够被个体知觉并产生正性或负性压力反应的事件或内外环境的刺激。

3. 压力适应的三个阶段　心理学家塞里提出：每一种疾病或有害刺激都有相同的、特征性的和涉及全身的生理生化反应过程。他将其称作"一般适应综合征"（General Adaptation Syndrome，GAS），认为GAS是机体对有害刺激所作出防御反应的普遍形式，可分为报警（Alarm）、抵抗（Resistance）和疲惫（Exhaustion）三个阶段，一个机体必须寻回他的平衡或稳定，从而维持或恢复其完整和安宁。塞里学说忽略了压力的心理成分。

（1）报警阶段（发现了事件并引起警觉，同时准备战斗）：受到压力的最一开始生物会产生所谓战或逃反应，或是麻痹。在报警阶段身体会暂时降低对压力的抵抗能力，并通知身体进入抵抗阶段。例如罹患不同疾病的人，可能都会抱怨着相似的症状，诸如头痛、发热、疲倦、肌肉和关节酸痛、没有胃口和一种普遍性的不舒服。警觉反应是动员身体的防御系统来恢复体内的平衡。在这个短暂的生理唤醒期中，躯体能够有效行动并做好准备。如果应激源仍然保持，机体则会进入抵抗期。

（2）抵抗阶段（全力投入对事件的应对，或消除压力，或适应压力，或退却）：身体开始抵抗压力源，并增加对压力源的耐受性，机体可以忍耐并抵抗长时间的应激源带来的衰弱效应。在这个阶段，受到威胁的人会开始通过实际行动去尝试解决问题，这所谓的"实际行动"，并不完全是积极，正向的，它其实包括了"逃离"以及"反击"两种。因此，在抗拒阶段中，究竟是回避处境还是面对困难，完全靠每个人自己。

（3）疲惫阶段（消耗大量生理和心理资源，最后"筋疲力尽"）：若压力源持续过长或强度大过身体所能负荷，身体的抵抗能力就会下降，进入疲惫期。在这个阶段过久就会对身体产生伤害，机体则因资源消耗而进入疲惫期，甚至死亡。

感觉到压力不只是一个精神状态。它可能也会损害你的身体，心理压力过大会引发免疫力下降等很多问题。研究发现，无论是长期的心理压力，还是短期的心理压力，都会影响免疫系统的活力。心理压力大还会有以下负面效应：首先，让人产生不快乐、抑郁、焦虑、痛苦、不满、悲观以及闷闷不乐的感觉。其次，压力大容易使人与他人的矛盾冲突增多，影响工作绩效，使人变得健忘、倦怠、效率降低。再者，心理压力过大的人会变得冷漠而轻率，他们仍然能够处理小问题和日常活动，但不能面对他们担忧的重大问题，无法做出正常决策，进而易做出不负责任的草率行为。

📖 知识链接

压力超限效应

一位哑巴在汽车上以倡导他人帮助残疾人的名义，高价出售一本仅有几页的娱乐小册，后面定价是5元，有一个乘客翻遍了包包，只剩下4.5元，他非常不好意思地递给那个哑巴3.5元，因为他下了车还要坐公交，哑巴摇了摇头，指了指定价，那位乘客没办法，把最后1元钱递了过去，满怀抱歉地说："不好意思，就这些了。"结果哑巴还是摇头，又指了指定价，该乘客终于发怒了，夺回了钱，大声说："我不买了，行了吧？"这种刺激过多、过强和作用时间过久而引起心理极不耐烦或反抗的心理现象，称之为"超限效应"。它提醒我们在任何方而都应注意"度"。如果"过度"就会产生"超限效应"，如果"不及"，又达不到既定目的。因此，我们一定要掌握好"火候""分寸""尺度"，只有这样才能"恰到好处"，才能避免"物极必反""欲速则不达"的超限效应。

（二）挫折及其产生

1. 挫折的概念

挫折指一个人在达到某种目标或满足某种需要的活动过程中，受到妨碍或干扰，致使目标不能实现或者需要无法满足的一种状态。通俗地讲，挫折就是我们遇到了客观上的困难，从内心感觉到解决这种困难超出了我们自身能力的范围。

在通向目标路上遇到障碍，你会做出什么选择？是改变行为，绕过障碍，达到目标；还是改变目标，从而改变行为方向；抑或是在障碍面前无路可走，不能达到目标？

从不同的选择可以看出我们面对挫折的态度，而挫折似乎总会围绕在我们身边，遵循"墨菲定律"：事情如果有变坏的可能，不管这种可能性又多小，它总会发生，并造成最大可能的破坏。而大学生的成长也会遵循"蘑菇定律"，即初入世者常常会被置于阴暗的角落，不受重视或打杂跑腿，就像蘑菇培育一样还要被浇上大粪，接受各种无端的批评、指责、代人受过，得不到必要的指导和提携，处于自生自灭过程中。蘑菇生长必须经历这样一个过程，人的成长也肯定会经历这样一个过程。这就是蘑菇定律，或叫萌发定律。

2. 挫折的组成要素

心理学认为挫折是意志行为过程中由于不可预知的因素对目标有所阻碍，从而在主体身上引起的一种情感体验和行为反应。它包括三层含义。

（1）挫折情境　指在有目的的活动中，使需要不能获得满足的内外障碍或干扰实际呈现的情境状态或情境条件。比如考试不及格、竞选失败、比赛失利等，都是造成挫折的情境因素，是产生挫折的重要条件之一。挫折既是客观的，更是主观的。通常人们所说的挫折，一般包含着两层意思：一是指个体活动的一种特殊环境，即阻碍人们实现目标、满足需要的情境和事物，这就是挫折情境，也称为挫折源；二是指个体由于挫折情境而产生的心理感受和情绪反应等，即挫折感受，也称心理挫折。

（2）挫折认知　指个体对挫折情境的认知、态度、评价。挫折认知可以是对实际遭遇的挫折情境的认知，也可以是对想象中可能出现的挫折情境的认知。不同的人对相同的挫折情境产生的挫折认知也不尽相同，个人的生理状态、心理状态以及知识结构都会影响其对挫折情境的知觉判断。

古希腊一位哲学家说过："人类不是被问题本身所困扰，而是被他们对问题的看法所困扰。"心理卫生学很重视挫折感受与挫折情境一致程度的意义。那些心理健康水平高的人，虽然面临较大的客观挫折情境，但主观挫折感受却不大，往往有较强的承受力。他们能在挫折中奋发、崛起，并从中吸取教训，增强适应环境的能力。反之，心理健康状况较差的人，即使挫折情境不大，但引起的挫折感受也可能会很大。他们在挫折中徘徊、沉沦，不能自拔，并进一步影响身心健康，还有可能导致心理与行为的异常。

（3）挫折反应　即伴随着挫折认知而产生的情绪和行为反应，比如焦虑、紧张、犹豫、愤怒、攻击或躲避等情绪和行为反应。挫折反应也可称为挫折感。通常有两种情形：①不同的人对同一挫折的感受不同。②同一个人对不同的挫折反应不同。

挫折反应的产生过程：一是需要由此产生的动机；二是在动机驱使下有目的的行为；三是使需要不能获得满足或目标不能实现的内外障碍或干扰的情境状态、情境条件，称为挫折情境，挫折情境可以是真实的，也可以是想象的；四是对真实抑或想象的挫折情境的知觉、认识和评价，称为挫折认知；五是因受到挫折而产生的情绪和行为反应，称为挫折反应。具体的产生过程可以通过以下流程图进一步认识（图 9 - 1）。

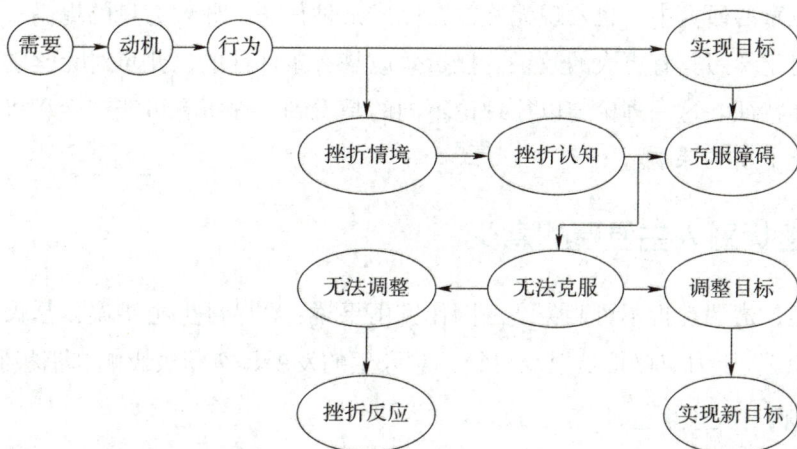

图 9 - 1　挫折反应的产生过程

3. 挫折的产生机制　挫折情绪引起了许多个体和社会反应，这使许多社会心理学家关注挫折的反应研究。20 世纪三四十年代开始，人们以弗洛伊德等的理论为基础展开了挫折研究，形成了挫折 - 攻击（侵犯）理论、挫折 - 倒退理论、挫折 - 效应理论等。

（1）挫折 - 攻击理论　1939 年耶鲁大学心理学家多拉德（J. Dollard）、米勒（N. E. Miller）等五人出版经典专著《挫折与攻击》。他们首次提出"挫折 - 攻击"假说："攻击行为的发生总是以挫折的存在为先决条件，反之，挫折的存在也总是导致某种形式的攻击。"也就是说他们把挫折和攻击看成是一一对应的关系，挫折是攻击行为的充分必要条件。虽然有大量的实验证明了该理论的合理性，但事实上，不是每个人遭到挫折时都会表现出攻击行为，也不是所有攻击行为都由挫折引起。之后米勒在进一步的研究中做了修正，认为挫折可以产生除攻击之外的其他后果，1969 年贝科威茨（Berkowitz）指出，挫折所创造的仅仅是一种攻击行为的"准备状态"。这种准备状态还可以由他人的攻击和已经养成的攻击习惯等其他原因产生。可见挫折 - 攻击假说把挫折与攻击绝对化是错误的，但它的确描绘了受挫折后的一种反应可能。

（2）挫折－倒退理论　巴克（R. barker）等人在评价儿童用玩具做的"建设性活动"的基础上提出"挫折－倒退"理论：受挫折后活动水平降低，即遭受挫折的那一组孩子不仅表现出攻击，还表现出倒退。1956 年梅尔（N. R. F. Maier）以训练小白鼠为获得食物的奖赏而从跳台跳向两扇门进一步提出挫折导致神经官能症，提出在受挫折之后产生的任何行为都变得固定化了，并可能形成神经官能症。实验过程为，如果白鼠跳向左边的门，就会获得食物；如果跳向右边的门，门立刻关闭，白鼠撞到门上。反复训练后白鼠习得跳向左边门的习惯。这时，随机放食物，使白鼠不能确定跳向哪一扇门能获得食物。这样，白鼠逐渐拒绝跳门。如果由来自后面的一阵空气或电击等迫使白鼠去跳，但总不确定是引起奖赏还是撞到门上。最后白鼠在任何情况下都拒绝跳门，并表现疯狂的神经症状。"挫折－倒退"理论进一步发现了挫折可能引起的另一种反应，即挫折引起"倒退"。

（3）挫折－效应理论　蔡尔德（L. I. Child）和沃特豪斯（K. L. Water－house）批评了挫折－倒退理论，他们否认挫折具有任何独特的特性，即挫折不会导致某一特定的"攻击"或是"倒退"反应，而是在按一般方式所解释的受挫情境中，有目的的行为受到妨碍，动机变化了，其他任何反应也变得更有可能发生。挫折－效应理论是由阿姆塞尔（A. Amsel）正式提出的。阿姆塞尔和鲁斯尔的一项试验为依据，提出挫折是当有机体先体验有奖赏后无奖赏的对比时所出现的情况，认为挫折有可能会引起活动效率的提高。在对儿童的研究中，也发现无奖赏在完成某种任务上导致力量的提高。如在辨别力的形成上，无奖赏比奖赏对于学习具有更大的效果。挫折效应是有条件性的，儿童对无奖赏的反应效应被认为相当大地取决于个体特征。这一理论与以往理论不同的是看到了挫折有可能产生积极效应的一面，这为以后的挫折研究提出了新的课题。

二、压力与挫折对人生发展的意义

人生历程不平坦，遭遇挫折不可避免。法国作家雨果说："尽量少犯错误，是做人的准则，不犯错误，那是天使的梦想。"压力与挫折是把双刃剑，对人生的发展具有积极影响和消极影响。

（一）压力与挫折对大学生心理的积极影响

有一座山上建了一座庙，庙里有尊雕刻精美的佛像。数不清的善男信女沿着一级级石阶走到山顶，在佛像前顶礼膜拜，烧香许愿。一年又一年过去，这座庙一直香火鼎盛，前来拜佛的人络绎不绝。终于，铺在山路上的石阶开始抱怨了："我说佛像呀，大家同是石头，凭什么我被人蹬来踩去，你却被人供在殿堂？"佛像笑了笑："当年，您只挨六刀，便成了一方石阶，而我是经历了千雕万凿之后，才有了现在的形状！"佛像昔日经受雕凿的痛苦，造就了今日的成就。同样，我们每个人也在用今天的坎坷，为自己的未来塑造着形象。

压力催人奋进，压力与挫折是人生的常态，实际上完全没有压力的生活是不可想象的，也是不存在的。挫折与压力是大学生成长的必经之路。心理学研究表明，早年的心理压力是促进儿童成长和发展的必要条件。经过生活压力磨练的青少年在以后的学习和工作中才会更加轻松地适应化境，进而取得成功；反之，如果早年生活条件优越，没有经历过挫折与压力的洗礼，则犹如温室里的花朵经不起风吹雨打。对于大学生而言，适度的压力可以激发学生的积极性和主动性，是锻炼和培养大学生良好意志品质的必要条件。

（二）压力与挫折对大学生心理的消极影响

压力与挫折对人的身体健康有消极影响，人在不良情绪状态下，大脑会释放一种有害物质，使人的身体疲劳，尤其是继时性压力和破坏性压力，则成为人们健康的杀手。继时性压力使人处于慢性心理应激状态，时间久了就容易引发一系列身心疾病，患者会产生失眠、心悸、呼吸困难，胸痛等症状。压力与挫折也会对心理健康产生消极影响，使人处于焦虑、抑郁、紧张的心理状态，大脑紊乱、失调，无法进行创造性思维活动，严重的挫折甚至会导致精神崩溃。

1. 压力与挫折能降低大学生的学习效率　大学生遭遇压力与挫折后自信心降低，注意力容易分散，情绪状态长期处于焦虑不安之中，使原有的思维能力受到影响，从而会极大地降低学习效率。

2. 压力与挫折可能降低大学生的思维能力与生活能力　大学生遭遇压力与挫折后，容易引起情绪波动和出现行为偏差。如果持续遭受困境，则可能导致神经系统的紊乱，这样不但大大地降低大学生的思维创造力，而且使他们的生活适应能力也大打折扣。

3. 压力与挫折可能损害大学生的身心健康　在压力和挫折状态下，全身心都处于一种紧张、压抑和焦虑不安的状态。这种消极的心理能量如果长期得不到释放，就会损害大学生的身心健康，甚至可能成为精神病发病的诱因。

4. 压力与挫折可能促使大学生改变性格与出现行为偏差　当大学生遭到重大压力或持续挫折而又无法做出相应的调整时，就会使某些行为反应形成相应的习惯模式或个性特征。如有些大学生压力很大或遭受挫折后，喜欢几个人一起酗酒闹事或挑唆斗殴，甚至走上犯罪的道路。

挫折与压力是一把双刃剑，既可以摧残身心，使生命之花凋零，也能够磨砺人的意志、砥砺人的品行，使生命在历经风雨之后更加挺拔与娇艳。实际上挫折和压力与个人的成就关系呈倒U关系，这就是著名的耶基斯－多德森定律（图9－2）。具体体现在：动机处于中等强度时，工作效率最佳；动机强度过低时，缺乏参与活动的积极性，工作效率不可能提高；动机强度超过顶峰时，工作效率会随强度增加而不断下降，因为过强的动机使个体处于过度焦虑和紧张的心理状态，干扰记忆、思维等心理过程的正常活动。该定律认为某些压力（正性压力）对于健康或者个人成就是有必要的，但如果离开最佳的水平，不管是高出还是低于，都会随着压力上升而产生危害，只有在中等程度的挫折与压力情境下，人的成就才会发挥得最好，因此在生活中我们要学会随时调整自己的压力水平。刘备面对失去二弟的挫折，因兄弟之情无法释怀，放大痛苦，结果在痛苦中做出错误的决定，贸然出兵伐吴，落得"白帝托孤"的千古悲剧。面对压力挫折，我们要牢记如何将挫折的消极意义转化成积极意义。

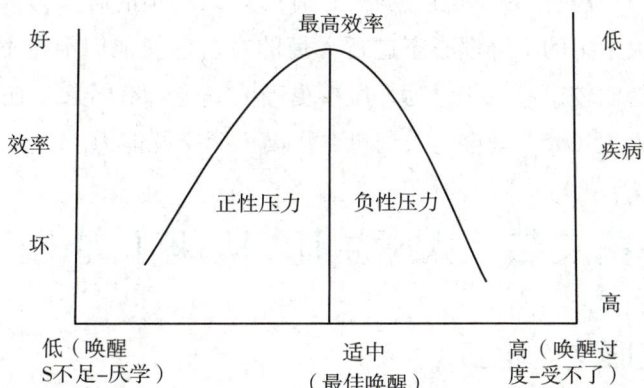

图 9－2　压力与学习效率之间的关系

（三）压力与挫折对个人成就的积极影响

1. 有利于磨炼大学生的性格和意志，增强心理素质　坚强的性格和意志，往往是长期磨炼的结果。

人们所经历的苦难越多，他们承受苦难的能力就越强，其性格也就变得愈坚强。从未经受过打击的人，往往在情感上是很脆弱的，一次微不足道的失败或考验都可能置其于死地。压力与挫折能磨炼人的意志和毅力，造就人才。如越王勾践卧薪尝胆终于战胜吴国；爱迪生 67 岁那年遭遇火灾，多年的研究成果付之一炬，但他并未黯然消沉，第二天又同往常一样，重新开始埋头于他的研究工作；罗斯福身有残疾，却凭借渊博的知识、睿智的头脑、自强不息的精神获得人民的拥护，连任四届美国总统。

2. 有利于增强大学生的情绪反应能力和解决实际问题的能力，增长聪明才智 当大学生面临压力或挫折时，其神经中枢受到强烈的刺激会引起情绪激奋、精力集中，使整个神经系统兴奋水平提高。在这种情况下，人的精神焕发，思维加快，情绪反应能力大大提高，同时，在面对压力、应对挫折的过程中，大学生可以从中学习到经验与方法，提高分析问题和解决问题的能力。化学家门捷列夫说过，一个人要发现卓有成效的真理，需要在失败的探索和悲惨的错误中毁掉自己的生命。当人们在遭遇压力与挫折之后，总要反省自己，认真总结经验教训，探究导致失败的原因，寻找摆脱困境的方法，提升自己。因此，压力与挫折的经验对大学生来说是十分可贵的。它使大学生学会反省、思考、总结、探索、创造，能使大学生不断提高认识、增长才智，变得更加聪明起来。

3. 有利于大学生增强正确的自我认识，提高生活适应能力 很多大学生从未迈出过学校的大门，在社会上磨砺锻炼，对社会、对自己有一些不切实际的想法，当他们用这些想法来指导自己的行动时，就容易遇到压力与挫折。困难的产生无疑给他们吃下一粒"清醒丸"，使他们对自己和社会做出合乎实际的评价，同时也使他们对生活、对社会有一个较为客观的认识。每一次压力与挫折的洗礼，都会激发大学生去懂得为人处世之道，掌握经纬世事之术，不断深化和提高对自我的认识，特别是对自我的错误与缺点的认识。在思想上和行为上走向成熟，从而增强其适应现实生活的能力。

4. 有利于激发大学生的进取精神，增加成功的概率 牛顿曾说过："如果你问一个善于溜冰的人，如何取得成功时，他会告诉你'跌倒了，爬起来，便会成功'。"对于有志的大学生来说，压力与挫折的发生，会唤起他的斗志，激发他的进取心。在复杂的现实活中，成功和挫折、失败并不是绝对的，两者之间往往仅一步之遥，此时的失败可能连接彼时的成功，如果拒绝了失败，实际上也就拒绝了成功。因此，压力与挫折是使人迈向成功的催化剂。

5. 有利于提升大学生的人际交往能力 大学生大多是独生子女，从小备受父母呵护宠爱，成长的道路往往一帆风顺，对压力与挫折的忍耐力较弱。只有"忍人所不能忍，为人所不能为"，才能获得成功。加上压力与挫折会对大学生的不合理心态进行无情的打击，使他们不得不对自己的过去进行检讨，从而去掉或降低傲气，变得比较谦逊一些，为人做事更谨慎一些，不再像以前那样自以为是，而是虚心向别人学习，善于汲取他人的长处，学会为人处世，提高人际交往能力。

第二节　大学生压力与挫折心理

一、大学生常见的压力与挫折

大学生是风华正茂的年轻人，其生理、心理均趋向成熟。但由于受人际关系不良、经济困难、失恋、学业受挫等影响，常造成心理障碍。根据一项以全国 12.6 万大学生为对象的调查显示，约 20.23% 的人有不同程度的心理障碍。某大学学工部两次对入学新生进行全面的心理测查，结果表明，25% 的学生存在程度不同的心理障碍。据统计，因各种心理疾病而休、退学的大学生人数已占总休、退学人数的

50%左右。大学生常见的压力与挫折有以下几方面。

（一）学业压力与挫折

大学生由于学习生活环境的变迁，在学习上面临新的竞争和考验。有的学生在高中时是佼佼者，到了大学后不再像中学时那样"拔尖"，"才子""能人"比比皆是，"众星捧月"的感觉没有了，心理落差和压力随之而来。进入大学后，从前以教师为主导的教学模式变成了现在以学生为主导的自学模式。大学更强调启发性、研讨性、自学式教育，课堂讲授时间相对较少，覆盖内容相对较多，讲课速度快、跨度大。课堂讲授知识后，学生不仅要消化理解课堂上学习的内容，而且还要大量阅读相关方面的书籍和文献资料。因此，自学能力的高低成为影响学业成绩的重要因素。如果一味沿袭过去高中阶段的学习方法，即使勤奋用功也可能难以获得能力的全面提高，这在大学新生中是相当普遍的现象。不少学生由于没有掌握正确的学习方法，他们仍然采用中学应试教育中的题海战术，结果投入大而效率低，甚至出现不及格，使他们产生"耕耘和收获不成正比"的挫败心理，长期处于紧张、冲突与痛苦之中。另外，由于大学生大多具有自信、好强等心理特点，这种挫折可能会造成自信心的丧失，严重者导致心理疾病。

（二）生活压力与挫折

很多大学生在进入大学前从来没有体验过集体生活，生活自理能力差，在高中阶段，主要任务就是学习，"两耳不闻窗外事，一心只读圣贤书"。生活中许多事情都是父母代劳。进入大学后，高校实行的是较为严格的集体生活管理方式，许多大学生由于自理能力相对较差而不适应这种生活，产生生活上的不适感，从而造成挫折，形成压力事件。大学生们来自天南地北，由于地域上的差异，气候、饮食习惯甚至语言都不相同，再加上进入大学后，由原来依赖父母的家庭环境过渡到相对自立的集体生活，生活环境和生活方式的巨大转变，会使他们遇到很多困难或感到不适应。在生活上，有些大学生从小娇生惯养，从未离开过父母的照顾，对于诸如打扫卫生、洗衣服等一类的日常小事都无法适应，心理上容易产生孤独感，因而出现想家、思念亲人、怀念老同学等现象，并由此可能产生各种烦恼，出现焦虑、抑郁、敌对、低落的情绪，严重者会影响心理健康。

（三）人际交往压力与挫折

很多大学生是第一次开始集体生活。进入大学后，大多数学生都有人际交往的需要，但由于接触社会的事件较短，生活阅历较浅，自主能力较差，缺乏人际协调能力和交往技巧，所以较多地会遭遇人际交往中的压力与挫折。由于大学生来自不同的地域，不同的生活习惯、性格特征、个人爱好、家庭背景使大学生的人际关系变得很复杂，许多大学生存在人际交往方面的困惑。目前，交际困难已成为诱发大学生心理问题的首要因素。不少大学生因交际困难而在网络的虚拟世界里寻找心理满足，被网络本身的精彩深深吸引，沉湎于虚拟世界，与现实生活产生隔阂，不愿与人面对面交往。大学生正常的认知、情感和心理定位受到影响，还可能导致人格分裂，不利于健康性格和人生观的塑造。当前大学生中常见的交际心理压力有自卑心理、怯懦心理、猜忌心理、逆反心理、做戏心理、冷漠心理、焦虑心理。因此，不少大学生为人际关系而苦恼，常常抱怨"太累了"。

（四）情感压力与挫折

大学生正处于青春发育后期，性生理发育已经基本成熟，心理上已经产生了对异性的浓厚兴趣，开始关注、寻找异性朋友。但由于在恋爱观、道德观和自制力方面还不完善，经验不足，容易陷入情感漩涡，在恋爱过程中经常因恋爱动机、个性特征、兴趣爱好不一致等原因而终止恋爱关系，给一方或者双方造成心理伤害，形成情感上的挫折与压力。

（五）经济消费压力与挫折

由于社会生活水平的提高，大学生的生活消费水平也在逐年提高，这使一些家庭经济条件较差的学生在学习、生活上的某些需要受阻。当今社会中的各种经济文化现象、消费观念、生活方式对大学生产生了很大的影响，部分经济拮据的学生不甘于艰苦朴素的生活而家庭又无法满足其需要，容易产生自卑感和挫折感。家庭经济贫困的大学生一直是高校教育工作关注的焦点，经济压力困扰着大学生的成长，甚至催生出一些校园悲剧的发生。

（六）人生发展压力与挫折

大学生具有较强烈的高层次的自我价值实现的需要，也有较明确的发展目标，但在现实社会中却难以事事如愿，尤其使近年来，严峻的就业形势使大学生在求职过程中面临巨大的竞争压力和失败的风险，有的毕业生屡屡失败，体验到较强的挫折感，使得这部分学生对大学教育和自身的能力产生怀疑，甚至有的大学生在入学时就想象着就业时的困境，感受想象中的挫折情境。在巨大的就业压力面前，大学生自身的因素、父母期望和家庭投入的回报压力、社会就业难的客观环境，共同导致很多大学生感受到前所未有的心理压力，进而产生了种种心理问题，成为全社会关注的焦点。

二、影响大学生产生压力与挫折的因素

造成压力与挫折的原因是多方面的和复杂的，压力与挫折的形成与自然环境、社会环境、自身条件以及个人的动机冲突等多种因素有关。大学生处于人生发展的关键时期，一方面他们精力充沛，思想活跃，自我意识强，发展欲望强烈，需求广泛而执着，个人的理想抱负水平普遍较高；另一方面他们人格发展尚不够成熟，社会阅历浅，挫折经验不足，加上大学是一个竞争激烈的环境，因此，大学生遇到压力与挫折是必然的，也是普遍的，甚至遭遇压力与挫折的频率相对还会更高一些。

（一）个人因素

构成挫折的个人因素是指由于个人在生理、心理以及知识、能力等方面的阻碍和限制，使人的需要和目标不能满足和实现而产生挫折。如身高、体形、容貌、知识结构、健康状况、表达能力、自我期望、经济条件等都可能是挫折源。大学生普遍自视较高，有强烈的自尊心，争强好胜和追求完美的心理较强，所以大学生的挫折很多都是来自自身因素。在构成挫折的个人因素中，大学生的自身条件和能力与自我期望之间的矛盾是造成挫折的重要因素。

1. 生理因素　身体健康的人比体弱多病的人更容易承受挫折。大学生生理因素的挫折是指个体因生理素质、体力、容貌以及某些生理缺陷所带来的限制，导致自身活动的失败，无法实现目标。例如有的大学生身体太矮、太胖、面容丑陋、皮肤颜色不佳等，这些都会导致大学生产生挫折心理。

2. 心理因素　一是人格因素，性格开朗、个性完善、意志坚强的人比消沉抑郁、内向自闭的人更能应对挫折；二是自我认知，凡是建立积极的自我认知的大学生面临挫折时容易客观正确地看待挫折并合理运用心理防御机制，化解挫折并将挫折转化为动力；而自我认知不足的大学生遭遇挫折时容易走极端，陷入管状思维中；三是心理预期，个体对自我的心理预期越高，遭受挫折的心理承受能力越弱。一个优秀的大学生很难接受自己平凡的现实，因而感受很受挫；反之，一个对大学生活没有很高预期的学生面临挫折心理相容度会更高些。

3. 人生信念的弱化　有些大学生在生活上慵懒散漫、得过且过，在困难面前唉声叹气，在挫折面前无所适从、怨天尤人，都是人生信念弱化甚至缺失的表现，最终必然导致耐挫力下降。人生信念对个人的影响较大，一是个人目标理解，行为所指向的目标对个体越重要，受到挫折后的反应越强烈，一个渴望出国深造的学生拒签后的心理承受能力会更低；二是目标距离，目标距离越近，则对挫折的承受能力越大，即当个体几乎达到目标时经历失败会不甘心而继续努力尝试，如果一开始就失败，会早早放弃，心理承受能力反而小。

4. 行为表现差　一些大学生纪律观念淡薄，上课迟到、早退甚至旷课、逃学，考试作弊、找人代考；一些大学生行为懒散，打架行凶，偷盗他人财物；一些大学生恋爱越轨、同居，因而受到学校的警告、留校察看、退学等处分，导致挫折心理产生。

5. 人际关系不良　大学生在性格、兴趣、价值观等方面都有较大的差异。他们在入学后都要面临全新的人际关系问题。加之大学生的心理、为人处世能力还不够成熟，这种压力会更大，自然会产生挫折心理。

6. 恋爱挫折　大学校园里发生的一些问题往往是由爱情挫折问题引发的。如心理障碍、学习障碍、情绪问题，甚至自杀等极端问题。

（二）外界因素

构成挫折的外界因素是指个人自身因素以外的自然因素和社会因素给人带来的限制与阻碍，使人的需要和目标不能满足和实现而产生挫折。构成挫折的自然因素是个人不能预料和控制的天灾人祸、时空限制、意外事件等，如地震、洪水、交通事故、疾病、死亡等。自然因素造成的挫折每个人随时都可能遇到，其后果可能很严重，对人的影响很大，如亲人去世、因交通事故致残等；也可能后果不严重，对人只产生暂时的影响，如有些学生刚入学时对当地的气候不适应、不习惯集体住宿等。

1. 学校条件原因　学校条件作为外界条件之一，对大学生挫折感也会造成一定影响。

（1）所在学校或所学专业的不如意　在我国高校存在着重点院校与非重点院校、本科和专科的差别，高校专业设置存在热门和非热门的差别。现实和理想的差距，使这些没能读满意学校（或专业）的学生感到失望、怅惘，表现出对以后生活的担忧。

（2）管理方式落后　目前，我国部分高校的学生管理方式重过程管理，轻目标管理，这在很大程度上限制了大学生个性的发展，降低了学生的挫折容忍能力。

（3）教育观念的偏颇　在高校教育者头脑中存在着"考试是教师的法宝，考分是学生的命根"的应试教育观念。这种教育观念限制了人们对素质教育的正确理解和实施，教育过程仍然是重视学生智力因素的培养，忽视情感、意志等非智力因素的熏陶和心理素质的提高。

2. 家庭条件原因　家庭对于大学生的影响也不容忽视。

（1）家庭客观环境导致的挫折　父母对挫折的态度影响子女对挫折的认知，父母的挫折教育意识和方式影响子女的挫折承受力。

（2）父母教育方式的不当引起的挫折　在中国城市独生子女家庭教养方式中，存在"三多一高"现象，即照顾过多、满足过多、禁区过多、要求过高。从这样优越的家庭走出来的当代大学生，多数存在固执、自私、依赖性强、意志薄弱、缺乏自信心等不健康心理。

（3）家庭经济困难　来自贫困家庭的学生与来自富裕家庭的学生在消费方式、消费观念方面存在差距，前者如果盲目羡慕"高消费"，不甘于艰苦朴素的生活，也易使其产生心理失衡和压力。

（三）社会环境因素

社会环境因素是指人在社会生活中所受到的人为因素的限制，其中包括一切政治、经济、民族习惯、宗教信仰、社会风尚、道德法律、文化教育的种种约束等。人们在特定的社会环境中生产和生活，社会环境对个体的活动起着调节作用。如学非所用，在学习工作岗位上不能充分发挥作用，学习的课程与兴趣间的矛盾；家长和老师教育方法的不当等。凡此种种社会因素，不但对个人的动机构成挫折，而且挫折后对个体行为所发生的影响，也远比上述自然因素所产生的心理挫折要大。

1. 转型期社会竞争机制引入　随着转型期的到来，生存竞争愈发激烈，人际关系日益复杂，工作转换日益频繁以及超负荷的就业压力，从各个角度充斥着现代大学生的生活，导致其心理方面的问题日益增多。

2. 价值观念和不良现象的冲击　在同质单一的发展模式向异质多样的发展模式转型过程中，人们原有的价值观念、道德伦理受到冲击，社会上出现了信仰失落、价值坐标偏离、行为选择失调等不良现象，这些都对大学生产生了负面影响。

在生活阅历的增加及社会支持的增多下，大学生会逐渐增强抗压能力。一是随着生活阅历的丰富，人们逐渐在挫折中成长，承受挫折的能力增强了；二是一个人拥有的社会支持资源越多、社会支持体系越完备，获得的心理援助越多，更容量走出挫折情境。

三、大学生面对压力与挫折的心理行为反应

人在遭遇挫折、感受压力时，也会产生生理反应。当个体遭遇挫折后，机体内部的自我调节机制会最大限度地调动机体的潜能，有效应对外界环境的变化。比如受挫后神经系统的兴奋性会增强，刺激心肌收缩力增强，血液循环加快，血压升高，所以处于愤怒之下的人经常是面红耳赤的。在体内潜能大量消耗的同时，机体内部那些与情绪反应无直接联系的器官或系统则因得不到必要的能量而不能维持正常运转的功能，如消化道蠕动减慢、胃肠液分泌减少等。具体在生理和心理上的反应如下。

（一）压力的生理反应

1. 适度压力是对生活变化的适应过程　当必须面对和接受的变化摆在面前的时候，如一件重要物品的丢失、一次课堂报告的到来、一场和宿舍同学的冲突、一场恋爱的终结、疾病的来袭、至亲的离世等，人们唯一可以做的就是适应它。而在此过程中，承受一定的压力不可避免。

当人们的生理、心理、情绪，甚至体内的化学反应已经适应了事物的某种状态时，生物钟会固定特定的睡眠时间，体能也在特定的时间达到顶峰或跌入低谷，血糖也随着每天特定时间的进餐而变化。然而，一点小小的变化，只要我们目前的状况与以往相比发生了改变，平衡就会被打破，生活也会发生变化，而变化之后就是压力。人们的身体、认知和情绪都需要再次调整，适应新的饮食结构、睡眠时间和生活方式等。不过，一旦人们适应了这种变化，他们的新生活就开始再次保持稳态。

2. 压力影响神经系统　压力对大脑具有影响，压力可以促使大脑释放某些激素，使身体做好处理危险的准备，并且压力也会对大脑产生积极作用——人们的思维和应对更加迅速。但是，凡事都有度，当人们面临的压力超过了可以忍受的临界点之后，人们的大脑就无法正常工作了。人们会忘记事情，丢失东西；不能集中精神；丧失意志力，沉迷于酗酒、吸烟、暴饮暴食等不良习惯中。更严重的情况是，过度的压力会导致心理负担过重，出现神经衰弱、自主神经功能失调。在面对较大的压力，如准备重要考试、毕业前找工作时，我们往往会遭遇头痛、记忆力下降、失眠等现象，身体受到很大的负面影响。

3. 压力影响免疫系统 免疫系统是身体防御网络的一部分，它阻止外因或内因导致的疾病。压力会降低免疫系统功能，慢性压力会产生免疫抑制影响，抑制身体启动及时有效的免疫反应。这是因为慢性压力会产生大量的皮质类固醇，导致皮质类固醇水平的不平衡，削弱身体的免疫活性。我们都知道，当前的癌症之于我们，正如以往的天花之于古人，压力会导致免疫系统中负责监视身体细胞异化的部分弱化，在压力状态下，变异细胞无法被破坏，因为变弱的免疫系统无法辨别它们。如果这些变异细胞不被制止，就会增生扩散，导致癌变。

（二）过度压力下的心理反应

格式塔心理学家库尔特·考夫卡在论述人的行为是受个体心理环境的影响时，曾列举了一个生动的事例。有一个人在暴风雪的傍晚，骑马来到一个小旅店，让他深感庆幸的是，经过几小时的奔驰，越过了一片冰天雪地的平原，他终于找到了一个安身的地方。此时，店主人来到门前，惊奇地问客人从何而来，客人遥指来的方向。店主人以恐惧而奇异的语调说："你不知道你已经骑马越过康士坦斯湖了吗？"客人听闻此言，立即倒毙在地。按理说客人已经渡过了平时难以想象的危险区域，并身处安全的环境下，应该高兴才是，但结果却如此出人意料。其主要原因在于，客人在心理上经受了一次主观想象的压力事件，他未能进行有效的心理调节，心理上极度惊恐，引起神经、血压、心率等一系列生理活动的急剧变化，进而导致了极端行为的出现。

1. 过度压力导致焦虑、抑郁与愤怒 当一个人面临生活中出现的突发事件或有长期的日常琐事时，大脑就会把这种刺激认知为压力，比如自我要求、安全威胁，他人要求、自尊威胁等，人就会出现情绪反应，如紧张、恐惧、抑郁。事实上，压力引起的心理反应有警觉、注意力集中、思维敏捷、精神振奋，这是适度的心理反应，有助于个体应付环境。例如，学生在学习过程中、运动员在参赛过程中，一定压力下的竞争更容易出成绩，但过度的压力会带来负面反应，出现消极的情绪，如忧虑、焦躁、愤怒、沮丧、抑郁等。

2. 过度压力导致注意力分散、记忆力下降 人的大脑一般有四种波的存在，人在不同的状态下大脑内的脑波各不相同。当人处于 a 波状态时心情很平静，注意力集中，记忆力非常好，想象力非常丰富，这对于人工作或者学习来说是非常好的。而长期压力会使人少有 a 波状态，出现思维狭窄、注意力分散、记忆力下降，表现出消极被动的状态。大学生们最常见的"心理问题"是注意力分散，记忆力下降。一些同学会认为是自己"年龄大了"之故。心理学研究结果并不支持个体从高中到大学认知能力下降，事实上这是学业压力大带来的反应。

3. 过度压力导致意识域狭窄 意识域是指人们在短时间内对客观事物所能察觉到的范围。人的意识域的大小由执行的任务所决定，并且同注意的广度、注意的分配、注意点集中有关。心理学研究表明，过度的压力会使人的意识域变得狭窄，从而妨碍人们在压力下的反应。如考试焦虑的人在考场上会出现什么都想不起来、什么题目都陌生的现象。医学生在技能操作考试被老师提问时，因压力大，本来会的技能知识却一点都想不起来，而当坐下来平静后，那些知识又回到脑海里。遇到突发事件时，人们表现出不当的行为而且自己毫不知情，也是意识域变得狭窄的表现。又如师范生第一次试讲时，可能会把裤兜里的袜子掏出来当成手绢擦汗水但自己却毫无察觉；发生大火时本该开门逃生却去关门。有经验的选手都知道，在奥运会赛场上，选手们实力相当，其实拼的是临场心理状态。每次奥运会总有选手因为紧张而与冠军擦肩而过，也总有选手因为心理素质过硬而在关键时刻力挽狂澜。

因巨大压力导致意识城狭窄的现象可以通过训练得以改善。比如关于考试焦虑，可以通过想象放松的训练得以改善，参加重大比赛的选手可以通过赛前的心理训练和热身赛以保证比赛结果。在 2012 年伦敦奥运会跳水比赛中，吴敏霞、何姿以无与伦比的完美跳水动作毫无悬念地夺得了金牌，这是她们在赛前进行多次针对性训练的结果。

4. 过度压力导致"自我设障"行为　一般而言，轻度的压力会促发或增强一些正向的行为反应，如寻求他人支持，学习处理压力的技巧。但压力过大过久，则会引发不良适应的行为反应，如说话结巴、动作刻板、过度饮食、攻击行为、失眠等。在大学生中，最常见的是"自我设障"现象。所谓"自我设障"，就是面临被评价的威胁时，为了维护自尊而做出的对成功不利的行为或言辞，这就好比给成功预先设置了一个障碍。自我设障的本质是害怕失败。由于"自我设障"行为的存在，人可以把失败归咎于这个行为，而不用归咎于自己的能力。如有的学生"忘记"了期末考试时间，事实上是学业困难不想去面对期末考试；有的学生尽管很喜欢与异性交往，但并不注意外表整洁，事实上是给自己交不到异性朋友找一个理由；有的学生迷恋网落游戏甚至达到退学的程度却不思悔改，事实上是给自己学业困难找一个借口。有位研究生在入学后不久就在球场崴了右脚，尽管医生诊断是肌肉拉伤，一个星期就好，但这位同学却一直到毕业前被一个知名国企录用后脚伤才奇迹般康复了。

（三）挫折的心理防御机制

人在遭受挫折后，挫折情境对人心理上的压力，会使人产生紧张、焦虑、不愉快的情绪体验，并导致心理、生理活动的不平衡状态，影响人的正常行为和活动能力。所以，个体在遇到困难或挫折时，常常会使用一些心理上的措施或机制，把个体与现实的关系稍做修正，使个体较容易接受心理挫折或应激，不至于引起情绪上过分痛苦与不安的自我保护方法，这就是挫折的心理防御机制。一般讲，挫折的心理防御机制有积极、消极和妥协三种形式。

1. 积极的心理防御机制

（1）升华　升华是指把被压抑的、不符合社会要求的原始冲动和欲望，用符合社会要求的、建设性的方式表达出来的一种心理防卫术。升华使原来的动机冲突得到宣泄，消除焦虑情绪，保持心理上的安宁与平衡，还能满足个人创作与成就的需要。如用舞蹈、绘画、文学等形式来替代性本能冲动的发泄。

（2）补偿　指个人因心身某个方面有缺陷不能达到某种目标时，有意识地采取其他能够获取成功的活动来代偿某种能力缺陷，以弥补因失败造成的自卑感。例某女子因身体发育有缺陷而努力学习，以卓越成绩赢得别人的尊崇。

（3）仿同　仿同是指一个人在遇到挫折而痛苦时效仿他人获得成功的经验和办法，使自己的思想、信仰、目标和言行更加适应环境的要求，从而在主观上增强自己获得成功的信念。

（4）幽默　当一个人处境困难或陷入尴尬境地时可以使用幽默来化险为夷，渡过难关；或者通过幽默间接表达潜意识意图。这种心理防卫术称之为幽默。幽默是一种高尚成熟的心理防御机制。

2. 消极的心理防御机制

（1）合理化　合理化是指个人遭受到挫折或无法达到所追求的目标，以及行为表现不符合社会规范时，用有利于自己的理由来为自己辩解，从而为自己进行解脱的一种心理防卫术。合理化分为三种心理：①酸葡萄心理，即把得不到的东西说成是不好的；②甜柠檬心理，即当得不到葡萄而只有柠檬时，就说柠檬是甜的；③推诿心理，此种自卫机制是指将个人的缺点或失败，推诿于其他理由，找人担待其过错。三者均是掩盖其错误或失败，以保持内心的安宁。

（2）否定　否定就是一种否定已经存在或已经发生的事实，将已经发生的令人不愉快的或痛苦的事情完全忘掉，以减轻心理上的痛苦的一种方法。它是最原始最简单的心理防卫术。这种方法可以将个体从难以自拔的情绪中解脱出来，避免由此引发的内心焦虑。例如小孩打破东西闯了祸，往往用手把眼睛蒙起来；癌症患者否认自己患了癌症；妻子不相信丈夫突然意外死亡；母亲发生车祸，不想接受时，拒绝接受。

（3）歪曲　歪曲就是把外界事实加以曲解、变化，以符合自己内心世界的需要。歪曲作用无视外界事实，属于精神病性的心理防御机制。歪曲表现的精神病现象以妄想和幻想最为常见。将事实曲解并深信不疑，或与事实脱节，严重歪曲现实。例如明明昨天和女朋友分手，却自以为要和女朋友结婚，甚至还到处向亲朋好友发喜帖。

（4）反向　反向就是采取一种与意愿相反的态度或行为的心理防卫术。人有许多原始的冲动和愿望，由于是自己、社会所不能允许的，所以常常被压抑到潜意识中去了。在生活中，我们能看一种矫枉过正的现象就是比较典型的反向表现：有的人内心很自卑，却总是以自高自大、傲慢不羁的表现来掩饰自己的弱点；有的人本来很想与某一异性交往，但是担心遭到拒绝，于是就表现为对该异性不屑一顾的样子；对丈夫前妻留下的孩子怀有敌意的继母，特别溺爱孩子，企图证明她没有敌视孩子。

（5）投射　投射是把自己的过错归咎于他人以减轻自己的内疚，或者是把自己所具有的不讨人喜欢的性格、态度转嫁到他人身上，以掩饰自己那些不受欢迎的特征的一种心理防卫术。一个学生平素学习不努力，考试作弊，则认为别的同学学习也不努力，考试善于作弊，而且与自己比较有过之而无不及。"以小人之心度君子之腹"也属于这种情况。强奸犯认为受害者穿着暴露，才引发他犯罪。

（6）退化　退化是回到原先幼稚行为的一种心理防卫术。我们知道随着年龄的增长，一个人的人格是以循序渐进的方式走向成熟的。但是有时在人遇到挫折后，会放弃已经达到的比较成熟的应用技巧，而恢复到原先比较幼稚的方式去应付困难或以此来满足自己的欲望，这就是退化。譬如有位大学生，因为挂科留级无法应付挫折时在学生处大厅打滚大哭，这就是无意识地使用精神防御的退行机制。

（7）幻想　幻想是指一个人遇到现实困难时，因无法处理而利用幻想的方法，使自己从现实中脱离开或存在于幻想的境界中，以得到心理的满足。幻想可以使人暂脱离现实，有缓解挫折感的作用。对于能力弱小的孩子来说，以幻想的方式处理其心理问题是正常的。但是如果成人常常用这种方式来处理实际问题，就是一种病态了。

3. 妥协的心理防御机制

（1）压抑　压抑就是指把不能被意识所接受的念头、感情和冲动不知不觉地抑制到潜意识中去，不愿再提它、想它，不承认其存在。它是各种心理防卫术中最基本的方法。压抑也有二重性：从积极的方面讲，它能帮助人们控制足以引发罪恶感受的冲动或与道德伦理相违背的念头；从消极的方面讲，它是一种逃避行为，并不能从根本上解决问题，反而会影响人的身心健康。一位中年妇女的独生女于十八岁时死于车祸，事情发生在十月份。当时她非常痛苦，经过一段时间以后，她把这不堪忍受的情绪抑制、存放到潜意识中去，"遗忘"了。可以说感情留在意识之中，而观念却被忽视了。这些潜意识中的情绪不知不觉地影响她的情绪，果然她每年十月份均会出现自发抑郁情绪，自己不知道为什么，药物治疗也无效。

（2）隔离　将部分事实从意识境界中加以隔离不让自己意识到，以免引起精神上的不愉快。此处所讲的部分事实，乃是指整个事情中的一部分，最常被隔离的是与事实相关的感觉部分。例如不说人死了，而说仙逝或长眠等，这样感觉上不会感到太悲哀或不祥；向他人讲述自己创伤的故事却说这是自己身旁朋友的案例，让自己觉得这件事不是发生在自己身上。

（3）抵消　抵消就是指以象征性的事物来抵消已经发生的不愉快的事情，以补救其心理上的不舒服感的一种心理防卫术。健康的人常使用此法来解除其罪恶感、内疚感和维持良好的人际关系。例如一个丈夫在酒店玩得太晚，他也许会为妻子带回较贵重的礼物来抵消他的愧疚之情。一个小孩因为犯了过错，刻意在父母面前表现乖巧的样子。有时，抵消作用不是用来弥补已经发生了的事实，而是用来抵消自己内心的罪恶感，或自己以为邪恶的念头。

（4）攻击　攻击有直接攻击和间接攻击两类。直接攻击就是挫折发生后，对引起挫折的人或事物进行直接对抗，或怒目而视，或动手打斗；间接攻击是指将愤怒情绪迁怒于其他人或事物，找"替罪羊""出气筒"。攻击行为虽然可以使因挫折引起的激愤得到暂时的平缓，但是其结果有可能会危害自己或他人的安全，因此对个体的攻击行为要加以控制和引导。

挫折的心理防御机制其实就是人们常用的解决心理问题的方法。这些方法大多数并不需要经过专门的学习，但其中的有些方法还不能做到无师自通，需要通过认真的学习并在实践中加以体会。世界是五光十色的，挫折是人人都会遇到的。如果我们能够更多地、积极地运用适合于自己的心理防御机制，那么我们的生活中的阳光将会更加灿烂。

✒ 课堂活动

活动： 分析防御机制。

目的： 洞悉防御机制，激发积极力量。

操作：

1. 央视《新闻调查》栏目播出了一条《毕业了》的片子。片中，新闻记者跟随几位来自南京大学的毕业生找工作，记录他们真实的求职故事，令很多网友唏嘘不已：众所周知，学历史的学生就业不易，但南京大学这么好的学校，毕业生就业都这么难了吗？谈谈求职者面对求职受挫会采用哪些心理防御机制？

2. 分组讨论：如果求职者采用以上三种形式防御机制，将会出现什么样的结果？

3. 结合自身，谈谈在日常学习生活中所用到的防御机制种类。

第三节　压力管理与挫折应对

一、大学生压力与挫折应对的心理基础

就大学生的心理健康而言，最重要的不是压力与挫折本身，而是压力与挫折对个体造成的负面情绪及内心感受。压力与挫折是人生中必然要经历的，然而对于不同的人来说，它们却有着截然不同的意义，它或是你完美人生的点缀，或是你人生中永远的伤痛；或是你成功的垫脚石，或是你前进的绊脚石。这完全取决于对待压力与挫折的态度，良好的心理素质是大学生从容面对压力和挫折的基础。

（一）合理归因、理智应对

归因，是人们根据行为或事件的结果，通过知觉、思维、推断等内部信息加工过程确认造成该结果之原因的认知过程。原因本身是不能直接被观察到的，是知觉者对事件或现象的原因所作的主观推断，归因理论侧重探讨人们认识因果关系的过程以及归因对人们随后行为的心理意义。对待同一件事情，人

们可能会做出不同的情绪和后续行为反应，这往往不是取决于事件的本身，而是取决于对引发事件背后的原因分析，即归因认知。如何才能做出理性的归因呢？在学校情境中，学生常提出诸如此类的归因问题，如："我为什么成功（或失败）""为什么我生物测试总是考不过人家"等。美国心理学家伯纳德·韦纳（B. Weiner，1974）提出"三维度六因素归因模型"（表9-3）。

表9-3 伯纳德·韦纳"三维度六因素归因模型

因素维度	因素来源		稳定性		可控性	
	内部	外部	稳定	不稳定	可控	不可控
能力	√		√			√
努力程度	√			√	√	
工作难度		√	√			√
运气		√		√		√
身心状态	√			√		√
外界环境		√		√		√

韦纳等人认为，我们对成功和失败的解释会对以后的行为产生重大的影响。如果把考试失败归因为缺乏能力，那么以后的考试还会期望失败；如果把考试失败归因为运气不佳，那么以后的考试就不大可能期望失败。这两种不同的归因会对生活产生重大的影响。大学生在归因时往往会出现以下几种常见的归因偏向：①基本归因偏向：人们在对他人的行为（与自己无明显利害关系）做出解释时，会高估他人的内在因素而低估环境因素。②活动者与观察者归因偏向：对同一件行为事件（中性的）观察者更多地做出个人归因解释，而活动者会做环境归因。③利己主义的归因偏向：对自己的正性（成功）行为做出个人归因，对自己的负性（失败）做出情境归因。

在平时的学习生活中，大学生应针对自身的特点合理调整归因倾向，对低自尊者、低自信者通过改变其归因风格来增强自尊心、自信心（真归因与假归因）；通过归因化解矛盾与冲突；通过归因提高决策的质；通过归因训练，帮助人们形成正确的认知；通过对事件的归因调动管理对象的工作和学习的积极性。

（二）拓宽眼界、换角度思考

当你身处压力与挫折困境中，不妨换个视角看待问题本身，往往会有一种"柳暗花明又一村"的境界。例如一位大学生要参加一次考试，忽然想到自己没有充分的时间复习准备，此时，他也许会对自己说："麻烦麻烦大了！我完了。"但是，如果换一个角度来想，例如对自己说："现在干着急也无济于事，尽量准备吧，争取有个好的结果就行了。"前一种思考方式，身体反应会很强烈：开始出汗、紧张和胃疼；而后一种思考方式，压力水平就会相对降低。压力在很大程度上取决于我们对问题的看法。后悔或其他负面想法只会加剧生理上的紧张反应，很可能会做出错误的决策。当遇到没有克服的困境时，如果换一个角度看问题就可能摆脱困境，而不致于使自己走向"崩溃"。

（三）进行应对陈述训练

应对陈述训练是一种化解压力的有效方法。这种方法就是以正面的应对陈述来取代负面的应对陈述。训练开始时，要辨识出哪些是自己的负面应对陈述（即自责、自贬，使自己焦虑加重的想法）。为了代替这些负面想法，学习预先写在纸单上的正面应对陈述句，最后，写出适合于自己的正面应对陈述。这种方法的目的是肯定自己、消除疑虑，用以排除和抵消在压力情境下的自我否定和自我怀疑。例如，在准备登台演讲前，可能很紧张，心里在说："我心跳得厉害，我害怕了。""我讲不了。""我脑子里一片空白！""听众一定觉得我很傻，讲的也没意思。"这时，你需要马上用正面应对陈述来代替上述负面陈述。要在心里想："我心跳加快说明我已经做好了准备。""在开讲前，我做几次深呼吸。""我讲的内容是听众喜欢听的。"

当然，只是学着在心里"默诵"这些正面的陈述句是不能提高压力容忍力的，必须要在真实的压力情境中对这种方法加以应用，并摸索出一套适合于自己的应对陈述句。这样才会取得好的效果。不论我们学习或应用压力管理的哪一种方法，都必须在压力刚开始时就加以控制，阻断压力的发展，否则心理压力一旦产生不加以管理，就会越变越大。

（四）适度宣泄、尽早摆脱

面对挫折，有人惆怅悲观，把痛苦和沮丧埋在心里，有的人则选择倾诉。如果心中苦闷，不妨找一两个亲近的人，把心里的话倾吐出来，这样，不健康的情绪就得到宣泄。宣泄是一种自我心理救护，它可以消除因挫折而带来的精神压力。当你宣泄的时候，就可以从他人那里获得力量与支持。一个快乐有两个人分享，就变成了两个快乐；一个痛苦有两个人来分担，就变成了半个痛苦。

宣泄应当适度，"乞丐型""进攻型""碰触型"等宣泄方式是不值得采纳的。如果你还想活得有尊严，还想重头再来干点事的话，就不要像"祥林嫂"那样总是述说"阿毛"的故事。那只能说明你还没有从痛苦的阴影中走出来，你的哭泣只能提醒人们注意你曾经的无能。当你醒悟到还有那么多的正经事等着你去干的时候，就没有必要选择"秋菊"的方式，因为过度"打官司"的成本太高，总是"要说法"会影响干正事。用节省下来的时间去做你应该做的正事，也许你早就远离了某次"风雨"的影响。巴尔扎克说过："世界上的事情永远不是绝对的，结果完全因人而异。苦难对于人才是一块垫脚石，对于能干的人是一笔财富，对于弱者则是万丈深渊。"因此，在压力面前我们要保持勇气和信心，有心理准备去勇敢迎接各种各样的任务和挑战。当代大学生也应该积极地面对压力，并通过一些适当的方法减轻压力。

（1）注意力转移法　也就是把自己的注意力从产生压力的压力源离开，转移到某些其他的自己感兴趣的方面，从而减轻压力。

（2）体育运动法　研究结果表明，散步、慢跑、打网球等对于抵消和减轻压力都是有益的。任何一种活动都可以增加输入到身体和脑部的氧，促进血液循环，人就会更加头脑清醒，从而增强抵抗压力的本领。另外，大学生还可以根据自己的实践创造一些适合自己的减轻压力的方法，从而有效地减轻压力的不良后果，增强压力的积极后果。

（五）激励潜能、独立自救

独立自救是生命中最闪光的品性，这已经被很多事例所证明。面对挫折的打击，有的人一蹶不振，有的人则激发潜能，自己拯救自己，前者没有看到自己的潜能，后者则充分地汲取了潜能的力量。有这样一个小故事：一头猪的腰部脱臼，在那里费力地爬着，孙子要去帮猪按摩，爷爷喊住了他，爷爷拿起一个土块向那头猪扔去，猪吓得挣扎着跑起来，爷爷在后面追赶它，只见那猪跑着跑着腰部便上去了，恢复了正常。人遭受挫折就好像小猪脱臼，真正能帮助你的不是别人而是你自己。有时，我们在挫折的伤痛中忽视了自己的潜能和改正错误的勇气，一味地等待外力的帮助，这就等于放弃了自己对自己承担的责任和义务，这是一种懒惰和没有出息的做法。林肯发现的"马蝇效应"和无锡小天鹅集团的"末日管理"，实际上都是一个道理：利用危机状态产生的压力激发生命体的巨大潜能。人是需要压力的，有了压力我们才不敢松懈，才会努力拼搏，才会不断进步。其实，在生活中让自己忙起来，是一种自我加压的方法。面对挫折，适度转移注意力，自我增加良性压力，可以有效改善自己的心境。比如可以通过从事集邮、写作、书法、美术、音乐等趣味活动来调试自己的心情，缓解苦恼带来的种种压抑，随着时间的推移，沮丧也就渐渐淡忘了。

（六）适当取舍、远离烦恼

放弃是一种智慧和境界，但是，面对现实的种种诱惑，又有多少人能够做到这一点呢？很多人原本也曾从容、平和地生活着，可一旦被太多的诱惑和欲望牵扯，便烦恼丛生。有的时候，我们将奋斗的目标定得过高；有的时候，我们将奋斗的目标定得过多——这是我们遭受挫折的重要原因。无论是前者还是后者，都使我们深感心有余而力不足，最后都可能会导致迷失方向，走向绝望。聪明的办法是学会取舍，不必事事争第一，舍弃自己还不具备能力与条件的目标不是坏事，"塞翁失马，焉知非福"？只有在明白了自己一生何求之后，去明智地取舍，并学会放弃，才能摆脱无谓的烦恼，拥有自在的生活。

> **即学即练**
>
> 多项选择题：大学生压力与挫折应对的心理基础有（　　　）。
> A. 换角度思考　　B. 应对陈述训练　　C. 适当取舍　　D. 适度宣泄
>
> 答案解析

二、大学生压力与挫折应对的有效策略

压力具有双重性，我们要善于利用适度的压力，将它转化为动力；同时，还要从容应对压力，学会舒缓压力的策略，提高承受压力与挫折的能力。心理学家认为，经受过挫折和失败的人，能够勇敢地迎接挑战。在成长的过程中时常经历挫折的人，经过多年的磨炼，会具备一种在逆境中生存的强大能力。无论出现怎样的困难，他们都不会像茅草屋遇到暴风雨时那样容易被摧垮；在灾难像飓风一样袭来时，也能够巍然屹立、毫不动摇。面对挫折，年轻的大学生们可采用以下的方法。

（一）直面挫折，从容把控

不同的人有不同的态度。与其闪避、畏惧、排斥，不如迎面而上。面对不可拒绝的挫折，唯一可取的态度是从容面对，如果进而能够快乐地掌控挫折带来的烦恼，那么，一次"创伤"就会变为一颗宝贵的"珍珠"。"珍珠"是从愈合了的创伤之中升华出来的东西，它不仅可以有效地抚平伤痕，而且可以使我们珍视经验，减少错误。承受压力的重荷，喷水池才喷射出银花朵朵，挫折在人生的旅途中难以避免。面对挫折，有人失却了奋进的勇气，熄灭了探求的热情，而有人却确立了进取的志向，鼓起了前进的风帆，从而磨炼出坚韧不拔的性格。开拓者在困难中受到锻炼，在失败中获得经验，在挫折中不断成熟，在讥笑中逐步成长，在摸索中得到提高，在斗争中迎来胜利。我们不止拥有挫折的痛苦体验，也拥有把不幸变为幸福、把伤痛变为无价奇珍、把令人痛心的缺陷变成新的力量的机遇。当我们从容面对，就可以掌控挫折；当我们有足够的勇气并保持快乐，就可以得到最珍贵的收获。

首先，要学会自我认知、自我重构与自我扩展，要尝试重新了解自己，以感激的心态看待生活。其次，要通过优化资源增强应对能力。在处理事务时，要把握 2M 规则，那就是永远要做最重要（most important）、最紧急（most urgent）的事情。通过合理分配时间，优化资源，减轻压力。再次，要重视每一个动作的完成；同时，也要将生活结构化，按计划行事，当日计划争取当日完成。最后，通过资源扩

展增强压力应对能力。心理学专家指出，多与朋友和客户沟通，用心经营别人对你的期待，才能在面对压力时，获得更多的帮助。

（二）A 型行为模式调整

日常生活中所发生的事件不是压力的唯一来源，不同的行为模式也会引起不同程度的压力。最主要的行为模式可分为两种：A 型和 B 型，每一种行为模式都有其明显的特征。A 型行为模式的特征包括情绪上容易激动、野心过大、具有攻击性、有时对其竞争者怀有敌意。他们常设定自己的目标，然后全力以赴，在同一时间内想要同时完成许多事情，希望在最短的时间内取得最大的成就，经常感到时间紧迫。相反，B 型行为模式的特征包括很少发怒或生气、很随和、心情放松愉快、与世无争。B 型行为模式的人喜欢在同一时间内只完成一件事，很少有压迫感和仓促感，很少设定完成某件事情的最后期限。研究发现，A 型行为模式的人经常处于高压力状态下，其患心脏病的概率远高于 B 型行为模式的人。因此，在压力管理的过程中，应劝导和调整 A 型行为模式向 B 型行为模式转化。

A 型行为模式也是学习得来的，因此可以通过分析压力来源和行为调整来改变某些 A 型行为模式，但是，并不是所有的 A 型行为模式都是消极的。调整和改变 A 型行为模式，不是要求他们以消极的方式对待生活，而是帮助他们去除 A 型行为中的消极成分，如保持情绪稳定、学会放松、消除敌意、改变不良生活方式等。

📱 知识链接

如何改变 A 型行为模式

1. 自定契约书，自我承诺愿意放慢脚步和从容不迫的做事情，将内容记下来，将契约书放在明显的地方以时时提醒自己。最重要的是不要太专注自己的工作（太神经质）。

2. 不要同时做两件事，只做一件事。

3. 吃东西的速度放慢，吃东西时坐下，放松心情。

4. 减少咖啡因的摄取，因为它会使你易于恼怒和激动。

5. 妥善纠正急躁的情绪。

6. 妥善控制敌意的性格。

7. 安排一些休闲活动，经常与朋友外出野餐、郊游等。

8. 生活简单化。给自己更多的闲暇时间，推掉不必要的应酬。

9. 生活节奏要明快，有规律，即使在最紧张的时候也要拿出时间放松自己，因为你以前不习惯于这样做。

10. 珍惜一些意外的惊喜。

（三）合理调控情绪

人生不如意，十之八九。无法改变的事，忘掉它；有机会去补救的，抓住最后的机会。后悔、埋怨、消沉不但于往事无补，反而会阻碍新的前进步伐。前面第二章我们就讲到了合理情绪疗法，它是以理性思维方式和观念代替不合理的思维方式，以理性治疗非理性，最大限度地减少不合理的理念给他们的情绪所带来的不良影响，使自己的心理臻于健康。

大学生生活中常出现不合理的信念：对自己的不合理信念（如我做事必须尽善尽美）；对他人的不合理信念（如对不好的人应给予惩罚）；对周围环境及事物的不合理信念（如已注定的事无法改变）。

这些不合理的信念具有绝对化要求、过分概括、糟糕至极的特征，我们可以通过以下方式进行合理情绪治疗。

1. 辩论法　大胆地、毫不客气地对不合理信念进行挑战和质疑。可采用不断深入地提问方式质疑。

2. 假设最坏的可能　假设最坏的可能性，从而自己认识到情绪的困扰不在于这种不利的事件，而在于内心的恐惧，恐惧才是真正的祸根。

3. 角色扮演分析　让自己和别人进行角色互换，为不合理观念进行辩护，让当事人扮演干预者进行反驳和质询。角色扮演分析可以起到镜子的作用。当事人通过寻找理由和证据进行反驳的过程，为自己建立新的合理观念提供了依据和材料。

4. 认知家庭作业　可采用布置作业形式，把治疗的进展带回到日常生活中，一种是固定格式的作业，找出 A 和 C，然后是 B，做 D 做辩护，最后填 E 辩护效果。另一种自由格式作业，无固定格式自由的自我分析，找出不合理信念并与之辩论。

5. 合理的情绪想象　首先，让当事人想象其引发情绪困扰的场景。其次，让当事人保持想象，但要求改变自己的情绪，使之适度，并加以体验。最后停止想象，报告是怎样想，怎样做方使情绪体验有所改变。干预者要及时强化合理观念的补充，使来访者新的合理观念和认知情绪新观念得以产生。

（四）掌握必要的心理技能

掌握一些必要的心理技能可以帮助我们在特定情况下控制自己的行为和情绪。这些技能包括：心理放松的技术（自我暗示放松、渐进放松、自生训练等）；生物反馈技术；冥想；系统脱敏等。

（五）正确应对心理冲突

在日常生活中，很多因素都会引起我们的挫折感，例如，考试失败、被人拒绝、耽误了赶车时间、成绩平平却想考重点大学等。面对挫折时，重要的是"识时务者为俊杰"，要知进知退，要善于建立新的目标。下列思考方式也许有助于大学生避免不必要的挫折。

首先，确定个人挫折感的来源。是来自个人内部，还是来自外界？

其次，这个挫折源是我能够改变的吗？如果要改变它，我需要付出多大的努力？我能够加以控制吗？

再次，即使我能够改变挫折源，值得为此付出这样的努力吗？

对以上问题的回答将有助你判断自己是否值得坚持下去。有时，我们需要学会体面地接受那些不可能改变的东西。但同时要认清哪些是真正的障碍，哪些只是想象中的障碍；即便是想象中的障碍也很重要。挫折感常常是自己想象中的障碍造成的。例如：有一位女大学生想当临时工赚些零花钱。她来到一个地方提出申请，人家说她没有足够的经验，被回绝了。她因找不到工作她产生了挫折感。这位女大学生的问题是，她仅仅经历了一个真实的障碍就停止了做进一步的努力。如果她坚持，可能会发现有的"门"是可以撞开的。此外，天无绝人之路，即使她经过多次尝试后发现经验的确是必须的，也还有其他获得经验的途径，比如，可以先做一段时间的志愿者。

如何更有效地解决心理冲突？前述克服挫折感的大部分建议也适用于解决心理冲突。但是，在你面临冲突时，或必须做出一个艰难的决定时，还要切记以下几点。一是不要仓促做出重要决定。要花时间收集信息，权衡利弊。匆忙决定常使人后悔。即使三思后的决定也可能有失误，只要自己尽了一切可能来避免失误，所感受到的压力就会小一些。二是在可能的情况下，执行某种决定之前要先做一下尝试。比如，如果你想选修一门课程，不妨先旁听几节课再做决定；如果你想学习滑雪，不妨先租用设备练习一段时间，之后再决定是否自己购买设备。三是寻求可行的折中方案。但在此之前，最重要的是要尽可能获得所有的信息。如果只有一两个选择，并且都不是可以接受的，你应向你的老师、心理咨询师或有关社会服务机构求助，可能还有更好的选择。四是如果你还是找不到理想的解决方案，那么一旦做出决定，就不要再后悔。在心理冲突中总是犹豫不决，只会使自己付出更高的代价。有时，不得已而求其次，但做出选择后就应坚持下去。

目标检测

答案解析

一、选择题

（一）A 型题

1. 以下不属于"一般适应综合征"作出防御反应的是（　　）。

    A. 愤怒　　　　　　　B. 报警　　　　　　　C. 抵抗　　　　　　　D. 疲惫

2. A 型行为模式的特征是（　　）。

    A. 逆来顺受，忍气吞声，忍辱负重，优柔寡断

    B. 顺其自然，为所当为

    C. 易激动，野心过大，具攻击性，感到时间紧迫

    D. 敏感多疑，执拗，不接受别人意见

3. 项羽被围垓下，面临"四面楚歌"的压力，这种压力属于（　　）。

    A. 继时性压力　　　　B. 同时性压力　　　　C. 社会性压力　　　　D. 精神性压力

4. 把被压抑的、不符合社会要求的原始冲动和欲望，用符合社会要求的、建设性的方式表达出来的一种心理防御机制是（　　）。

    A. 歪曲　　　　　　　B. 合理化　　　　　　C. 投射　　　　　　　D. 升华

5. "以小人之心度君子之腹"的心理防御机制是（　　）。

    A. 抵消　　　　　　　B. 合理化　　　　　　C. 歪曲　　　　　　　D. 投射

（二）B 型题

[1~2]

    A. 升华　　　　　　　B. 歪曲　　　　　　　C. 投射　　　　　　　D. 攻击

1. 积极的心理防御机制有（　　）。

2. 妥协的心理防御机制有（　　）。

[3~4]

    A. 酸葡萄心理　　　　B. 甜柠檬心理　　　　C. 推诿心理　　　　　D. 投射

3. 把得不到的东西说成是不好的，属于（　　）。

4. 当得不到葡萄而只有柠檬时，就说柠檬是甜的，属于（　　）。

[5~6]

    A. 挫折－攻击理论　　B. 挫折－倒退理论　　C. 挫折－效应理论　　D. 挫折－固执理论

5. 挫折不会导致某一特定的"攻击"或是"倒退"反应，而是在按一般方式所解释的受挫情境中，有目的的行为受到妨碍，动机变化了，其他任何反应也变得更有可能发生，属于（　　）。

6. 受挫折后活动水平降低，即遭受挫折的那一组孩子不仅表现出攻击，还表现出倒退挫折—效应理论，属于（　　　）。

（三）X 型题

1. 叠加性压力一般分为（　　　）。

　　A. 同时性叠加压力　　　B. 继时性叠加压力　　　C. 顺时性压力　　　D. 逆时性压力

2. 挫折的组成要素分为（　　　）。

　　A. 挫折情境　　　　　　B. 挫折认知　　　　　　C. 挫折反应　　　　D. 挫折防御

3. 合理调控情绪的技术包括（　　　）。

　　A. 辩论法　　　　　　　B. 假设最坏的可能　　　C. 角色扮演分析　　D. 合理的情绪想象

4. 以下属于消极的心理防御机制的有（　　　）。

　　A. 合理化　　　　　　　B. 否定　　　　　　　　C. 仿同　　　　　　D. 歪曲

5. 以下属于妥协的心理防御机制的有（　　　）。

　　A. 压抑　　　　　　　　B. 隔离　　　　　　　　C. 抵消　　　　　　D. 攻击

二、综合问答题

1. 压力与挫折的定义是什么？

2. 适应压力的三阶段分别是什么？

3. 影响大学生产生压力与挫折的因素有哪些？

4. 大学生应对挫折的防御机制是什么？

5. 大学生常见的压力与挫折有哪些？

书网融合……

知识回顾　　　微课　　　习题

（钟兴泉）

第十章　理性审慎——优化网络利用

学习引导

每逢开学要补考，总会有一批学生懊悔不已。看着别的同学开心地迎接新学期，自己却要再次面临紧张的考试，整个假期没放松不说，突然觉得面子没了，原有的那点自信也大打折扣。他们疯狂追逐网络游戏的时候是开心的，也偶尔会提醒自己要适当约束，然而还是无法控制自己，不惜旷课，以致考试都不能及格。那么沉迷网络的学生存在哪些网络心理问题？他们又该如何解决这些心理问题？

本单元主要介绍网络的功能及其特点、网络心理的特点、大学生网络利用中的常见问题、大学生网络资源的利用原则、大学生网络心理问题的调适方法以及网络心理问题应对策略。

学习目标

1. **掌握**　大学生网络利用的原则；大学生网络心理问题的调适方法。
2. **熟悉**　大学生网络利用中的常见问题。
3. **了解**　网络的功能及其特点；网络心理的特点。

随着移动互联网的快速发展，新媒体的出现与普及使世界进入到互联网＋时代。网络渗透到各个领域，正作为不可缺少的一项重要内容，日益改变着人们的生活方式、学习方式、交往方式、娱乐方式，对大学生的日常生活、学习和健康也产生了巨大而深远的影响。大学生沉迷网络，源自网络自身特有的巨大魅力、不断增大的社会和生活各方面的压力，更重要的取决于大学生自身的素养。如何正确地认识和使用网络，有效保证大学时期的身心健康，早已成为当代大学生亟待解决的一个重要问题。

第一节　网络心理概述

一、网络的功能和特点

（一）网络的功能

作为人类发展史上最重要的发明之一，互联网产生于 1969 年的美国。从技术使用角度来看，国际互联网的主要功能可分为以下几类：即电子邮件、电子公告牌、远程登录、文件传输、客户机服务器连接、网络电话、网络传真、网络可视会议等。

互联网给人类带来的福利显而易见，通过这个全球性的全方位的高技术交互信息系统，可以完美地实现通信、资源共享、服务、新闻、广告的快速传播，给人们的工作、学习和生活带来极大便利。人们可以足不出户便知天下事，可随时随地进行沟通交流、网上娱乐、网上购物以及网络办公。网络极大地提升了人类生活品质，因而成为当今最受欢迎的大众传媒方式之一。

（二）网络的特点

神奇的网络世界让人们流连忘返，但带给人的效果却各有不同。为了正确使用网络，必须了解和把握网络具有的以下几方面主要特征。

1. 平等性和开放性　网络世界是个相对自由的空间，与现实社会中众多的约束和限制不同，没有高低贵贱的身份之别，每个人都有机会进行平等的交流与沟通。网络的开放性一方面表现为网络信息向任何人开放，所有人都可以平等享有网络所提供的信息和资源；另一方面表现为人们能够跨越地域的限制，打破文化和语言上的界限，开展各种思想、文化、道德观念的交流碰撞，呈现全方位开放的格局。

2. 便捷性和高效性　网络平台 24 小时全时运行，人们可以在任意时间轻松上网使用网络资源。网络具有无中心性和开放性的特点，对信源的资格并无特殊限制，任何一个上网者都可以成为信源。信息在不断更新的同时又保持相对的稳定性，旧的信息仍能在一定时间内保存。网络信息覆盖面广、体量大，每天都有不计其数的信息被传送，犹如信息的海洋。人们可以非常便捷地在网络上获取所需的绝大多数信息，不仅获得极大的效能感，也令世界多姿多彩。网络信息传播和更新的速度特别惊人，突出了"快"字，即发展快、进步快、更新快，实现了通信瞬时化，将人们带入了信息高速公路，因而极大地加快了人们的生活节奏。

3. 虚拟性和隐匿性　网络的虚拟性首先是网络交往存在很大的不确定性，通过隐匿表情、行为等方面的信息构建一个缺乏真实性的全新自我。其次是网络游戏本身就营造了一个虚拟的世界，参与后可以获得虚拟的成就。在网络交往中，有的只是 IP 地址和网名，大多数人可以随意地变换自己的身份、姓名、年龄和性别，甚至以一个反差比较大的形象出现。并且除了实施违法犯罪行为等特殊的情况，在网络环境下人们对自己行为后果承担现实法律责任和风险的可能性相对较小。

4. 可交互性和多媒体性　网络的巨大魅力之一是可以通过丰富的手段彼此间自由地交换自己的思想、情感，还能通过网络虚拟的世界能使人产生身临其境的体验。并且，由于网络是以计算机技术为基础，集文本、声音、图像、动画、视频、通信等多种媒体于一身，不仅通过文字的方式进行传播，而且通过视觉画面、音效和其他形式使其传播效果得到加强，能够以娱乐性、时尚性、多元性等特点展示，因而强化了这种交往互动时的魅力。

二、网络心理特点

伴随网络的飞速发展，针对互联网使用对人的认知、情感、意志、行为、人格等心理特征的一般影响，互联网人格的形成机制与影响因素，互联网使用者的网上网下双重人格问题，互联网对青少年人格形成的影响，互联网使用成瘾的早期干预和治疗及愈后的社会再适应问题，各种色情、暴力、反社会、反政府相关的不良网络信息对网络使用者的影响，网络智商等进行研究的网络心理学研究也应运而生。其中以网瘾形成及戒断方法、互联网对人格形成改变和重建的影响成为研究热点。

互联网作为全新的沟通和交流工具，为人们提供了不同于现实世界的心理环境，它对于人的心理行为发展变化的作用日益明显。网络虚拟环境中呈现的海量信息资源以及全新的、即时的沟通和交流方式，促使人思维模式和心理状态都会发生一定的变化。网络特定环境中的心理体验特点，主要表现在好奇心理、求知心理、娱乐心理、移情心理、逃避心理、补偿心理、攻击心理等方面。

由于网络自身的特点，以及人们在网络使用时的心理特点，会导致一些网络心理偏差行为的出现。

1. 认识盲目化 网络最不缺乏的就是信息，而且众多信息都在传播态度；网络有交流，但经常缺乏实质性的深入讨论。看似热闹非凡的网络这一切，使人难以再有平和的心境，对人的判断能力构成了重大的考验。在大量的推送面前，貌似有很大的自由度可以选择不同的声音，直接促成开放的格局和科学的视野，但事实上却犹如困在信息孤岛，陷入信息茧房，每时每刻都会被正的反的、有价值的没价值的各种信息所冲击或干扰，有时来不及思考、不容易思考，最后也懒得思考。这导致很多人独立思考能力不断下降，思维出现混乱，盲信盲从，不能对网络上繁杂的信息进行准确分辨，善加运用，对学习和生活造成了巨大影响。正如先进的思想诞生优秀的行动，思维的盲从性从来也不止于思维，它会直接引发非理性的行动。人们动不动就会选边站队，有些借机发泄对现实严重愤怒和不满的充满侵略性的言论，也会被误读为在为正义发声，顷刻间就会有很多人被不同程度的卷入，使原本该与世无争的人也变得义愤填膺。

2. 道德庸俗化 在网络这个虚构的世界，人们挣脱了现实中的道德约束，显得相对自由。于是信口开河、肆意攻击、恶意欺骗、低俗暴力等不道德的行为屡见不鲜，常常出现惊世骇俗之举。以人们深恶痛绝的网络喷子为例，他们的情绪和价值导向都是负面的，质低但量大，这一方面是低成本信息媒体的存在，另一方面是由于虚拟面具的保护。2017 年 9 月，中央文明办秘书组、未成年人工作组，中宣部宣教局与中国精神文明网联合人民网、新华网、光明网、央视国际网、中青网及新浪网、搜狐网，开展了"网络十大不文明行为征集与评选活动"，主办单位整理出 22 种不文明行为供网友投票，评选出的"网络十大不文明行为"有：传播谣言、散布虚假信息；制作、传播网络病毒，"黑客"恶意攻击、骚扰；传播垃圾邮件；论坛、聊天室侮辱、谩骂；网络欺诈行为；网络色情聊天；窥探、传播他人隐私；盗用他人网络账号，假冒他人名义；强制广告、强制下载、强制注册；炒作色情、暴力、怪异等低俗内容。

3. 意志薄弱化 网络包含着丰富的内容，也充满着各种诱惑。除了层出不穷的网络游戏，还有眼花缭乱的花边新闻、虚拟社交、不良网站。很多人沉迷其中不能自拔，淡化了现实交往，荒废了学习和事业，甚至影响了家庭。

第二节 大学生网络心理问题

一、大学生网络利用的特点

大学生上网具有普遍性，他们是最早最快接受网络影响的群体之一，也是受网络影响最强、最普遍的群体之一，是网络利用的中坚力量，互联网已经成为大学生日常学习生活中不可或缺的生活空间。大学生上网具有多样性，通过网络轻松获得学习、购物、交友、游戏、求职等多样化的功能享受。大学生上网具有无节制性，五成左右的学生每天在线 1～2 小时，三成左右的学生每天在 4 小时以上，且用于社交、游戏、购物、影音视频浏览等娱乐功能的时间远远高于学习时间。大学生网络利用的心理特点可以归结为积极的心理需求和消极的心理需求两大方面。

（一）积极的心理需求

1. 渴求知识和信息 对新鲜事物的向往，是青年人的普遍心理。大学生处于人生中相对活跃的阶段，具有年轻人特有的探索欲，希望涉足大千世界的众多领域，且知觉敏锐，接受新事物迅速。互联网以其传播快、内容新、手段先进等优势极大地引发了大学生的好奇心和兴趣，强烈激发了他们对知识信息的渴求，覆盖面极广的校园网络又为大学生提供了快捷便利的上网环境。只要一机在手，不出学校便知天下事、身边事，有一个开阔视野、增长知识的平台，极大地丰富了大学生的学习和生活。

2. 感受平等自由与开放　大学生有着强烈的自由平等意识，观念开放，喜欢多元思维的碰撞。网络的平等性、开放性、互动性迎合了他们的期待，激发了他们积极参与的热情，他们可以摆脱现实中身份、地位等各种束缚，尽情在网络体会"主人"的快乐，同时珍惜与众多有识之士交流分享的机会。

3. 追求个性和自我实现　大学生有着强烈的个性意识，同时有着强烈的自我实现心理，期待在网络中获得成功的体验，不断发现自我，充分实现自我价值。在网络中，他们可以主动出击，自由展示个性，又可以全力冲刺，获得他人的关注和良好的自我体验，充分享受精神上的满足和愉悦。

（二）消极的心理需求

1. 寻求享乐与刺激　大学生活丰富多彩，但良莠不齐的网络世界充斥着各种现实生活中难以获得的奇异信息和体验，持续不断地构成对他们的诱惑，使其获得极度的感官刺激和享受感，从而沉迷期间，有的甚至涉及色情和暴力。对于心理发展并未成熟，又习惯于花费大把时间和精力热衷于网络世界的大学生来说，没有足够的自制力很难抵御网络的诱惑。有些学生沉溺于网络游戏中荒废学业，有些学生热衷于听信和传播不良信息，有些学生盲目站队参与网络暴力，有些学生胡乱交友陷入滥情。

2. 获得解脱和逃避　随着年龄的增长，大学生来自学习、情感和交往的压力也在增多。他们有丰富的情感体验和心理需求，但苦于无从展示，于是有些被压抑的情感在现实中得不到化解，便寄托于虚拟的网络空间进行宣泄，获得暂时的满足和平衡。也有的大学生在挫折和压力面前缺乏应对能力，因而希望有个避难所暂时可以逃脱，而网络的隐匿性刚好可以为其提供安全的屏障。大学生网上活动以消遣娱乐为主，用于社交、游戏、购物、影音视频浏览等娱乐功能的时间要远远高于学习的时间，他们在这些活动中打发时间也麻痹自己。

3. 实现补偿和虚荣　获得关注、取得成功、拥有资源是人的普遍愿望，但现实生活中这些愿望往往会由于主客观条件的限制不能如愿。在竞争和压力面前，大学生普遍需要一个可以补偿的空间，而虚拟的网络世界因其多元性、丰富性以及很强的隐秘性，恰好能够弥补这些缺憾，因此成为学生们的理想王国。他们有的肆意表达意见，有的假扮完美身份，有的在游戏里轻松取胜，以网络上的过度表现和虚拟成功弥补现实中无法满足的需求和虚荣心。

二、大学生网络利用中的常见问题

网络是一把双刃剑，在开阔了学生的视野，带来便利和丰富生活的同时，也使大学生的思维方式、价值观念、行为方式、个人成长等方面都受到了一些负面影响和冲击，给他们带来许多危害，进而产生许多心理问题。高校做退学警告、留校察看、退学等学籍处分中，绝大部分是由于过度迷恋网络而导致的。当前大学生因网络导致的心理问题已经成为高校新形势下面临的严峻课题，它如同一只拦路虎横亘在大学生成长的道路上，影响着大学生的健康成长。

（一）网络成瘾综合征 📱微课

网络成瘾综合征简称"网瘾"，是指在无成瘾物质作用下的上网行为冲动失控，由于沉迷于网络而引发明显的生理机能、社会功能、心理机能受损的一种现象。网络成瘾者没有一定的理由、无节制地花费大量时间和精力在互联网上持续聊天、浏览，以致损害身体健康，并在生活中出现各种行为异常、心理障碍、人格障碍、交感神经功能部分失调。网络成瘾者初期主要表现为精神依赖，需要得不到满足就会产生情绪低落、烦躁不安、焦虑、抑郁等极度的心理不适感，随后可发展为躯体依赖，表现为头昏眼花、双手颤抖、疲乏无力、食欲不振等症状。

大学生网络成瘾主要包括网络交际成瘾、网络游戏成瘾、网络恋情成瘾、网络信息成瘾、网络色情成瘾等。

1. 网络交际成瘾　网络交际成瘾是指沉迷于多种聊天软件，毫无节制地花费大量的时间上网聊天，与陌生人进行各种意义上的虚拟交流，从而影响正常的生活和学习，损害身心健康。有的大学生热衷于参与各种活动和交易，或上当受骗，或走上犯罪道路。

2. 网络游戏成瘾　网络游戏成瘾是指过分沉迷于网络游戏，无法自拔，甚至不惜旷课、逃课，荒废学业。除了学业的损失之外，他们或因购买游戏装备等消耗巨大的财力物力，或因暴力性的网络游戏产生冲动和争执，或因游戏的挫败加剧心理伤害，导致心理障碍。

3. 网络恋情成瘾　网络恋情成瘾是指过分沉迷于网上的恋爱关系，不能摆正网络交往与现实人际关系的位置，幻化彼此的魅力，甚至无视道德和法律，玩多种恋情，扮演多种角色，形成错综复杂的互联网恋情，害人害己。

4. 网络信息成瘾　网络信息成瘾是指过分沉迷于网上信息搜索，强迫收集一些没有实际意义的信息或资料，形成充实生活的假象，造成信息超载，导致垃圾信息面前的无所适从、心绪不宁，产生信息焦虑症。尤其是流连于试听网站，大把地消耗课上等宝贵的时光。

5. 网络色情成瘾　网络色情成瘾是指过分沉溺于网络色情内容，在网上进行色情聊天、色情浏览、色情传播、色情分享等行为，甚至有色情犯罪的行为。网络色情是我国法律明令禁止的行为，这种行为常常被一些不法分子利用。

📱 知识链接

如何判断自己是否患上"网瘾综合征"？

如何判断自己是否已经患上"网瘾综合征"？心理学家提出了8项标准。

1. 是否觉得上网已经占据了你的身心？

2. 是否觉得只有不断增加上网时间才能感到满足，从而使得上网时间经常比预定时间长？

3. 是否无法控制自己上网的冲动？

4. 当网络线路被掐断或由于其他原因不能上网时，是否总会感到烦躁不安或情绪低落？

5. 是否将上网作为解脱痛苦的唯一方法？

6. 是否对家人或亲友隐瞒迷恋网络的程度？

7. 是否因为迷恋网络而面临失学、失业或失去朋友的危险？

8. 是否在支付高额上网费用时有所后悔，但之后却仍然忍不住还要上网？

如果你有4项或4项以上表现，并已经持续一年以上，那就表明已患上"网瘾综合征"。

（二）网络孤独症

网络孤独症是指希望通过网上人际交往来提高和改变自己，但未能解除孤独甚至加重了孤独，或反而因为上网而引发孤独感这样一类不良心理状态。有些性格内向、自卑、敏感的学生不擅长现实交往，格外青睐网络，终日在网上漫游，常常在网络分享心情故事，幻想通过网络解除孤独、获得心理安慰，却因过分关注虚拟社交，淡化了与社会及他人的交往，逐渐脱离了真实而富有意义的现实生活，引起情感自我封闭，导致社会归属感的减少和幸福感的降低，出现"精神真空"，成了"孤独的电脑人"。也有时因为网络交往的失利，导致网络上下的双重社会孤立，变得更加内向甚至自闭。

（三）网络焦虑症

网络焦虑症是指在毫无节制的上网的同时，又对自己过度上网的行为产生担心、紧张、害怕、内疚等复杂的情绪体验。大学生普遍具有较强的自省能力，对过度使用网络带来的危害性有清晰的认知，但同时又缺乏自制力，并因这种激烈的内心冲突产生焦虑、紧张等负面情绪体验。

网络焦虑症还表现在其他方面。一是存在网络社交焦虑，高强度地使用网络，强化个人的存在感，唯恐被网络世界边缘化。表现为时刻握着手机方觉得最有安全感，微信要加数十个群，通讯录名单上千人，每天要花数小时看完每一条朋友圈消息，一旦中断，立刻六神无主、无所适从。二是存在"社交形象焦虑"，表现为过度在意外界对自己的评价，不停地关注微博、朋友圈留言情况，一遍遍检视自己的网络痕迹，唯恐出错或表现不佳；遇到针对自己的负面反馈信息，或预期受到影响，心理会产生极度不舒适感，继而引发精神、生理上的反应，甚至出现失眠、头痛、食欲下降、焦虑等症状。

（四）网络抑郁症

网络抑郁症是指因对网络生活的失望而出现孤独不安、情绪低落、思维迟钝、自我评价降低等症状，甚至有自杀意念和行为的一类现象。研究表明，那些亲子关系、学习成绩、同学关系等方面存在问题，在现实生活中挫折感强、对现实满意度低、自我评价又不高的学生，尤其渴望通过网络世界来逃避现实的烦扰，因而更容易沉迷于网络世界。然而这些学生越是脱离社会沟通和人际交流，将网络世界当作现实生活去经营，就越是与他人没有共同语言，不仅未能通过网络逃避现实的烦忧，反而由于过度的依赖网络使各种问题加重，最终导致抑郁。

（五）网络人格心理失真

网络人格心理失真是指因满足于网络世界的虚拟环境，导致自我迷失和自我认同的混乱。因为热衷于网络，以技术性的"人－机式交往"替代人性化的真实交往，逐渐失去对现实环境的感受能力和积极参与意识，产生现实人际交往萎缩和交往方式的错位，出现"人机热，人际冷"的现象，并形成退缩、缄默、孤僻、冷漠、紧张、幻想、缺乏责任感和欺诈等心理行为，产生数字化的虚拟人格。

由于多元角色的交替，还使得人格缺乏完整性、和谐性，导致自我人格结构的分裂，产生多重人格。一方面表现为网络情景和现实生活情境中交替出现不同的性格特征，与真实自我发生严重冲突；另一方面表现为长期在网上扮演各种角色，以不同的虚拟自我来出现，产生角色错位。

（六）网络情感迷失

网络情感迷失是指寄情网络，沉溺于虚拟的网络恋情等不能自拔，从而导致自我封闭，陷入情感障碍。有些大学生抱着游戏的态度，热衷于搜索和结识异性，在不断开启的情缘中寻求满足感。还有的大学生终日深陷诗情画意的网络恋情中，自愿退出现实的情感世界，无视现实生活的责任和义务，甚至不惜牺牲学业。一旦遇到网络欺骗或者发现网络恋人并不如意，很多学生便意志消沉、精力涣散，出现厌学、甚至产生厌世的情绪，轻生自杀者不乏其人。

（七）网络道德失范

网络道德失范是指网络主体出于不良动机，进行不利或危害他人和社会的网络行为。互联网的快速发展和广泛运用的"微时代"下，容易对正常社会造成一定的冲击，大学生由于缺乏对网络行为的辨别力与自制力，从道德层面到法律层面都容易引发网络行为失范。加上网络法律和制度的不完善，使道德规范所具有的外在约束力明显降低。有些大学生缺乏对网络的正确认识，也缺乏相应的法律意识，认为网络是个绝对的自由世界，不需要对自己的行为负责，因而恣意妄为，如传播不良信息、言行随意放纵、进行人身攻击、缺乏诚信、多角恋，给他人和社会造成困扰和伤害，也给自身带来无可挽回的严重影响。也有的大学生做黑客、窃取他人信息，走上违法犯罪的道路。

（八）社会功能退化

社会功能退化是指长时间沉迷于网络世界，导致社交功能障碍和对社会应尽职责表现紊乱。由于长时间留连网络，与现实世界脱离，对大学生人际交往存在质的损害，导致其情感交流、行为交流以及与社会场合之间的整合能力明显降低，表现为社会经验缺乏、适应能力减退，很难融入现实生活，也会直接导致孤独、自卑、嫉妒、社会支持缺乏、人际交往焦虑。如有的大学生不能自觉遵守校纪校规，不能在同学关系中体验快乐，不能圆满完成基本的学习任务，不能正常参与校园文化生活，不能正确看待和处理与家人的关系。

沉迷于网络吞噬着大学生的身心健康，会给大学生的情感、人际、恋爱、亲子关系等带来很大的伤害，而这种危害是由社会、学校、家庭以及学生个人等多方面因素共同作用的结果。

从客观的因素来说，除了网络自身的神奇魅力之外，社会、学校和家庭也缺乏有效的约束机制。社会方面，网络法律监管与网络技术的高速发展相比尚有距离，使网络道德失范和违法犯罪行为得不到及时有效的打击，鱼龙混杂的网络环境使一些急功近利等不良社会风气影响到大学生。学校方面，大学生可支配的课余时间比较充足，有些大学又处于远离市区的封闭地带，而校园文化生活却未能丰富到足以吸引学生，他们自然选择网络为主要的娱乐方式。家庭方面，父母不良的教养方式、亲子关系以及对网络的认识缺位，直接导致孩子身心受损、人格缺陷和行为偏差。绝对溺爱和放任的家长助长了潇洒漫游网络的孩子，过度严格的家长又加剧了逆反心理下疯狂的上网行为。

从主观因素上来说，大学生思维活跃，有强烈的求知欲和自我实现需求，渴望通过网络开阔视野，也通过网络满足强烈的猎奇心、尽情张扬个人价值、完美逃避现实世界遭遇的挫败感。由于情绪、意志都没有达到相对成熟的状态，自制力较差的学生很难抵抗网络世界的诱惑。

第三节　网络心理的优化

五彩缤纷的网络世界，给大学生提供了宽广的国际视野，为他们以后走向社会打下了坚实的基础。但同时网络也能让人伤痕累累，因沉迷于网络游戏、网聊、网恋而误入歧途，留下无尽悔恨的大学生比比皆是。有相当一部分大学生，不是在灿烂的阳光下张扬他们的青春和生命，也不是在大学校园里如饥似渴地汲取知识的甘露，而是在电脑前迷失了自己。

如何优化大学生的网络心理，使网络这把"双刃剑"有利的一面更加锐利，消极的一面的伤害逐渐减少？这是每个大学生都需要深入思考，而且必须面对的问题。

一、大学生网络资源的利用原则

正确的使用网络，让网络更好地为我们服务，离不开对原则的遵守。大学生网络利用时应当遵守以下原则。

1. 善用网络资源，杜绝不良信息　信息爆炸的网络时代深刻改变着人们的学习、生活和思维方式，为人们获取信息提供了多样化的便捷的平台。同时，网络信息又是真真假假、虚虚实实，不易甄别。大学生要充分利用网络，使之成为开阔视野、提高能力的重要工具。提高信息的获取能力，善于利用网络及时高效地搜索信息；加强信息的辨识能力，敏锐判断信息的真伪、良莠，汲取有用信息，拒绝登录不健康网站，自觉抵制虚假、低俗、反动、淫秽和暴力等不良信息；增进信息的应用能力，高效加工整理信息并以此指导学习和生活。

2. 健康进行交往，注意自我保护　网络成为人际交往的重要媒介和工具，使人与人之间的关系出现了新的特点，给人际关系带来新的冲击。它扩大了交往范围，使人际互动模式多样化，交流更直接、更快捷，但同时产生了负面影响。大学生要增强防范意识，加强自我保护，了解网络不是一片与世隔绝的净土，虚拟的面具更具欺骗性，应当慎重结交网友，不随意进入陌生群，不轻信和随意约见网友，不轻易进行视频，不随意泄露自己的隐私，以免上当受骗，给自己带来人身安全和财产安全危害；在受到网友的骚扰、威胁、恐吓时，要及时与其断交并求助老师和父母，必要时可以通过法律途径解决；同时，还要分清网络上下的不同，不陷入自我封闭，以网络交往替代现实交往，弱化现实的交往能力，陷入社会孤立，影响自己的身心健康。

即学即练

多项选择题：以下哪些做法不利于网络上的自我保护？（　　　　）

A. 慎重结交网友　　　　　　　　B. 随意约见网友

答案解析　　C. 与陌生人视频聊天　　　　　D. 分享个人隐私

---

3. 加强网络自律，维护网络秩序　作为公共生活的一部分，网络需要秩序，因为秩序是维持社会正常生产和生活的基础，也是一个人获得自由的前提。网络的虚拟性及行为主体的隐蔽性不利于发挥社会舆论的监督作用，使道德具有的外在约束力明显降低。但一个对社会发展有清晰明确认知的人必然思想端正、行为规范，不会去选择无益于社会和自身的做法。作为未来社会的栋梁之材，大学生应具有较高的思想道德素质和法律素养，具有对国家、对社会的高度责任感，在网络生活中严格要求自己，加强道德自律。要文明上网，自觉遵守网络行为规范，在交往中不使用粗言秽语和人身攻击宣泄自己的情绪。要努力维护网络安全，在网上遨游时，不去窥探、剽窃他人的研究成果、做到不制造、传播计算机病毒和实施"黑客"行为；不利用网络窃取他人账号、信用卡资料等，侵害公私财产；不利用网络实施诈骗、敲诈勒索等犯罪活动；不利用计算机网络制作、复制、传播、贩卖色情淫秽物品；不利用互联网散布反动言论等。

📖 知识链接

《中华人民共和国网络安全法》第十二条

国家保护公民、法人和其他组织依法使用网络的权利，促进网络接入普及，提升网络服务水平，为社会提供安全、便利的网络服务，保障网络信息依法有序自由流动。

任何个人和组织使用网络应当遵守宪法法律，遵守公共秩序，尊重社会公德，不得危害网络安全，不得利用网络从事危害国家安全、荣誉和利益，煽动颠覆国家政权、推翻社会主义制度，煽动分裂国家、破坏国家统一，宣扬恐怖主义、极端主义，宣扬民族仇恨、民族歧视，传播暴力、淫秽色情信息，编造、传播虚假信息扰乱经济秩序和社会秩序，以及侵害他人名誉、隐私、知识产权和其他合法权益等活动。

▶▶ 实例分析

实例 1998 年 7 月 21 日和 22 日，江西中国公用多媒体信息网 169 台连续被电脑"黑客"非法入侵并遭到攻击，南昌、抚州等地主机被登录，300 多用户无法上网，全省 169 信息网系统瘫痪。江西警方在镇江警方的协助下最终将马某抓获。据查，刚从江西某大学计算机专业毕业的马某曾多次入侵过广州、南京、哈尔滨等地的几十个网址，并先后多次登录江西省中国公用多媒体信息网，下载主机上的用户密码文件，修改用户密码、删除命令，最终导致该网瘫痪。

问题 1. 马某实施了何种不良的网络行为？
　　　 2. 大学生应如何加强网络自律、维护网络秩序？

答案解析

4. 合理安排时间，避免沉溺网络 互联网给学习和生活带来了巨大便利，大学生们也越来越离不开网络，这本无可厚非。但人的精力是有限的，过度依赖和沉溺于网络世界会减少现实生活方面的投入，甚至会因此荒废了学业，显然得不偿失。大学生要合理安排上网、学习、生活的时间，劳逸结合，过一种有节制的生活。要把主要精力放在课业和集体活动上，培养广泛的兴趣爱好，积极地进行人际沟通；要学会合理宣泄情绪，正确面对压力与挫折，而不是把网络作为避难所。为了减轻网络社交生活带来的焦虑，把时间多留一些给网络以外的生活，要学会给自己的网络社交做减法，如卸载手机中不常用的社交软件和应用程序，取消对价值甚微的微信公众号的关注，限制手机应用的推送和通知，选择不去查看一些人的朋友圈，只留最有价值的部分。

5. 勇于激浊扬清，引导网络舆论 鱼龙混杂的网络永远充斥着各种声音，需要人不断辨识和选择。网络舆论的丰富多样性，不仅为人的观念走向开放和包容提供了可能，也使人在观点相同的人汇聚的舆论场走向固化和单一。特别是焦点事件发生之后，受集体无意识主义的影响，一些人的理性和判断力不断被群体的狂热消解，行为趋向极端，讨论最终演变成骂战，给社会造成极大的干扰。期间一些所谓的公知和大 V 的介入，常常会被网络舆论平台的群体行为无限放大，更是起到推波助澜的作用。大学生应该克服思维惰性，始终保持一份清醒的自觉，既要站稳立场、不轻易地被错误的舆论和思潮所左右，又要主动澄清、及时化解、正确引导，为净化网络舆论环境起到积极的作用。

✏ 课堂活动

活动： 手机袋手机屏。

目的： 正确认识外部管理与自我管理的关系，学会预防和摆脱网瘾。

操作：

1. 以邻近的六人组成小组，开展讨论：你有没有（会不会）自觉将手机投入到手机袋，投入的次数占比是多少？为什么？

2. 讨论外力约束对于大学生的意义。

3. 相互展示手机主屏，观察下载的各种软件的数量和种类，分享这些软件占用的时间和精力，确认它们各自的价值。

4. 讨论如何获得一个干净的主屏，它与人的自我管理与控制间的关系。

5. 自主清理手机主屏。

6. 各组派代表分享心得，获得成长。

二、大学生网络利用中的个性心理调适

（一）正视网络功能，把握真实需要

网络是个自由、开放和平等的神奇世界，但也是个充满诱惑与陷阱、必须加倍提防的地方。大学生要树立理性的网络观，既要看到网络的意义，也要看到网络的弊端，在正确认识网络双重功能的基础上，努力摆脱对网络的依赖和幻想，学会合理地使用网络为我所用。

网络社会并非真实的社会，网络上的成功是虚拟的暂时的成功，网络上的情感也不能带来真实的最终的快乐。网络社会与现实社会相比，无宽度、无深度、无边界。大学生要准确把握自我，认清自己的真实需要，学会处理虚拟与现实的关系，从而避免网络心理问题的发生。

（二）强化学习动机，做好生涯规划

大学生网络成瘾多是由于缺少生活的目标和学习的意义。没有了升学压力和父母监管后的大学生，若是放纵自己，沉迷网络，将会一无所成、追悔莫及。大学生要树立成长、成才意识，做好学业和职业生涯规划，合理安排大学的生活。学习是学生的天职，大学生的主要任务是学习，不能因对虚拟网络世界的迷恋失去了正确的大学生活方向。大学生要进一步明确学习目标，端正学习态度，自觉地把主要精力放在学习上，变被动学习为主动学习，并在学习中找到成功的体验，增强自信。当然网络也是重要的学习途径，大学生要把网络当作学习的工具，做网络的主人，而不是做网络的奴隶。

大学生要积极进行自我探索，结合自身特点和专业需求设置合理的奋斗目标，并积极执行计划，动起来、忙起来，有效避免因缺乏奋斗目标和动力导致的空虚感和无力感，不给网络心理问题乘虚而入的机会。

（三）丰富课余生活，发展兴趣爱好

喜欢在网络打发时间的大学生，除了目标不坚定外，还有个重要特点就是兴趣狭窄，在现实中找到不到乐趣只好转战网络。进入大学后，自主性增强，属于自己的时间相对多了，大学生更需要注重自我控制和自我管理。要增强时间观念，做好时间管理，合理安排自己的学习、生活与娱乐的时间，保持正常的生活、工作、学习规律。

兴趣是最好的导师，是人们行为活动的快乐源泉和不竭的动力。兴趣爱好广泛的大学生通常都会有较强的行为目标，不容易沉迷网络。因此，兴趣爱好是大学生克服网络心理问题的重要法宝，同时也是陶冶个人情操、培养综合能力的重要方式。健康向上、丰富多彩的校园文化，有助于个人自主发展和兴趣爱好的培育，大学生社团活动正是这样一个重要载体。通过参加各种社团活动，大学生可以施展才华，找到自己的位置，明确自己的发展方向；可以完善个性，提高自己的综合素质，不仅培养组织协调能力，而且能够培养认真工作、乐于奉献的精神；还可以结识一些志同道合的同学，拓宽视野、获得友谊，防止由于大学生活的空虚感而沉迷于网络。

（四）提升沟通技能，营建人际环境

人际交往不良是网络成瘾的重要原因，要把闭锁、孤独的心从虚拟的避难所里解救出来，就要回归现实，重建现实的人际关系。要珍视现有的资源，把师生关系、亲子关系、同学关系、朋友关系、恋人关系作为人生可贵的财富、最现实的社会支持系统，努力在这些关系中寻找和体会真实的幸福感、安全感。

要在交往实践中有意识地训练沟通技巧，也可以把网络上的机智、幽默和爱心转移到现实的社交情境，营造良性的有益于个人成长的人际氛围，不断培养合作意识、担当精神，不断增长环境适应和自我发

展能力，获得愉悦的情绪体验，提升自身的价值感、自信心。

（五）优化心理素质，调节健康身心

心理素质不是大学生在特定领域中获得的某一专门知识和技能，而是对学习、生活、社会适应性和创造性等活动效果产生重要影响的心理品质的综合。因此大学生要学会在多方面、多领域优化自己的心理素质，不断提升自己的适应能力，从容应对生活中的各种变化和挑战。在网络生活中，既要约束好自己，不去挑战道德和法律的底线，也要正视网络社会的一切合理与不合理的现状和法则，学会选择、学会取舍，及时忽略那些无用的、有害的信息，避免被各种释放焦虑、怨气和怒气的"焦虑帖"所影响，使自己成为承载负性舆情的垃圾桶。

除此之外，大学生遇到网络心理问题困扰时，选择适合自己的方法进行自我调适显得十分重要。大学生自我心理调适有以下几种方法。一是转移注意法，就是在面对无法克制的网络诱惑时，停止对网络世界的一切想象，通过把注意力转移到其他感兴趣的事情上，把自己从烦躁、焦虑、不安和冲动上网的念头中拉回来。二是合理宣泄法，就是正确对待内心的压力，通过体育运动、文娱表演、唱歌、远足、爬山、写日记等合适的方法将不良情绪、烦恼困惑宣泄出来，或者在专业心理咨询师的指导下进行。三是自我暗示法，就是通过积极的内心对话提升心理能量，肯定自己的长处，增强自信心。四是升华法，就是改变不为社会接受的动机和欲望，使之符合社会规范和要求，化挫折为动力、突破障碍、实现成长，使个人的价值得到实现，使内心获得力量。五是放松法，就是按一定的程序有意识地调控心理、生理活动，以达到降低机体唤醒水平，调整因紧张刺激而紊乱了的功能，包括肌肉放松法、呼吸放松法、想象放松法等。六是冥想法，就是通过深度的宁静来增强自我认知。七是自我陶冶法，就是让身心在绿色环绕的大自然中得以放松，陶冶情操。

综上所述，信息的传播取决于渠道，信息的制作和利用却取决于人的素质和能力。清朗的网络环境需要加强监管，但更需要网络利用者的高度自觉。网络时代的大学生，要正确的认识网络的利弊，合理、有效地利用网络，以清晰的认知、正面的情绪和坚定的意志品质来正确把握现实与虚拟世界的关系，做一个健康文明的网络人。

目标检测

答案解析

一、选择题

（一）A 型题

1. 人可以随意地变换自己的身份、姓名、年龄和性别，是因为网络的（　　）。

    A. 便捷性　　　　　　B. 隐匿性　　　　　　C. 平等性　　　　　　D. 开放性

2. 传播不良信息，属于（　　）。

    A. 正常网络行为　　　B. 网络信息成瘾　　　C. 网络交际成瘾　　　D. 网络道德失范

3. 网络成瘾者初期可表现为（　　）。

    A. 精神依赖　　　　　B. 物质依赖　　　　　C. 躯体依赖　　　　　D. 社会依赖

4. 以下关于网络的正确说法是（　　）。

    A. 网络绝对有利　　　B. 网络绝对有害　　　C. 网络是一把双刃剑　　D. 网络弊大于利

5. 写日记属于（　　）。

    A. 转移注意法　　　　B. 合理宣泄法　　　　C. 放松法　　　　　　D. 升华法

（二）B 型题

[1~2]

  A. 网络交际成瘾   B. 网络游戏成瘾   C. 网络信息成瘾   D. 网络色情成瘾

1. 沉迷于多种聊天软件，毫无节制地花费大量的时间上网聊天，这属于（ ）。

2. 在网络上强迫收集一些没有实际意义的信息或资料，这属于（ ）。

[3~4]

  A. 网络孤独症   B. 网络抑郁症   C. 网络人格心理失真 D. 网络情感迷失

3. 多元角色的交替，使得人格缺乏完整性、和谐性，这属于（ ）。

4. 沉溺于虚拟的网络恋情等不能自拔，陷入情感障碍，这属于（ ）。

[5~6]

  A. 升华法   B. 自我暗示法   C. 冥想法   D. 自我陶冶法

5. 通过积极的内心对话提升心理能量，这属于（ ）。

6. 通过深度的宁静来增强自我认知，这属于（ ）。

（三）X 型题

1. 网络的特点包括（ ）。

  A. 平等性和开放性 B. 便捷性和高效性 C. 虚拟性和隐匿性 D. 可交互性和多媒体性

2. 以下属于网络利用中积极心理需求的有（ ）。

  A. 渴求知识和信息 B. 感受平等自由与开放 C. 追求个性和自我实现 D. 获得解脱和逃避

3. 善用网络资源包括，提高信息的（ ）。

  A. 获取能力   B. 下载能力   C. 辨识能力   D. 应用能力

4. 沉迷网络世界，会导致社会功能退化，包括（ ）。

  A. 生活不能自理   B. 社交功能障碍

  C. 社会应尽职责表现紊乱   D. 情绪败坏

5. 沉迷网络的客观因素包括（ ）。

  A. 心理素质   B. 家庭   C. 学校   D. 社会

二、综合问答题

1. 网络的心理特点及常见的网络偏差行为有哪些？

2. 网友评出的"网络十大不文明行为"有哪些？

3. 大学生网络利用的特点有哪些？

4. 大学生网络资源的利用原则有哪些？

5. 大学生网络心理问题的调适方法有哪些？你在使用网络的过程中遇到过哪些心理问题，是如何应对的？

书网融合……

     知识回顾   微课   习题

（徐贤淑）

主要参考文献

[1] 周郁秋. 康复心理学 [M]. 北京：人民卫生出版社，2019.

[2] 岳素萍，张瑞平. 大学生心理健康教育 [M]. 北京：首都师范大学出版社，2017.

[3] 袁一平. 高职学生心理健康教育 [M]. 北京：教育科学出版社，2016.

[4] 陈劲松. 大学生心理健康教育 [M]. 北京：科学出版社，2020.

[5] 郭念锋. 心理咨询师 [M]. 北京：中国劳动社会保障出版社，2017.

[6] 瞿珍. 大学生心理健康 [M]. 上海：华东理工大学出版社，2018.

[7] 格桑泽仁. 大学生心理健康 [M]. 成都：四川大学出版社，2019.

[8] 戴朝护. 大学生心理健康 [M]. 北京：北京大学出版社，2017.

[9] 胡凯. 大学生心理健康教育教程 [M]. 长沙：湖南人民出版社，2020.

[10] 艾里希·弗洛姆. 弗洛姆作品系列：爱的艺术 [M]. 刘福堂，译. 上海：上海译文出版社，2018.

[11] 钱铭怡. 心理咨询与心理治疗 [M]. 北京：北京大学出版社，2016.

[12] 理查德·菲什，卡琳·施兰格. 困难案例的短程心理治疗 [M]. 上海：上海科学技术出版社，2020.

[13] 李旭，邵昌玉，郑涵予. 大学生心理健康与积极成长 [M]. 重庆：重庆大学出版社，2018

[14] 王江红，曹建琴. 大学生心理健康 [M]. 北京：人民卫生出版社，2016.

[15] 姚本先，王道阳. 大学生心理健康教育 [M]. 3 版. 合肥：安徽大学出版社，2019.

[16] 杨开华，石维富. 大学生人际关系与沟通能力 [M]. 成都：西南交通大学出版社，2020.

[17] 李龙，李晨光，陈恒英，等. 大学生心理健康教育 [M]. 重庆：重庆大学出版社，2018.

[18] 刘卫锋. 大学生心理健康教育理论与实践 [M]. 南京：南京大学出版社，2018.

[19] 陈娟，龚燕，张明志，等. 大学生心理健康 [M]. 重庆：重庆大学出版社，2017.

[20] 李宏伟，王筱鹏. 大学生心理健康与心理咨询经典案例 [M]. 西安：西安电子科技大学出版社，2019.

[21] 王永，方东玲. 大学生心理健康 [M]. 北京：化学工业出版社，2020.